오정화 회계학

응용플러스

저자의 글 | Preface

공무원 시험에서의 회계학은 1분 안에 한 문제씩을 해결해야만 합니다. 이는 수험생 입장에서의 당연 과제이고, 역으로 출제자의 입장에서 생각해 보면 1분 안에 풀어낼 수 있는 문제들을 출제해야만 합니다. 그런데 계산기 없이 풀어야 하는 회계학 문제의 특성상 1분 안에 풀 수 있는 문제를 출제하는 데는 한계가 있습니다.

이것은 공무원 시험 특성 때문에 출제될 수 있는 문제가 한정되어 있음을 의미합니다.

본서는 공무원 회계학에서 다룰 수 있는 문제들을 분석하고 해당 유형별 대표문제들을 모두 모아서 집필했습니다. 1분 안에 풀어내야 하는 공무원 시험의 특성상 시험장에서 응용력을 발휘한다는 것은 현실적으로 불가능합니다. 따라서 시험장에 들어가기 전 기출 외의 다양한 문제들을 풀어보고 경험의 폭을 넓혀서 새로운 유형에 대한 적응력을 길러야 합니다.

다만, 5과목을 모두 소화해야 하는 수험생 입장에서 제한된 학습 시간 안에 학습량을 소화해야 하기 때문에 회계에 투자할 수 있는 시간에도 제약이 있습니다.

그러므로 기존 '회계천제'라고 하는 객관식 회계학 분야에서는 바이블과도 같은 교재에서 꼭 풀어봐야 할 필수문제만 엄선하여 응용플러스를 만들게 되었습니다.

공무원 7급 시험처럼 회계학 시험의 문항수가 25문항이고 좀더 난이도가 높아서 응용문제의 비중이 큰 시험의 경우는 '회계천제'를 통해 학습하고, 공무원 9급 시험을 준비하는 수험생이라면 필수적인 응용문제를 반복 학습함으로써 학습 전략의 차별화가 필요한 시점입니다.

최근 9급 공무원 시험은 기존 시험의 유형과 다르게 파격적으로 서술형 말문제가 60%의 비중을 차지하였습니다. 만약 이러한 기조가 여전히 유지된다면 서술형 말문제에 대한 철저한 대비가 필요합니다. 그러므로 서술형 말문제는 기존에 말문제 대비 바이블격에 해당하는 '썰전(서술형 완전정복)'을 통해 마스터하고, 계산형 문제는 '응용플러스'를 통해 마스터할 수 있도록 구성했습니다.

응용플러스는 기출플러스를 학습한 후 다음 과정에서 진행되는 학습서입니다. 따라서 공무원 시험의 기출문제를 그대로 넣는 대신에 모든 문제를 변형하여 철저히 응용문제를 연습할 수 있도록 구성했습니다. 즉, 100% 응용문제로만 구성되어 있습니다. 더불어 응용된 기출문제의 출제를 기록하여 유사 문제를 응용 형태로 학습할 수 있도록 연결시켰습니다. 해당 내용을 기본서와도 연결시켜 관련 내용을 찾아보는 수험생의 시간을 덜어주기 위해 최선을 다했습니다.

매년 수험생들에게 최적의 전략과 최상의 무기를 착장시켜 전쟁터에 보내야 한다는 열망이 이번 교재 작업을 통해 어느 정도 실현이 된 듯합니다. 기출문제 풀이로만은 착장되지 않았던 실력이 본서를 통해 완성될 것이라고 확신합니다.

모두가 간절히 바라는 것은 원래 힘든 법입니다. 공부하는 지금 이 순간이 너무 힘들다면, 합격과 가깝다고 느끼시면 됩니다. 그런데 세상에는 공짜가 없어서 힘든 만큼의 대가는 반드시 보상을 받습니다. 노력하는 모든 이들에게 좋은 결과가 있기를 간절히 바랍니다.

마지막으로 '오정화' 이름 석 자를 믿고 따라와 주신 많은 수험생들에게 고개 숙여 감사드립니다. 제가 그들에게 의지가 되듯이, 저 역시 수험생들의 칭찬과 기대 속에 희망이 생깁니다. 시험장에서 저를 떠올리며 많은 분들이 웃을 수 있도록 부단히 노력하겠습니다.

2025년 11월
오 정 화

구성과 특징 | How to Use

필수 응용문제 엄선 + 난이도 구분 표시

9급 공무원 시험을 대비하기 위해 엄선된 필수 문제들로 구성되었다. 응용문제들을 반복적으로 학습하여 최대한으로 실력을 향상시킬 수 있다. 또한 모든 문제마다 난이도 구분을 해서 본인이 느끼는 체감도와 비교해 부족한 부분을 복습할 수 있으며 난도 높은 문제들을 반복하여 학습함으로써 학습효과를 높일 수 있다.

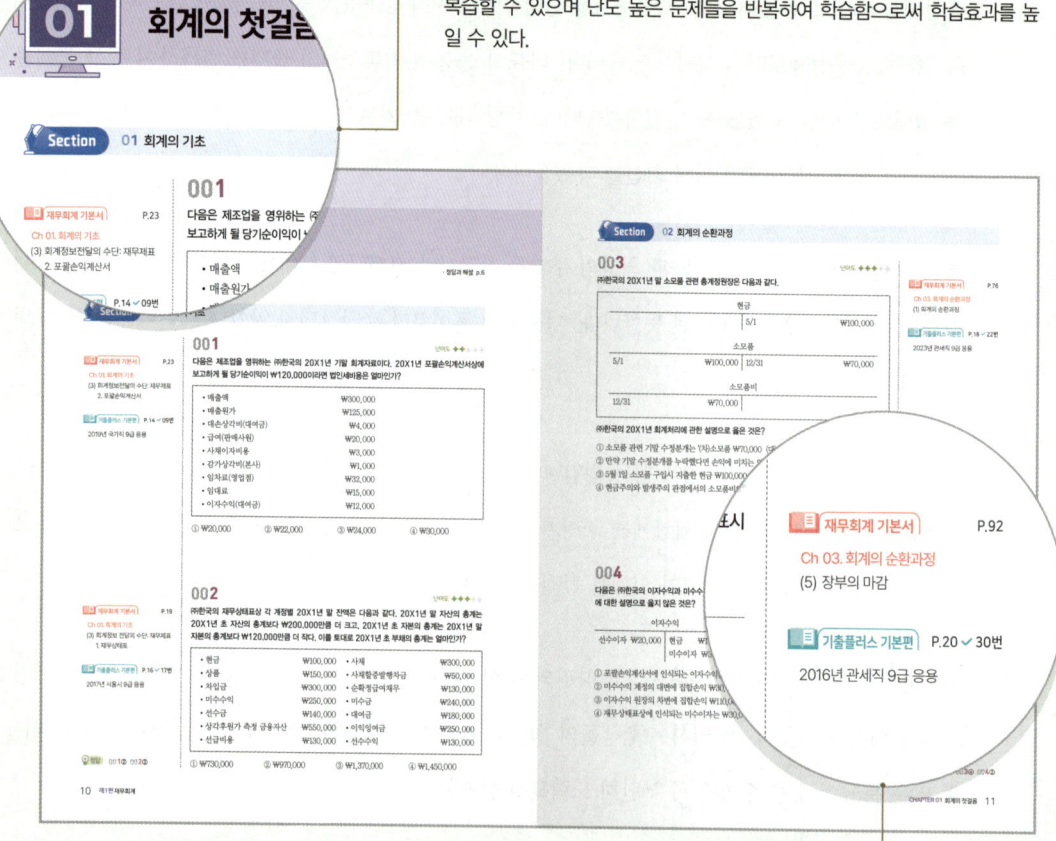

문항별 관련 이론의 연계 및 기출응용문제 표시(가로본능학습법)

기본서의 이론 구성과 단원을 맞추어 관련 내용을 바로 찾아볼 수 있도록 표시되어 있다.
100% 응용문제로 공무원 시험 기출의 응용과 타 시험 기출의 응용이 접목되어 있으며, 공무원 시험의 기출응용은 응용된 기출문제를 기출플러스와 연동하여 관련 문제를 풀어볼 수 있도록 표시되어 있다.
주제별로 기본서–기출–응용문제로 이어지는 가로본능학습법이 가능하다.

재무회계, 원가관리회계의 단권화

본서는 9급 공무원 회계학 시험을 대비하는 목적으로 재무회계 262문항, 원가관리회계 54문항, 총 316문항으로 구성되어 있다. 즉 모든 객관식 회계학 시험 문제를 커버할 수 있도록 전영역에 걸쳐 집필되어, 수험생들이 문제집을 단권화하여 정리하기에 용이하도록 하였다.

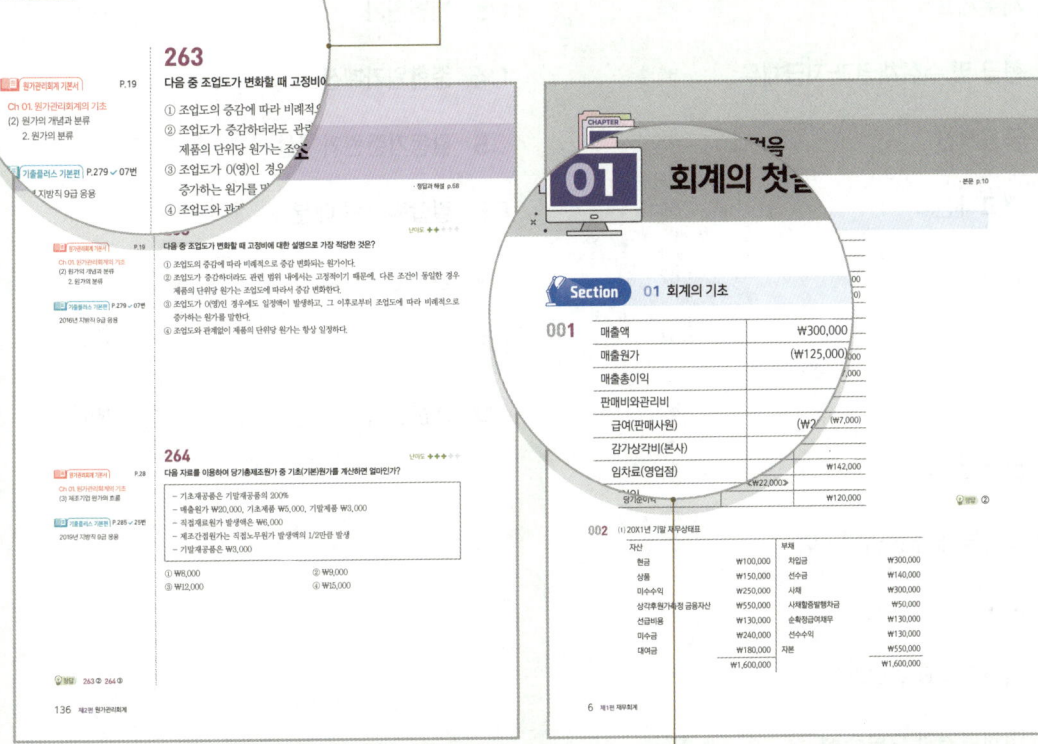

실력 향상을 위한 문제지와 해설지의 분리

공무원 시험에서의 회계학 과목은 시간을 많이 잡아먹는 과목으로 유명하다. 또한 합격의 점수대도 타 과목에 비해서 낮다. 그만큼 어렵다는 뜻이다. 따라서 회계학은 스스로 논리를 따져보고 계산을 통해 속도가 붙는 특성을 고려하여, 아는 문제도 여러 번 빨리 풀어봄으로써 머릿속에 구조화시키는 과정이 중요하다. 이에 정답과 해설을 문제지와 분리하여 별도의 책으로 구성하였다. 해설을 통해 답을 이해하는 정도로는 속도가 늘지 않기 때문이다. 실전의 긴장감을 유지한 채 문제를 풀어보고, 그 후에 정답과 해설을 통해 풀이법과 대조하여 부족한 점들을 보완함으로써 실력이 향상될 수 있도록 하였다.

차례 | Contents

제 1 편 | 재무회계

- 01 회계의 첫걸음 — 10
- 02 재무보고를 위한 개념체계 — 19
- 03 재무제표 — 28
- 04 현금 및 수취채권과 지급채무 — 35
- 05 금융자산 — 43
- 06 재고자산 — 50
- 07 유형자산 — 62
- 08 투자부동산 — 78
- 09 무형자산 — 82
- 10 금융부채-사채 — 87
- 11 충당부채와 종업원급여 — 91
- 12 자본 — 96
- 13 수익인식과 건설계약 — 102
- 14 회계변경과 오류수정 — 110
- 15 현금흐름표 — 115
- 16 주당이익 — 123
- 17 관계기업투자와 지분법 — 126
- 18 재무비율 — 128

제 2 편 | 원가관리회계

- 01 원가관리회계의 기초 — 136
- 02 원가배분 — 139
- 03 개별원가 — 142
- 04 종합원가계산 — 145
- 05 활동기준원가계산 — 150
- 06 결합원가의 배분 — 152
- 07 변동원가계산 — 155
- 08 CVP 분석 — 158
- 09 표준원가 — 160

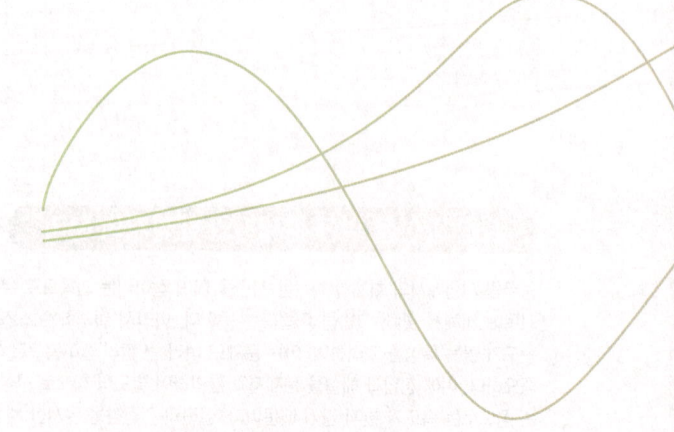

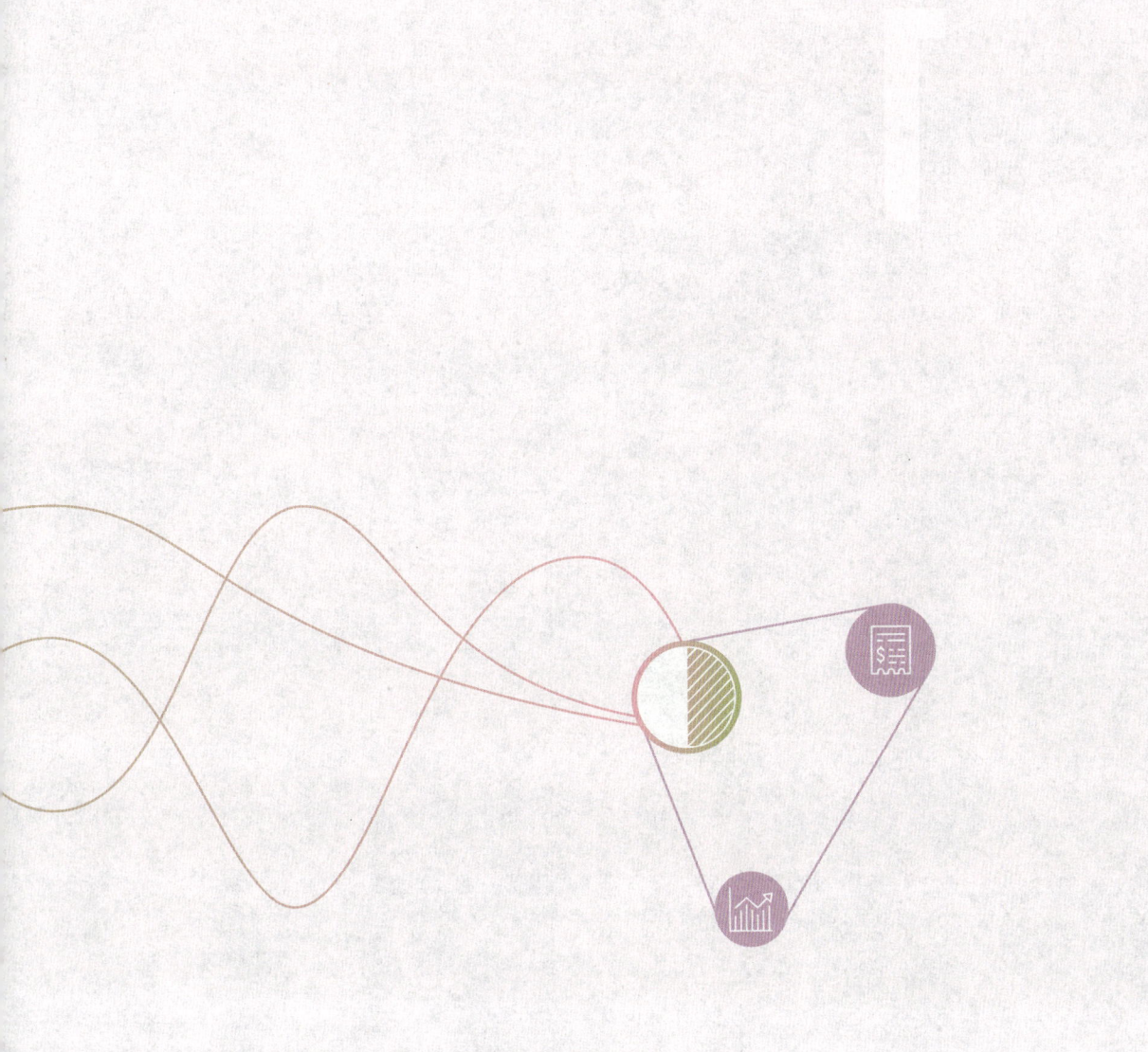

제 1 편

재무회계

- 01 회계의 첫걸음
- 02 재무보고를 위한 개념체계
- 03 재무제표
- 04 현금 및 수취채권과 지급채무
- 05 금융자산
- 06 재고자산
- 07 유형자산
- 08 투자부동산
- 09 무형자산
- 10 금융부채 – 사채
- 11 충당부채와 종업원급여
- 12 자본
- 13 수익인식과 건설계약
- 14 회계변경과 오류수정
- 15 현금흐름표
- 16 주당이익
- 17 관계기업투자와 지분법
- 18 재무비율

CHAPTER 01 회계의 첫걸음

· 정답과 해설 p.6

Section 01 회계의 기초

001

난이도 ★★☆☆☆

다음은 제조업을 영위하는 ㈜한국의 20X1년 기말 회계자료이다. 20X1년 포괄손익계산서상에 보고하게 될 당기순이익이 ₩120,000이라면 법인세비용은 얼마인가?

• 매출액	₩300,000
• 매출원가	₩125,000
• 대손상각비(대여금)	₩4,000
• 급여(판매사원)	₩20,000
• 사채이자비용	₩3,000
• 감가상각비(본사)	₩1,000
• 임차료(영업점)	₩32,000
• 임대료	₩15,000
• 이자수익(대여금)	₩12,000

① ₩20,000 ② ₩22,000 ③ ₩24,000 ④ ₩30,000

재무회계 기본서 P.23
Ch 01. 회계의 기초
(3) 회계정보전달의 수단: 재무제표
2. 포괄손익계산서

기출플러스 기본편 P.14 ✓ 09번
2019년 국가직 9급 응용

002

난이도 ★★★☆☆

㈜한국의 재무상태표상 각 계정별 20X1년 말 잔액은 다음과 같다. 20X1년 말 자산의 총계는 20X1년 초 자산의 총계보다 ₩200,000만큼 더 크고, 20X1년 초 자본의 총계는 20X1년 말 자본의 총계보다 ₩120,000만큼 더 작다. 이를 토대로 20X1년 초 부채의 총계는 얼마인가?

• 현금	₩100,000	• 사채	₩300,000
• 상품	₩150,000	• 사채할증발행차금	₩50,000
• 차입금	₩300,000	• 순확정급여채무	₩130,000
• 미수수익	₩250,000	• 미수금	₩240,000
• 선수금	₩140,000	• 대여금	₩180,000
• 상각후원가 측정 금융자산	₩550,000	• 이익잉여금	₩250,000
• 선급비용	₩130,000	• 선수수익	₩130,000

① ₩730,000 ② ₩970,000 ③ ₩1,370,000 ④ ₩1,450,000

재무회계 기본서 P.19
Ch 01. 회계의 기초
(3) 회계정보 전달의 수단: 재무제표
1. 재무상태표

기출플러스 기본편 P.16 ✓ 17번
2017년 서울시 9급 응용

 정답 001 ② 002 ②

Section 02 회계의 순환과정

003
난이도 ◆◆◆◇◇

㈜한국의 20X1년 말 소모품 관련 총계정원장은 다음과 같다.

현금			
		5/1	₩100,000

소모품			
5/1	₩100,000	12/31	₩70,000

소모품비			
12/31	₩70,000		

㈜한국의 20X1년 회계처리에 관한 설명으로 옳은 것은?

① 소모품 관련 기말 수정분개는 '(차)소모품 ₩70,000 (대)소모품비 ₩70,000'이다.
② 만약 기말 수정분개를 누락했다면 손익에 미치는 영향은 이익 ₩70,000의 과소계상이다.
③ 5월 1일 소모품 구입시 지출한 현금 ₩100,000을 전액 비용으로 처리하였다.
④ 현금주의와 발생주의 관점에서의 소모품비의 차이는 ₩30,000이다.

재무회계 기본서 P.76
Ch 03. 회계의 순환과정
(1) 회계의 순환과정

기출플러스 기본편 P.18 ✓ 22번
2023년 관세직 9급 응용

004
난이도 ◆◆◇◇◇

다음은 ㈜한국의 이자수익과 미수수익의 장부마감 전 계정별 원장이다. 장부마감과 재무제표 표시에 대한 설명으로 옳지 않은 것은?

이자수익			
선수이자 ₩20,000		현금 ₩100,000	
		미수이자 ₩30,000	

미수수익	
이자수익 ₩30,000	

① 포괄손익계산서에 인식되는 이자수익은 ₩110,000이다.
② 미수수익 계정의 대변에 집합손익 ₩30,000으로 마감한다.
③ 이자수익 원장의 차변에 집합손익 ₩110,000으로 마감한다.
④ 재무상태표상에 인식되는 미수이자는 ₩30,000이다.

재무회계 기본서 P.92
Ch 03. 회계의 순환과정
(5) 장부의 마감

기출플러스 기본편 P.20 ✓ 30번
2016년 관세직 9급 응용

정답 003 ④ 004 ②

005

㈜한국의 자본은 20X1년도 초와 20X1년도 말에 각각 ₩100,000, ₩150,000이었다. ㈜한국은 20X1년 중 ₩10,000을 유상증자를 통해 조달하였으며 ₩5,000의 현금배당을 실시하였다. 또한 자산재평가이익이 ₩5,000 발생하였다. 주가 관리차원에서 ₩30,000의 무상증자를 실시하였다. 위 사안을 반영할 경우 ㈜한국의 당기순이익은 얼마인가? (단, 위 거래를 제외하고는 소유주와 자본거래는 없다.)

① ₩10,000
② ₩25,000
③ ₩40,000
④ ₩45,000

006

㈜한국이 20X1년 말 장부마감 후 집계한 재무상태의 변동내용은 다음과 같다.

- 자산: ₩500,000 증가
- 부채: ₩180,000 증가

회사의 자본은 자본금과 이익잉여금만으로 구성되어 있으며, 주당 액면가액은 ₩10이다. 만일 20X1년 중 회사가 ₩100,000의 신주를 액면으로 발행하였고, 현금배당 없이 5% 주식배당만 하였다면 20X1년도 당기순이익은 얼마인가?

① ₩220,000
② ₩270,000
③ ₩320,000
④ ₩580,000

007

다음 현금 T계정을 통해 거래를 설명한 내용 중 옳지 않은 것은?

현금			
1/3 자본금	₩10,000,000	2/10 재고자산	₩4,000,000
4/20 외상매출금	₩5,000,000	2/5 차입금	₩3,000,000

① 1월 3일 현금 ₩10,000,000을 출자 받았다.
② 2월 10일 재고자산을 매입하고 현금으로 ₩4,000,000을 현금으로 지급하였다.
③ 4월 20일 거래처에서 외상매출금 ₩5,000,000을 현금으로 회수하였다.
④ 2월 5일 은행으로부터 ₩3,000,000을 차입하였다.

008

다음 자료를 이용하여 계산한 당기의 비용총액은?

기초자산	₩22,000	기말자산	₩80,000
기초부채	₩3,000	기말부채	₩50,000
• 현금배당	₩1,000	• 유상증자	₩7,000
• 무상증자	₩4,000	• 유상감자	₩12,000
• 수익총액	₩35,000		

① ₩12,000
② ₩18,000
③ ₩22,000
④ ₩35,000

정답 007 ④ 008 ②

009

난이도 ◆◆◆◇◇

㈜한국의 20X1년 초 자본은 ₩500,000이다. 20X1년 다음 자료를 반영하여 20X1년 말 자산의 총계는 얼마인가? (단, 법인세 효과는 반영하지 않는다.)

- 20X1년 총포괄손익은 ₩100,000이다.
- 액면금액 ₩500인 주식 100주를 주당 ₩1,000에 발행하였는데, 신주발행비로 ₩10,000을 지출하였다.
- 자기주식 2주를 주당 ₩2,000에 처분하였다(동 자기주식은 주당 ₩3,000에 발행했던 주식을 주가관리차원에서 주당 ₩1,000에 취득하여 보유 중이던 주식이다).
- 기말 부채의 총계는 ₩200,000이다.

① ₩694,000
② ₩894,000
③ ₩896,000
④ ₩1,096,000

010

난이도 ◆◆◇◇◇

소모품비 계정에 대한 설명으로 옳지 않은 것은?

소모품비			
10/1 현금	₩100,000	12/31 소모품	₩10,000
		12/31 집합손익	₩90,000
계	₩100,000	계	₩100,000

① 소모품 구입 시 전액 자산으로 기록하였다.
② 당기 소모품 미사용액은 ₩10,000이다.
③ 당기 소모품 구입액은 ₩100,000이다.
④ 포괄손익계산서상에 인식하게 될 당기 소모품비는 ₩90,000이다.

정답 009 ② 010 ①

Section 03 기말수정분개

011
난이도 ✚✚✚✚✚

㈜한국은 회계연도 중에는 현금주의에 따라 회계처리하며, 기말수정분개를 통해 발생주의로 전환하여 재무제표를 작성한다. ㈜한국의 기말 수정후시산표상 차변(또는 대변)의 합계금액은 ₩500,000이다. 기말수정사항이 다음과 같을 때, 수정전시산표상 차변(또는 대변)의 합계금액은?

- 기간 미경과 임대료   ₩100,000
- 기간 미경과 보험료   ₩50,000
- 당기에 발생하였으나 수취되지 않은 이자수익   ₩25,000
- 당기에 발행하였으나 지급되지 않은 이자비용   ₩15,000
- 미사용 소모품잔액   ₩40,000

① ₩440,000
② ₩455,000
③ ₩460,000
④ ₩480,000

재무회계 기본서 P.83
Ch 03. 회계의 순환과정
(2) 기말수정분개
4. 이연항목

기출플러스 기본편 P.29 ✓ 50번
2019년 관세직 9급 응용

012
난이도 ✚✚✚✚✚

다음은 건물 임대업을 영위하는 ㈜한국의 20X1년 결산 관련 자료이다.

계정	내용
보험료	• 기초 선급보험료 잔액은 ₩5,000이다. • 9월 1일에 보험을 갱신하였고, 당해 기말 선급보험료 잔액은 ₩9,000이다. • 당해 포괄손익계산서에 인식한 보험료는 ₩8,000이다.
임대료	• 기초 선수임대료 잔액은 ₩3,000이다. • 4월 1일 임대차 계약을 갱신하였고, 당해 기말 선수임대료 잔액은 ₩6,000이다. • 당해 포괄손익계산서에 인식한 임대료는 ₩21,000이다.

현금주의 손익계산서상에서 보험료와 임대료가 손익에 미치는 영향은 얼마인가? (단, 보험료와 임대료 이외의 다른 계정은 고려하지 않으며, 기간은 월할 계산한다.)

① ₩12,000
② ₩13,000
③ ₩29,000
④ ₩36,000

재무회계 기본서 P.81
Ch 03. 회계의 순환과정
(2) 기말수정분개
4. 이연항목

기출플러스 기본편 P.36 ✓ 69번
2019년 국가직 9급 응용

정답 011 ③ 012 ①

013

난이도 ◆◆◆◇◇

㈜한국은 보험업을 영위하는 회사이며, 보험상품의 판매시점에 전액을 수익으로 인식하는 회계처리 방식을 선택하고 있다. ㈜한국은 기중에 보험상품 ₩100,000을 ㈜민국에 판매하였다. ㈜한국과 맺은 보험계약에 대해 ㈜민국이 수행한 결산수정분개는 다음과 같다. ㈜한국의 회계처리에 대한 설명으로 옳지 않은 것은?

(차) 선급보험료 ₩40,000	(대) 보험료 ₩40,000

① ㈜한국의 포괄손익계산서에 인식할 보험료 수익은 ₩40,000이다.
② 보험계약과 관련하여 ㈜한국의 재무상태표에 인식할 부채 잔액은 ₩40,000이다.
③ ㈜한국은 기말수정분개를 통해 수익을 ₩40,000만큼 감소시킨다.
④ ㈜한국이 위 사안에 대해 기말수정분개를 누락하였다면 자본항목은 ₩40,000 과대계상된다.

014

난이도 ◆◆◆◇◇

다음은 20X1년 영업을 시작한 ㈜한국의 20X1년 12월 31일 현재의 시산표이다. 시산표와 관련된 다음의 설명 중 옳지 않은 것은?

시산표			
20X1. 12. 31.			
현금	₩720,000	차입금	₩300,000
매출채권	₩250,000	매입채무	₩150,000
상품	₩50,000	미지급비용	₩10,000
건물	₩1,000,000	감가상각누계액	₩50,000
매출원가	₩350,000	자본금	₩1,500,000
광고선전비	₩10,000	매출	₩430,000
여비교통비	₩5,000	수수료수익	₩5,000
감가상각비	₩50,000		
이자비용	₩10,000		
	₩2,445,000		₩2,445,000

① 상기 시산표는 수정후시산표이다.
② ㈜한국은 20X1년 동안 ₩400,000의 상품을 매입하였다.
③ 상기 시산표로 재무상태표를 작성할 경우 ㈜한국의 20X1년 12월 31일 현재 자산은 ₩2,020,000이다.
④ 상기 시산표로 재무상태표를 작성할 경우 ㈜한국의 20X1년 12월 31일 현재 자본은 ₩1,510,000이다.

정답 013 ① 014 ③

015

㈜한국의 결산수정사항이 다음과 같은 경우, 기말수정분개가 미치는 영향으로 옳지 않은 것은? (단, 법인세비용에 미치는 영향은 없다고 가정한다.)

- 9월 1일 1년간의 보험료 ₩120,000을 지급하고 전액 보험료계정에 차기하였다.
- 20X1년 1월 1일 자산으로 계상된 소모품은 ₩100,000이 있었고, 기중에 추가 구입한 소모품 ₩150,000을 전액 비용으로 인식하였으며, 기말현재 소모품이 ₩120,000 남아있음을 확인하였다.
- 12월 말 급여 ₩50,000이 발생하였으나, 기말 현재 미지급상태이다.

① 당기순이익이 ₩50,000 증가한다.
② 자산총액이 ₩100,000 증가한다.
③ 부채총액이 ₩50,000 증가한다.
④ 수정후시산표상의 차변합계가 ₩50,000 감소한다.

016

㈜한국의 수정후시산표상 자산, 부채, 수익, 비용, 자본금 금액이 다음과 같다. 재무제표에 대한 설명으로 옳지 않은 것은?

차변 계정과목	금액	대변 계정과목	금액
현금	₩130,000	선수금	₩80,000
재고자산	₩200,000	매입채무	₩170,000
비품	₩50,000	미지급금	₩50,000
선급비용	₩70,000	자본금	₩40,000
매출원가	₩100,000	기초이익잉여금	?
급여	₩50,000	매출액	₩120,000

① 기초이익잉여금은 ₩140,000이다.
② 재무상태표 작성 시 순자산은 ₩150,000이다.
③ 기능별 분류법에 의한 포괄손익계산서 작성 시 매출총이익은 ₩20,000이다.
④ 포괄손익계산서 작성 시 당기순이익은 ₩30,000이다.

정답 015 ④ 016 ④

017

난이도 ✚✚✚✚✚

다음에서 제시한 ㈜한국의 결산수정사항을 반영한 결과에 대한 설명으로 옳지 않은 것은?

⟨수정전시산표상 잔액⟩

자산	₩3,500,000	수익	₩3,000,000
부채	₩2,000,000	비용	₩2,000,000

⟨결산수정사항⟩
(1) 당기 중 보험료로 납부한 ₩120,000은 모두 보험료 비용으로 처리하였으나 기말 현재 보험료 미경과액이 ₩40,000이다.
(2) 토지의 자산 재평가 결과 장부금액이 ₩20,000 감소하였다. 토지의 취득원가는 ₩500,000이고 수정전시산표상 재평가잉여금 ₩10,000이 인식되어 있다.
(3) 차입금에 대한 당기 발생이자는 ₩10,000이다.
(4) 당기에 발생한 급여 ₩50,000에 대해 다음 달 10일에 지급될 예정으로 아직 장부상 반영되지 않았다.
(5) 당기손익인식 금융자산의 평가이익 ₩100,000이 발생하였다.

① 결산수정분개를 반영하고 난 수정후시산표상의 잔액은 ₩250,000 증가한다.
② 수정후시산표상의 수익은 ₩3,100,000이다.
③ 수정후시산표상의 비용은 ₩2,030,000이다.
④ 수정후시산표상의 당기순이익은 ₩1,070,000이다.

018

난이도 ✚✚✚✚✚

다음은 ㈜한국의 20X1년 12월 31일 종료되는 회계연도의 수정전시산표상 계정들과 그에 대한 설명이다.

보험료 ₩120,000   소모품비 ₩50,000   임대수익 ₩300,000

- 보험료는 20X1년 7월 1일에 1년분 화재보험료를 현금지급하면서 계상한 것이다.
- 소모품비는 소모품을 구입하면서 계상한 것인데, 기말 현재 미사용한 소모품은 ₩15,000이다.
- 임대수익은 20X1년 12월 1일에 3개월분의 임대료를 수령하면서 계상한 것이다.

위의 계정에 대한 결산수정분개가 20X1년도 당기순이익에 미치는 영향은 얼마인가?

① ₩15,000(감소) ② ₩15,000(증가)
③ ₩125,000(감소) ④ ₩125,000(증가)

재무보고를 위한 개념체계

· 정답과 해설 p.11

 01 개념체계 일반　02 일반목적재무보고의 목적, 대상 및 한계와 제공하는 정보

019

난이도 ++ +++

'재무보고를 위한 개념체계'에서 제시한 '일반목적재무보고'에 관한 설명으로 옳지 않은 것은?

① 일반목적재무보고의 목적은 정보이용자가 기업에 자원을 제공하는 것과 관련된 의사결정을 할 때 유용한 보고기업 재무정보를 제공하는 것이다.
② 일반목적재무보고서는 보고기업의 가치를 보여주기 위해 고안된 것이 아니지만, 정보이용자가 보고기업의 가치를 추정하는 데 도움이 되는 정보를 제공한다.
③ 일반목적재무보고 이용자의 의사결정은 지분상품 및 채무상품을 매수, 매도 또는 보유하는 것과 대여 및 기타 형태의 신용을 제공 또는 결제하는 것을 포함한다.
④ 일반목적재무보고서의 이용자들은 경제적 의사결정을 위해 객관적이고, 중립적 정보가 필요하기 때문에, 정치적 사건과 정치풍토 등과 같은 정보는 고려되지 않는다.

재무회계 기본서　P.120
Ch 04. 재무보고를 위한 개념체계
(2) 일반목적 재무보고서의 목적, 대상 및 한계와 제공하는 정보

020

난이도 ++ +++

「재무보고를 위한 개념체계」에서 규정하고 있는 일반목적재무보고서에 대한 설명으로 옳지 않은 것은?

① 일반목적 재무보고의 목적은 현재 및 잠재적 투자자, 대여자 및 기타 채권자가 기업에 자원을 제공하는 것에 대한 의사결정을 할 때 유용한 보고기업의 재무정보를 제공하는 것이다.
② 경영진은 필요로 하는 재무정보를 내부에서 구할 수 있기 때문에 일반목적재무보고서에 의존할 필요가 없다.
③ 회계기준위원회는 공통된 정보의 수요에 초점을 맞추기 때문에 주요 이용자의 특정 일부 집단에게 가장 유용한 추가 정보를 포함해서는 안된다.
④ 재무보고서는 정확한 서술보다는 상당부분 추정, 판단 및 모형에 근거하며 개념체계는 그 추정, 판단 및 모형에 기초가 되는 개념을 정한다.

재무회계 기본서　P.120
Ch 04. 재무보고를 위한 개념체계
(2) 일반목적 재무보고서의 목적, 대상 및 한계와 제공하는 정보

정답　019 ④　020 ③

재무회계 기본서 P.120
Ch 04. 재무보고를 위한 개념체계
(2) 일반목적 재무보고서의 목적, 대상 및 한계와 제공하는 정보

021
난이도 ✚✚✚✚✚

다음 중 「재무보고를 위한 개념체계」에서 규정하고 있는 일반목적재무보고에 대한 설명으로 옳지 않은 것은?

① 일반목적재무보고는 현재 및 잠재적 투자자, 대여자 및 기타 채권자가 기업의 경제적 자원의 사용에 영향을 미치는 경영진의 행위에 대한 의결권 또는 영향을 미치는 권리를 행사하는 것과 관련된 의사결정을 할 때 유용한 보고기업의 재무정보를 제공하는 것도 목적으로 하고 있다.
② 일반목적 재무보고서는 현재 및 잠재적 투자자, 대여자 및 기타채권자가 필요로 하는 모든 정보를 제공하지 않으며, 제공할 수도 없으므로 정보이용자들은 일반 경제상황 및 정치적 사건 및 기업 전망 등과 같은 다른 원천에서 입수한 정보를 고려할 필요가 있다.
③ 회계기준위원회는 재무보고 기준을 제정할 때 주요 이용자의 최대다수의 수요를 충족하는 정보를 제공하기 위해 노력하지만 공통된 수요에 초점을 맞춘다고 해서 보고기업으로 하여금 주요 이용자의 특정 일부집단에게 가장 유용한 추가 정보를 포함하지 못하게 하는 것은 아니다.
④ 일반목적재무보고가 제공하는 경제적 자원, 청구권 그리고 청구권의 변동은 재무성과로 인해서만 발생한다.

Section 03 유용한 재무정보의 질적특성

재무회계 기본서 P.123
Ch 04. 재무보고를 위한 개념체계
(3) 유용한 재무정보의 질적 특성

022
난이도 ✚✚✚✚✚

「재무보고를 위한 개념체계」 내용 중 재무정보의 질적 특성에 관한 설명으로 옳은 것은?

① 개념체계는 유용한 정보가 되기 위한 근본적 질적 특성을 적용하는 데 있어서 가장 효율적이고 효과적인 일반적 절차를 제시하고 있지는 않다.
② 일관성은 비교가능성과 관련은 되어 있지만 동일하지는 않다. 즉, 일관성은 목표이고, 비교가능성은 그 목표를 달성하는 데 도움을 준다고 할 수 있다.
③ 중요성은 개별기업 재무보고서 관점에서 해당 정보와 관련된 항목의 성격이나 규모 또는 이 둘 모두에 근거하여 해당 기업에 특유한 측면의 목적적합성을 의미한다.
④ 재무보고서는 사업활동과 경제활동에 대해 박식하고, 정보를 검토하고 분석하는 데 부지런한 정보이용자보다는 모든 수준의 정보이용자들이 자력으로 이해할 수 있도록 작성되어야 한다.

정답 021 ④ 022 ③

023

「재무보고를 위한 개념체계」에 대한 설명 중 옳지 않은 것은?

① 일반목적재무보고서는 보고기업의 가치를 보여주기 위해 고안된 것이 아니다. 그러나 일반목적재무보고서는 현재 및 잠재적 투자자, 대여자 및 기타채권자가 보고기업의 가치를 추정하는데 도움이 되는 정보를 제공한다.
② 재무정보의 예측가치와 확인가치는 상호 연관되어 있어, 예측가치를 갖는 정보는 확인가치도 갖는 경우가 많다.
③ 통일성은 한 보고기업 내에서 기간 간 또는 같은 기간 동안 기업 간, 동일한 항목에 대해 동일한 방법을 적용하는 것을 말한다.
④ 보강적 질적 특성은 가능한 극대화되어야 한다. 그러나 보강적 질적 특성은 정보가 목적적합하지 않거나 충실하게 표현되지 않으면, 개별적으로든 집단적으로든 그 정보를 유용하게 할 수 없다.

Section 04 일반목적 재무제표

024

일반목적 재무제표에 대한 설명으로 옳지 않은 것은?

① 재무제표의 목적은 보고기업에 유입될 미래 순현금흐름에 대한 전망과 보고기업의 경제적 자원에 대한 경영진의 수탁책임을 평가하는데 유용한 재무정보를 재무제표 이용자들에게 제공하는 것이다.
② 재무제표는 특정기간인 보고기간에 대하여 작성되며, 보고기간 말과 보고기간 중에 존재했던 자산·부채(미인식된 자산과 부채는 포함하지 않음) 및 자본과 보고기간 동안의 수익과 비용에 관한 정보를 제공한다.
③ 재무제표는 최소한 직전연도에 대한 비교정보를 제공한다.
④ 재무제표는 기업의 현재 및 잠재적 투자자, 대여자 및 그 밖의 채권자 중 특정 집단의 관점이 아닌 보고기업 전체의 관점에서 거래 및 그 밖의 사건에 대한 정보를 제공한다.

정답 023 ③ 024 ②

Section 05 재무제표 요소

025
난이도 ◆◆◆◆◆

재무제표 요소에 관한 설명으로 옳지 않은 것은?

① 자산은 과거 사건의 결과로 기업이 통제하고 있는 현재의 경제적 자원인데, 이때 경제적 자원은 그 잠재력을 포함한 현재의 권리이며, 그 권리가 창출할 수 있는 미래의 경제적 효익이다.
② 부채는 과거 사건의 결과 기업이 경제적 자원을 인식해야 하는 현재의무인데, 이때 의무는 기업이 경제적 자원을 다른 당사자에게 이전해야 할 잠재력이 있어야 하지만 그러한 잠재력이 존재하기 위해서는 기업이 경제적 자원의 이전을 요구받을 것이 확실하거나 그 가능성이 높아야 하는 것은 아니다.
③ 수익은 자본청구권 보유자로부터의 출자를 제외하며, 자본청구권 보유자에 대한 분배는 비용으로 인식하지 않는다.
④ 기업이 발행한 후 재매입하여 보유하고 있는 채무상품이나 지분상품은 기업의 경제적 자원이 아니다.

026
난이도 ◆◆◆◆◆

부채의 정의에 대한 설명으로 옳지 않은 것은?

① 부채에는 계약이나 관계법령에 의하여 법적 강제력이 있는 의무뿐만 아니라 관습이나 관행 또는 거래상대방과 원활한 관계를 유지하기 위하여 발생하는 의무도 포함된다.
② 부채의 액면금액이 확정되지 않았더라도 부채의 정의를 충족할 수 있다.
③ 취소불능계약이 아닌 단순한 약정만으로는 부채의 정의를 충족시키지 못할 수도 있다.
④ 경제적 자원의 유출 또는 사용이 기대된다면 과거의 거래나 사건으로부터 기인하지 않더라도 부채의 정의를 충족한다.

정답 025 ① 026 ④

Section 06 재무제표 요소의 인식과 제거

027

난이도 ✦✦✦✧✧

「재무보고를 위한 개념체계」에서 재무제표 요소에 대한 설명으로 옳지 않은 것은?

① 인식은 자산, 부채, 자본, 수익 또는 비용과 같은 재무제표 요소 중 하나의 정의를 충족하는 항목을 재무상태표나 재무성과표에 포함하기 위하여 포착하는 과정이다.
② 재무제표의 요소의 정의를 충족하는 항목이라면 재무제표에 항상 인식된다.
③ 재무상태의 보고기간 기초와 기말의 총자산에서 총부채를 차감한 것은 총자본과 같다.
④ 자산이나 부채의 정의를 충족하는 항목이 인식되지 않더라도, 기업은 해당 항목에 대한 정보를 주석에 제공해야 할 수도 있다.

📖 재무회계 기본서　P.142
Ch 04. 재무보고를 위한 개념체계
(6) 재무제표 요소의 인식과 제거
1. 재무제표 요소의 인식

Section 07 재무제표 요소의 측정

028

난이도 ✦✦✦✧✧

다음 중 「재무보고를 위한 개념체계」에서 규정하고 있는 재무제표 요소의 측정기준에 대한 설명으로 옳지 않은 것은?

① 재무제표 요소의 측정기준은 역사적원가와 현행가치가 있으며, 측정대상과 주어진 상황에 따라 다양한 방법으로 결합되어 사용된다.
② 역사적원가는 자산의 손상이나 손실부담에 따른 부채와 관련된 변동을 제외하고는 가치변동을 반영하지 않는다.
③ 자산의 현행원가는 기업이 자산의 사용과 궁극적인 처분으로 얻을 것이라고 기대하는 현금흐름 또는 그 밖의 경제적 효익의 현재가치이다.
④ 공정가치는 측정일에 시장참여자들 사이에 정상거래에서 자산을 매도할 때 받거나 부채를 이전할 때 지급하게 될 가격이다.

📖 재무회계 기본서　P.146
Ch 04. 재무보고를 위한 개념체계
(7) 재무제표 요소의 측정

📘 기출플러스 기본편　P.56 ✓42번
2020년 국가직 7급 응용

029

난이도 ✦✦✧✧✧

다음 중 「재무보고를 위한 개념체계」에서 규정하고 있는 재무제표 요소의 측정기준에 대한 설명으로 옳지 않은 것은?

① 자산의 현행원가는 측정일 현재 동등한 자산의 원가로 측정일에 지급할 대가와 그 날에 발생할 거래원가를 포함한다.
② 공정가치는 활성시장에서 관측되는 가격으로 직접 결정될 수 있다.
③ 사용가치와 이행가치는 공정가치와 달리 시장참여자의 가정보다는 기업 특유의 가정을 기반으로 한다.
④ 가치변동에 관한 정보가 재무제표 이용자들에게 중요할 경우 역사적원가는 가장 목적적합한 정보가 될 수 있다.

📖 재무회계 기본서　P.146
Ch 04. 재무보고를 위한 개념체계
(7) 재무제표 요소의 측정

📘 기출플러스 기본편　P.56 ✓42번
2020년 국가직 7급 응용

💡정답　027 ②　028 ③　029 ④

030

난이도 ◆◆◆◆◆

㈜한국은 20X1년 초 ₩100,000을 지급하고 토지를 취득하였다. 취득당시 거래원가 ₩20,000이 추가로 발생하였다. 20X1년 말 현재 동 토지와 동등한 토지를 취득하기 위해서는 ₩110,000을 지급하여야 하며, 추가로 취득관련 거래원가 ₩5,000을 지급하여야 한다. 한편 ㈜한국은 20X1년 말 현재 시장참여자 사이의 정상거래에서 동 토지를 매도할 경우 거래원가 ₩20,000을 차감하고 ₩98,000을 수취할 수 있다. 20X1년 말 현재 토지의 역사적원가, 공정가치, 현행원가를 금액이 큰 순으로 옳게 나열한 것은?

① 역사적원가 > 현행원가 > 공정가치
② 역사적원가 > 공정가치 > 현행원가
③ 현행원가 > 공정가치 > 역사적원가
④ 현행원가 > 역사적원가 > 공정가치

031

난이도 ◆◆◆◆◆

다음 중「재무보고를 위한 개념체계」에서 규정하고 있는 재무제표 요소의 측정에 대한 설명으로 옳지 않은 것은?

① 자산을 취득하거나 창출할 때의 역사적 원가는 자산의 취득 또는 창출로 인해 발생한 원가의 가치로 자산을 취득 또는 창출하기 위해 지급한 대가에 거래원가는 포함하지 않는다.
② 공정가치는 측정일에 시장 참여자들 사이의 정상적인 거래에서 자산을 매도할 때 받거나 부채를 이전할 때 지급하게 될 가격으로 거래원가는 포함하지 않는다.
③ 부채의 이행가치는 기업이 부채를 이행할 때 이전해야 하는 현금이나 그 밖의 경제적 자원의 현재가치이다.
④ 자산의 현행원가는 측정일 현재 동등한 자산의 원가로서 측정일에 지급해야 할 대가와 그날에 발생한 거래원가를 포함한다.

정답 030 ② 031 ①

032

다음 중 「재무보고를 위한 개념체계」에서 규정하고 있는 재무제표 요소의 측정에 대한 설명으로 옳지 않은 것은?

① 역사적 원가로 측정하는 것은 현행가치로 측정하는 것보다 더 단순하고 비용이 적게 들지만, 보고기업의 기간 간 또는 같은 기업의 기업 간의 비교가능성을 저하시킬 수 있다.
② 공정가치로 자산과 부채를 측정하여 제공하는 정보는 예측가치와 확인가치를 가질 수 있다.
③ 현행원가를 측정기준으로 사용하는 경우 기존의 자산과 동일한 현행원가를 추정하기 위해 새로운 자산의 현재가격에 대한 주관적인 조정이 필요하므로 비용이 많이 발생하지 않고, 검증가능성과 이해가능성이 높다.
④ 가격변동이 유의적일 경우, 현행원가를 기반으로 한 이익은 역사적 원가를 기반으로 한 이익보다 미래이익을 예측하는 데 더 유용할 수 있다.

033

다음 중 「재무보고를 위한 개념체계」에서 규정하고 있는 재무제표 요소의 측정기준에 대한 설명으로 옳은 것은?

① 공정가치는 활성시장에서 관측되는 가격으로 직접 결정되므로, 활성시장에서 관측되지 않은 경우 공정가치는 측정이 불가능하다.
② 사용가치와 이행가치는 미래현금흐름에 기초하기 때문에 자산을 취득하거나 부채를 인수할 때 발생하는 거래원가는 포함한다.
③ 측정기준을 선택할 때, 보강적 질적 특성 중 비교가능성과 이해가능성, 검증가능성 및 원가의 제약은 측정기준을 선택할 때 영향을 미치지만 적시성의 경우 측정에 특별한 영향을 미치지 않는다.
④ 총자본은 직접 측정하지 않으므로, 자본의 일부 종류와 자본의 일부 구성요소에 대한 장부금액도 직접 측정하는 것이 부적절하다.

정답 032 ③ 033 ③

Section 08 자본과 자본유지개념

034
자본유지개념과 이익의 결정에 대한 설명으로 옳지 않은 것은?

① 자본유지개념 중 재무자본유지는 명목화폐단위 또는 불변구매력단위를 이용하여 측정할 수 있다.
② 재무자본유지개념을 사용하기 위해서는 현행원가기준에 따라 측정해야 한다.
③ 자본유지개념은 이익이 측정되는 준거기준을 제공함으로써 자본개념과 이익개념 사이의 연결 고리를 제공한다.
④ 재무자본유지개념과 실물자본유지개념의 주된 차이는 기업의 자산과 부채에 대한 가격변동 영향의 처리방법에 있다.

035
다음 자료를 이용하여 실물자본유지관점에서 ㈜한국의 당기순손익을 계산하면 얼마인가?

- ㈜한국은 기초에 현금 ₩1,000으로 영업을 시작하였다.
- 기초에 상품A를 단위당 ₩200에 5개를 현금구입하고, 기중에 5개를 단위당 ₩400에 현금판매 하였다.
- 당기 일반물가인상률은 10%이다.
- 기말 상품A의 구입가격은 ₩300으로 인상되었다.
- 기말 현금 보유액은 ₩2,000이다.

① ₩1,000 손실
② ₩500 손실
③ ₩0
④ ₩500 이익

036
㈜한국의 20X1년 자료가 다음과 같을 때, 재무자본유지개념하에서 불변구매력단위를 이용하여 측정한 당기순이익은? (단, 주어진 자료 외 다른 거래는 없다.)

- 20X1년 초 현금 ₩100,000으로 영업을 개시하였다.
- 20X1년 초 재고자산 15개를 단위당 ₩5,000에 현금 구입하였다.
- 20X1년 기중에 재고자산 15개를 단위당 ₩8,000에 현금 판매하였다.
- 20X1년 초 물가지수가 100이라고 할 때, 20X1년 말 물가지수는 125이다.
- 20X1년 말 재고자산의 단위당 구입가격은 ₩6,500으로 인상되었다.
- 20X1년 말 현금 보유액은 ₩145,000이다.

① ₩0
② ₩15,000
③ ₩20,000
④ ₩30,000

정답 034 ② 035 ④ 036 ③

037

자본 및 자본유지개념에 관한 설명으로 옳지 않은 것은?

① 자본유지개념은 이익이 측정되는 준거기준을 제공하며, 기업의 자본에 대한 투자수익과 투자회수를 구분하기 위한 필수조건이다.
② 자본을 불변구매력 단위로 정의한 재무자본유지개념하에서는 일반물가수준에 따른 가격상승을 초과하는 자산가격의 증가 부분만이 이익으로 간주한다.
③ 재무자본유지개념을 사용하기 위해서는 현행원가기준에 따라 측정해야 하며, 실물자본유지개념은 특정한 측정기준의 적용을 요구하지 아니한다.
④ 자본을 실물생산능력으로 정의한 실물자본유지개념하에서 기업의 자산과 부채에 영향을 미치는 모든 가격 변동은 해당 기업의 실물생산능력에 대한 측정치의 변동으로 간주되어 이익이 아니라 자본의 일부로 처리된다.

038

㈜한국은 20X1년 초 설립되어 영업을 시작하였다. ㈜한국은 설립 시 보통주 10주(주당 액면금액 ₩200)를 주당 ₩500에 발행하고 전액 현금으로 납입 받았으며, 즉시 상품A 10개를 개당 ₩200에 현금으로 구입하였다. ㈜한국은 구입한 상품A 전부를 당기 중 개당 ₩500으로 현금 판매하였으며, 20X1년 말 ㈜한국의 자산총계는 현금 ₩8,000이다. 〈자료〉를 참고하여 볼 때, 다음 설명 중 옳지 않은 것은?

〈자료〉
• 20X1년 말 현재 상품A의 시가는 ₩400이다.
• 20X1년의 일반물가상승률은 10%이다.

① 명목재무자본유지개념하에서 이익으로 인식할 금액은 ₩3,000이다.
② 불변구매력재무자본유지개념하에서 이익으로 인식할 금액은 ₩2,500이다.
③ 불변구매력재무자본유지개념하에서는 10%의 일반물가상승률을 초과하는 상품A의 가격 증가 부분만이 이익으로 간주된다.
④ 실물자본유지개념하에서는 일반물가상승률 10%뿐만 아니라 기업의 자산과 부채에 영향을 미치는 모든 가격변동을 이익으로 인식한다.

정답 037 ③ 038 ④

CHAPTER 03 재무제표

· 정답과 해설 p.14

Section 01 재무제표 작성과 표시의 일반원칙

 P.181

Ch 05. 재무제표
(2) 재무제표 작성과 표시의 일반원칙
　4. 중요성과 통합표시

039

난이도 ◆◆◆◇◇

재무제표 표시에 대한 설명으로 옳지 않은 것은?

① 상이한 성격이나 기능을 가진 항목은 통합하여 표시하지만, 중요하지 않은 항목은 성격이나 기능이 유사한 항목과 구분하여 표시할 수 있다.
② 한국채택국제회계기준에서 요구하거나 허용하지 않는 한 자산과 부채 그리고 수익과 비용은 상계하지 아니한다.
③ 한국채택국제회계기준이 달리 허용하거나 요구하는 경우를 제외하고는 당기 재무제표에 보고되는 모든 금액에 대해 전기 비교정보를 공시한다.
④ 재무제표가 계속기업의 기준 하에 작성되지 않는 경우에는 그 사실과 함께 재무제표가 작성된 기준 및 그 기업을 계속기업으로 보지 않는 이유를 공시하여야 한다.

 P.190

Ch 05. 재무제표
(4) 포괄손익계산서

040

난이도 ◆◆◆◆◇

재무제표 표시에 관한 설명으로 옳지 않은 것은?

① 기업이 상당기간 계속사업이익을 보고하였고, 보고기간 말 현재 경영에 필요한 재무자원을 확보하고 있는 경우에는 자세한 분석이 없이도 계속기업을 전제로 한 회계처리가 적절하다는 결론을 내릴 수 있다.
② 기업은 비용의 성격별 또는 기능별 분류 방법 중에서 신뢰성 있고 더욱 목적적합한 정보를 제공할 수 있는 방법을 적용하여 당기손익으로 인식한 비용의 분석내용을 표시한다.
③ 상법 등 관련 법규에서 이익잉여금처분계산서의 작성을 요구하는 경우에는 재무상태표의 이익잉여금에 대한 보충정보로서 이익잉여금처분계산서를 주석으로 공시한다.
④ 이익의 분배에 대해 서로 다른 권리를 가지는 보통주 종류별로 이에 대한 기본주당이익과 희석주당이익을 포괄손익계산서에 표시하지만, 기본주당이익과 희석주당이익이 부의금액(즉, 주당손실)인 경우에는 표시하지 않는다.

 정답　039 ①　040 ④

041

회계기준에 제시된 재무제표 표시의 일반사항에 대한 설명으로 옳지 않은 것은?

① 재무제표 항목의 표시나 분류를 변경하는 경우 실무적으로 적용할 수 없는 것이 아니라면 비교금액도 재분류해야 한다.
② 경영진은 재무제표를 작성할 때 계속기업으로서의 존속가능성을 평가해야 한다.
③ 기업은 현금흐름 정보를 제외하고는 발생기준회계를 사용하여 재무제표를 작성한다.
④ 한국채택국제회계기준에 특정 요구사항이 열거되어 있거나 최소한의 요구사항으로 기술되어 있다면 중요하지 않더라도 그 공시를 제공해야 한다.

042

재무제표 작성과 표시의 일반사항에 관한 설명으로 옳은 것은?

① 재고자산평가충당금을 차감하여 재고자산을 순액으로 측정하는 것은 상계표시에 해당하며, 기업의 현금흐름을 분석할 수 있는 재무제표 이용자의 능력을 저해한다.
② 재무제표는 일관성 있게 1년 단위로 작성한다. 따라서 실무적인 이유로 기업이 52주의 보고기간을 선호하더라도 기준서는 이러한 보고관행을 금지한다.
③ 한국채택국제회계기준을 준수하여 작성된 재무제표는 국제회계기준을 준수하여 작성된 재무제표임을 주석으로 공시할 수 없다.
④ 부적절한 회계정책은 이에 대하여 공시나 주석 또는 보충자료를 통해 설명하더라도 정당화될 수 없다.

043

재무제표 표시에 관한 설명으로 옳은 것은?

① 기업은 재무제표, 연차보고서, 감독기구제출서류 또는 다른 문서에 표시되는 그 밖의 정보 등 외부에 공시되는 모든 재무적 및 비재무적 정보에 한국채택국제회계기준을 적용하여야 한다.
② 투자자산 및 영업용자산을 포함한 비유동자산의 처분손익은 처분대가에서 그 자산의 장부금액과 관련처분비용을 차감하여 상계표시 한다.
③ 경영진이 기업을 청산하거나 경영활동을 중단할 의도를 가지고 있거나 청산 또는 경영활동의 중단의도가 있을 경우에도 계속기업을 전제로 재무제표를 작성한다.
④ 한국채택국제회계기준의 요구사항을 모두 충족하지 않더라도 일부만 준수하여 재무제표를 작성한 기업은 그러한 준수 사실을 주석에 명시적이고 제한없이 기재한다.

정답 041 ④ 042 ④ 043 ②

Section 02 재무상태표

044
난이도 ◆◆◆◇◇

재무상태표에 관한 설명으로 옳지 않은 것은?

① 보고기간 후 재무제표 발행승인일 전에 장기로 차환하는 약정이 체결된 경우라 하더라도 금융부채가 보고기간 후 12개월 이내에 결제일이 도래하면 이를 유동부채로 분류한다.
② 유동자산과 비유동자산, 유동부채와 비유동부채로 구분하는 표시 방법이 신뢰성 있고 더욱 목적적합한 정보를 제공하는 경우를 제외하고는 자산과 부채는 유동성 순서에 따라 표시한다.
③ 기업은 재무제표에 표시된 개별항목을 기업의 영업활동을 나타내기에 적절한 방법으로 세분류하고, 그 추가적인 분류 내용을 재무상태표 또는 주석에 공시한다.
④ 유동자산은 보고기간 후 12개월 이내에 실현될 것으로 예상되지 않는 경우에도 재고자산과 매출채권과 같이 정상영업주기의 일부로서 판매, 소비 또는 실현되는 자산을 포함한다.

045
난이도 ◆◆◇◇◇

다음은 ㈜한국의 20X1년 말 부분 재무상태표이다. 유동자산 합계는 얼마인가? (단, 기계장치의 내용연수는 20X5년 말까지이다.)

현금및현금성자산	₩1,300,000
임차보증금(임차계약기간 종료일: 20X5년 3월 31일)	₩2,700,000
재고자산	₩700,000
상각후원가 측정 금융자산(만기: 20X2년 2월 28일)	₩1,200,000
장기성 매출채권(20X3년 6월 30일 원금 일시 회수)	₩800,000
기계장치(취득원가 ₩5,800,000)	₩3,500,000

① ₩2,000,000　　② ₩3,200,000
③ ₩4,000,000　　④ ₩5,900,000

046
난이도 ◆◆◆◇◇

재무상태표의 자산과 부채의 유동과 비유동 구분에 관한 설명으로 옳지 않은 것은?

① 기업이 재무상태표에 유동자산과 비유동자산, 그리고 유동부채와 비유동부채로 구분하여 표시하는 경우, 이연법인세자산(부채)은 유동자산(부채)으로 분류하지 않는다.
② 유동성 순서에 따른 표시방법이 신뢰성 있고 더욱 목적적합한 정보를 제공하는 경우를 제외하고는 유동과 비유동으로 자산과 부채를 재무상태표에 구분하여 표시한다.
③ 기업이 기존의 대출계약조건에 따라 보고기간 후 적어도 12개월 이상 부채를 차환하거나 연장할 것으로 기대하고 있고, 그런 재량권이 있다면, 보고기간 후 12개월 이내에 만기가 도래한다 하더라도 비유동부채로 분류한다.
④ 신뢰성 있고 목적적합한 정보를 제공한다고 하더라도, 자산과 부채의 일부는 유동·비유동 구분법으로 표시하고 나머지는 유동성 순서에 따라 표시하는 혼합표시방법은 허용되지 않는다.

정답 044 ② 045 ② 046 ④

Section 03 포괄손익계산서

047

난이도 ◆◆◆◆◆

재무제표 표시에 관한 설명으로 옳지 않은 것은?

① 재고자산에 대한 재고자산평가충당금과 매출채권에 대한 대손충당금과 같은 평가충당금을 차감하여 관련 자산을 순액으로 측정하는 것은 상계표시에 해당하지 아니한다.
② 중요하지 않은 정보일지라도 한국채택국제회계기준에서 요구하는 특정 공시는 반드시 제공해야 한다.
③ 기타포괄손익의 구성요소는 관련 법인세효과를 차감한 순액으로 표시할 수 있다.
④ 기타포괄손익의 구성요소는 관련된 법인세효과 반영 전 금액으로 표시하고, 각 항목들에 관련된 법인세효과는 단일 금액으로 합산하여 별도로 표시하는 것이 가능하다.

재무회계 기본서 P.180
Ch 05. 재무제표
(2) 재무제표 작성과 표시의 일반원칙

048

난이도 ◆◆◆◆◆

포괄손익계산서에 관한 설명으로 옳은 것은?

① 기업은 예외적인 경우를 제외하고 매출액에서 매출원가 및 판매비와관리비(물류원가 등을 포함)를 차감한 영업이익(또는 영업손실)을 포괄손익계산서에 구분하여 표시한다.
② 비용을 성격별로 분류하는 기업은 매출원가, 감가상각비, 기타상각비와 종업원급여비용을 포함하여 비용의 기능에 대한 추가 정보를 공시한다.
③ 재분류조정은 당기나 과거기간에 기타포괄손익으로 인식되었다가 당기에 자본잉여금으로 재분류된 금액을 의미한다.
④ 기업은 재무성과를 설명하는 데 필요하다면 특별항목을 비롯하여 추가 항목을 포괄손익계산서에 재량적으로 포함할 수 있으며, 사용된 용어와 항목의 배열도 필요하면 수정할 수 있다.

재무회계 기본서 P.190
Ch 05. 재무제표
(4) 포괄손익계산서

정답 047 ② 048 ①

049

재무제표 표시의 일반사항에 관한 설명으로 옳지 않은 것은?

① 당해 기간의 기타포괄손익금액을 기능별로 분류해야 하며, 다른 한국채택국제회계기준서에 따라 후속적으로 당기손익으로 재분류되지 않는 항목과 재분류되는 항목을 각각 집단으로 묶어 표시한다.
② 경영진이 기업을 청산하거나 경영활동을 중단할 의도를 가지고 있지 않거나, 청산 또는 경영활동의 중단 외에 다른 현실적 대안이 없는 경우가 아니면 계속기업을 전제로 재무제표를 작성한다.
③ 재무제표는 기업의 재무상태, 재무성과 및 현금흐름을 공정하게 표시해야 하며, 이를 위해서 '개념체계'에서 정한 자산, 부채, 수익 및 비용에 대한 정의와 인식요건에 따라 거래, 그 밖의 사건과 상황의 효과를 충실하게 표현해야 한다.
④ 사업내용의 유의적인 변화나 재무제표를 검토한 결과 다른 표시나 분류방법이 더 적절한 것이 명백하거나 한국채택국제회계기준에서 표시방법의 변경을 요구하는 경우가 아니면 재무제표항목의 표시와 분류는 매기 동일하여야 한다.

050

기타포괄손익에 관한 설명으로 옳지 않은 것은?

① 재평가잉여금의 변동은 기타포괄손익으로 인식된 후, 자산이 사용되는 후속기간에 당기손익으로 재분류한다.
② 기타포괄손익의 구성요소는 법인세효과를 차감한 순액으로 표시할 수 있다.
③ 채무상품인 기타포괄손익 금융자산의 미실현손익으로 기타포괄손익에 인식되었던 금액은 기타포괄손익 금융자산의 처분 시에 기타포괄손익에서 차감되어야 한다.
④ 기타포괄손익은 주주와의 자본거래를 제외한 거래나 사건으로 인하여 회계기간 동안 발생한 자본의 변동 중 당기손익에 포함하지 않는 손익항목이다.

정답 049 ① 050 ①

Section 04 기타 재무제표

051
난이도 ✚✚✚✚

재무제표의 주석공시와 관련된 설명으로 옳지 않은 것은?

① 주석은 한국채택국제회계기준에서 요구하는 정보이지만 재무제표 어느 곳에도 표시되지 않는 정보를 제공한다.
② 주석은 재무제표 작성에 사용한 측정기준, 재무제표를 이해하는 데 목적적합한 그 밖의 회계정책에 관한 정보를 제공한다.
③ 주석에는 재무제표 발행승인일 전에 제안 또는 선언되었으나 당해 기간 동안에 소유주에 대한 분배금으로 인식되지 아니한 배당금액과 주당 배당금을 공시한다.
④ 상법 등 관련 법규에서 이익잉여금 처분계산서의 작성을 요구하는 경우 재무제표 및 주석과 분리하여 별도의 보충명세서로 제공한다.

📕 재무회계 기본서   P.198
Ch 05. 재무제표
(5) 기타재무제표

📗 기출플러스 기본편   P.72 ✓ 31번
2020년 관세직 9급 응용

Section 05 중간재무보고

052
난이도 ✚✚✦✦✦

다음 중 중간재무보고에 대한 내용으로 옳지 않은 것은?

① 전체 재무제표를 중간재무보고서에 포함하는 경우, 이러한 재무제표는 기업회계기준서 제1001호에서 정한 전체 재무제표의 형식과 내용에 부합하여야 한다.
② 요약재무제표를 중간재무보고서에 포함하는 경우, 이러한 재무제표는 최소한 직전 연차재무제표에 포함되었던 제목, 소계 및 이 기준서에서 정하는 선별적 주석을 포함하여야 한다.
③ 중간재무보고서는 당해 회계연도 누적기간을 직전 회계연도 동일기간과 비교하는 형식으로 작성한 포괄손익계산서를 포함한다.
④ 중간재무제표는 연차재무제표에서 적용하는 회계정책과 동일한 회계정책을 적용하여 작성한다.

📕 재무회계 기본서   P.199
Ch 05. 재무제표
(6) 중간재무보고

📗 기출플러스 심화편   P.12 ✓ 01번
2019년 국가직 9급 응용

💡 정답 051 ④ 052 ③

053

난이도 ◆◆◆◆◆

다음 중 재무제표 작성에 대한 설명으로 옳지 않은 것은?

① 한국채택국제회계기준은 오직 재무제표에만 적용하며, 연차보고서, 감독기관제출서류 또는 다른 문서에 표시되는 그 밖의 정보에 반드시 적용해야 하는 것은 아니다.
② 기타포괄손익의 항목(재분류조정 포함)과 관련된 법인세비용 금액은 포괄손익계산서나 주석에 공시한다.
③ 직전 연차보고서를 연결기준으로 작성하였다면 중간재무보고서도 연결기준으로 작성해야 한다.
④ 연중 고르지 않게 발생하는 원가는 연차보고기간 말에 미리 비용으로 예측하여 인식하거나 이연하는 것이 타당한 방법으로 인정되더라도 중간재무보고서에는 보고될 수 없다.

Section 06 보고기간 후 사건

054

난이도 ◆◆◆◆◆

재무제표에 인식된 금액을 수정할 필요가 없는 보고기간후사건의 예로 옳은 것은?

① 보고기간 말에 존재하였던 현재의무가 보고기간 후에 소송사건의 확정에 의해 확인되는 경우
② 보고기간 말에 이미 자산손상이 발생되었음을 나타내는 정보를 보고기간 후에 입수하는 경우나 이미 손상차손을 인식한 자산에 대하여 손상차손금액의 수정이 필요한 정보를 보고기간 후에 입수하는 경우
③ 보고기간 말 이전 사건의 결과로서 보고기간 말에 종업원에게 지급하여야 할 법적의무나 의제의무가 있는 이익분배나 상여금지급 금액을 보고기간 후에 확정하는 경우
④ 보고기간 말과 재무제표 발행승인일 사이에 투자자산의 공정가치 하락이 중요하여 정보이용자의 의사결정에 영향을 줄 수 있는 경우

정답 053 ④ 054 ④

CHAPTER 04 현금 및 수취채권과 지급채무

· 정답과 해설 p.16

 01 은행계정조정표

055

난이도 ◆◆◆◆◇

다음 자료를 이용하여 ㈜한국의 20X1년 말 재무상태표에 표시될 현금및현금성자산은 얼마인가?

(1) 20X1년 말 현재 통화는 ₩50,000이고, 우표는 ₩3,000이고, 만기가 2개월 남은 정기예금(3년 만기)은 ₩30,000이며, 거래처에서 받은 약속어음은 ₩25,000이다.
(2) 20X1년 말 현재 은행에서 발급한 당좌예금잔액증명서의 잔액은 ₩130,000이다.
(3) ㈜한국이 20X1년 12월 31일에 입금한 ₩20,000이 은행에서는 20X2년 1월 4일자로 입금처리되었다.
(4) ㈜한국이 발행한 수표 중에서 20X1년 말 현재 은행에서 인출되지 않은 수표는 ₩30,000이다.
(5) ㈜한국이 20X1년 중 발행한 수표는 ₩10,000이었으나 ㈜한국은 이를 ₩15,000으로 기록하였다.

① ₩170,000
② ₩173,000
③ ₩195,000
④ ₩198,000

재무회계 기본서 P.220, 227
Ch 06. 현금 및 수취채권과 지급채무
(1) 현금및현금성자산
(3) 은행계정조정표

056

난이도 ◆◆◆◇◇

㈜한국이 기말에 은행계정조정표를 작성하기 위하여 당좌예금계정 잔액을 확인한 결과 ₩200,000이었다. 아래의 자료를 이용하여 불일치한 차이를 조정한 후 ㈜한국측 잔액과 은행측 잔액은 일치하였다. 조정 전 ㈜한국측 잔액과 은행측 잔액의 차이는?

- ㈜한국이 발행한 수표 ₩24,000이 당좌예금계좌에서 아직 인출되지 않았다.
- ㈜한국이 기중에 예입한 수표 ₩51,000이 은행에서 입금처리되지 않았다.
- 거래처 ㈜민국이 제품을 매입한 대가로 ㈜한국 계좌로 ₩29,000을 입금하였으나 ㈜한국에는 통보되지 않았다.
- ㈜대한에 매출하고 수취한 ₩13,000의 수표가 부도처리되었으나 ㈜한국은 통보받지 못했다.
- 은행은 당좌거래 수수료 ₩1,000을 부과하고 당좌예금계좌에서 차감하였으나, ㈜한국에는 통보되지 않았다.

① ₩12,000
② ₩14,000
③ ₩16,000
④ ₩41,000

재무회계 기본서 P.227
Ch 06. 현금 및 수취채권과 지급채무
(3) 은행계정조정표

정답 055 ① 056 ①

Section 02 장기성 채권·채무의 현재가치 평가

재무회계 기본서 P.242

Ch 06. 현금 및 수취채권과 지급채무
(5) 장기성 채권·채무의 현재가치 평가
  4. 현재가치 평가의 유형
    4-1 사채형

057
난이도 ◆◆◆◇◇

㈜한국은 20X1년 초 장부금액이 ₩50,000인 기계장치를 ㈜민국에 매각하고 ㈜민국으로부터 액면금액 ₩100,000, 표시이자 8%, 이자는 매년 말 후급, 만기 3년인 채권을 수령하였다. 당해 거래에 적용된 내재이자율은 10%였다. 동 매각거래가 20X1년 당기손익에 미치는 영향은 얼마인가? (단, 편의상 장기성 채권의 현재가치를 ₩94,000으로 가정한다.)

① ₩50,000 증가 ② ₩44,000 증가
③ ₩53,400 증가 ④ ₩52,000 증가

Section 03 매출채권의 평가 - 대손회계

재무회계 기본서 P.247

Ch 06. 현금 및 수취채권과 지급채무
(6) 매출채권의 평가-대손회계
  2. 대손의 추정(예상시)

058
난이도 ◆◆◇◇◇

다음은 수정 후 합계잔액시산표 자료의 일부이다. 다음 자료를 통해 추정한 매출채권의 회수가능액은 얼마인가?

합계잔액시산표

차변		계정과목	대변	
잔액	합계		합계	잔액
₩300,000	₩800,000	외상매출금	₩500,000	
₩100,000	₩400,000	받을어음	₩300,000	
	₩2,300	대손충당금	₩4,800	₩2,500

① ₩297,500 ② ₩395,200
③ ₩397,500 ④ ₩400,000

정답 057 ③ 058 ③

059

㈜한국이 20X0년 12월 31일 재무상태표에 보고한 매출채권은 ₩100,000이고, 대손충당금은 ₩1,000이다. 20X1년의 매출 및 대손 관련 자료가 다음과 같을 때, 20X1년 포괄손익계산서에 인식할 대손상각비는?

• 총매출액	₩1,600,000
• 외상매출금액	₩900,000
• 외상대금회수액	₩600,000
• 대손확정금액	₩20,000
• 전기 대손확정금액 회수	₩13,000
• 기말 매출채권에 대한 대손충당금 설정 비율	1%

① ₩3,800
② ₩9,800
③ ₩16,800
④ ₩23,800

재무회계 기본서 P.252
Ch 06. 현금 및 수취채권과 지급채무
(6) 매출채권의 평가-대손회계
4. T계정접근법

060

㈜한국은 대손에 대해 충당금설정법을 적용하고 있으며, 추정미래현금흐름에 대한 자료는 다음과 같다. 회사가 20X2년 중 ₩4,500의 매출채권을 회수불능으로 확정처리하였으며, 20X2년 포괄손익계산서에 계상된 대손상각비가 ₩3,800이라고 할 때, 회사의 20X1년 말 매출채권에 대한 추정미래현금흐름은 얼마인가? (단, 미래현금흐름 추정액의 명목금액과 현재가치의 차이가 중요하지 않다.)

구분	20X1년 말	20X2년 말
매출채권	₩80,000	₩94,000
추정미래현금흐름	?	₩91,500

① ₩76,800
② ₩77,500
③ ₩76,200
④ ₩79,300

재무회계 기본서 P.252
Ch 06. 현금 및 수취채권과 지급채무
(6) 매출채권의 평가-대손회계
4. T계정 접근법

기출플러스 기본편 P.84 ✓ 23번
2016년 국가직 7급 응용

061

㈜한국의 20X1년도 포괄손익계산서상 당기매출액은 ₩70,000이고, 현금주의 매출액은 ₩73,000이다. 20X1년 동안 순매출채권(대손충당금 차감) 잔액이 ₩18,000 감소하였다면 ㈜한국이 20X1년 포괄손익계산서 상에 인식하게 될 대손상각비는 얼마인가?

① ₩15,000
② ₩18,000
③ ₩23,000
④ ₩25,000

재무회계 기본서 P.252
Ch 06. 현금 및 수취채권과 지급채무
(6) 매출채권의 평가-대손회계
4. T계정 접근법

정답 059 ② 060 ① 061 ①

062

난이도 ◆◆◆◇◇

㈜한국의 당기 총매출액은 ₩230,000이고 매출할인이 ₩15,000, 매출운임이 ₩10,000 발생하였다. 포괄손익계산서상의 대손상각비가 ₩7,500이고 매출채권과 대손충당금의 증감내역이 다음과 같을 때, 당기에 현금으로 회수한 매출채권금액은 얼마인가?

구분	기초	기말
매출채권	₩80,000	₩120,000
대손충당금	₩8,000	₩12,000

① ₩115,500 ② ₩171,500
③ ₩181,500 ④ ₩191,500

재무회계 기본서 P.252
Ch 06. 현금 및 수취채권과 지급채무
(6) 매출채권의 평가-대손회계
4. T계정 접근법

기출플러스 기본편 P.89 ✓ 35번
2016년 지방직 9급 응용

063

난이도 ◆◆◆◇◇

㈜한국의 20X1년 말 손상평가 전 매출채권의 총 장부금액은 ₩220,000이고, 손실충당금 잔액은 ₩5,000이다. ㈜한국이 20X1년 말에 인식하게 될 손상차손(환입)은 얼마인가? (단, 기대신용손실을 산정하기 위해 다음의 충당금 설정표를 이용한다.)

연체기간	총 장부금액	기대신용손실
연체되지 않음	₩100,000	0.3%
1일~30일	₩65,000	1%
31일~60일	₩30,000	5%
61일~90일	₩20,000	7%
91일 이상	₩5,000	10%
합계	₩220,000	

① 손상차손 ₩650 ② 손상차손 ₩4,350
③ 손상차손환입 ₩650 ④ 손상차손환입 ₩4,350

재무회계 기본서 P.247
Ch 06. 현금 및 수취채권과 지급채무
(6) 매출채권의 평가-대손회계
2. 대손의 추정(예상시)

기출플러스 기본편 P.83 ✓ 20번
2019년 국가직 7급 응용

정답 062 ② 063 ③

064

난이도 ◆◆◆◇◇

다음 자료로 인하여 20X1년 포괄손익계산서에 인식된 매출채권의 손상차손은 얼마인가?

> (1) 20X0년에 설립된 ㈜한국의 외상매출금 잔액은 ₩400,000이고, 이 금액 중 ₩10,000이 회수불가능하다고 추정되었다.
> (2) 20X1년 2월, 전기에 매출한 ₩12,000의 외상매출금이 회수불가능하다고 판명되었는데, 이 금액 중 ₩10,000은 전기 말에 손상차손을 인식한 금액이다.
> (3) 20X1년 3월, 당기에 매출한 ₩7,000의 외상매출금이 회수불가능하다고 판명되었다.
> (4) 20X1년 7월, 전기에 손상차손을 인식한 ₩3,000이 회수되었다.
> (5) 20X1년 9월, 3월에 손상차손을 인식한 ₩2,000이 회수되었다.
> (6) 20X1년 12월 31일에 외상매출금 잔액은 ₩500,000이며, 이 금액 중 ₩40,000이 회수불가능하다고 추정되었다.

① ₩34,000
② ₩37,000
③ ₩40,000
④ ₩44,000

재무회계 기본서 P.252
Ch 06. 현금 및 수취채권과 지급채무
(6) 매출채권의 평가-대손회계
4. T계정 접근법

기출플러스 기본편 P.86 ✓ 26번
2017년 서울시 9급 응용

065

난이도 ◆◆◇◇◇

㈜한국은 기중에 거래처의 부도로 인하여 회수불가능한 것으로 판명된 매출채권 ₩100,000을 대손처리하였다. 이때 대손충당금 잔액은 ₩70,000이었다. 기말매출채권의 잔액은 ₩500,000에 대해 회수가능한 채권의 잔액은 ₩410,000이다. 기말에 매출채권 대손 관련 회계처리가 ㈜한국의 유동자산과 당기순이익에 미치는 영향으로 가장 옳은 것은?

	유동자산	당기순이익
①	₩90,000 감소	₩120,000 감소
②	₩120,000 감소	불변
③	₩90,000 감소	₩90,000 감소
④	₩120,000 감소	₩120,000 감소

재무회계 기본서 P.252
Ch 06. 현금 및 수취채권과 지급채무
(6) 매출채권의 평가 - 대손회계
4. T계정 접근법

066

난이도 ◆◆◆◇◇

㈜한국이 20X0년 12월 31일 재무상태표에 보고한 매출채권은 ₩20,000이고, 대손충당금은 ₩1,000이다. ㈜한국은 20X1년 이후에도 대손충당금 설정비율을 기말 매출채권 잔액의 10%로 유지한다. 20X1년과 20X2년의 매출 및 대손 관련 자료가 다음과 같을 때, 20X2년 포괄손익계산서에 인식할 대손상각비는?

연도	총매출액	외상매출금액	외상대금회수액	대손확정금액
20X1	₩300,000	₩260,000	₩200,000	₩10,000
20X2	₩400,000	₩300,000	₩220,000	₩20,000

① ₩15,000
② ₩25,000
③ ₩26,000
④ ₩28,000

재무회계 기본서 P.246
Ch 06. 현금 및 수취채권과 지급채무
(6) 매출채권의 평가 – 대손회계

정답 064 ④ 065 ④ 066 ③

재무회계 기본서 P.252
Ch 06. 현금 및 수취채권과 지급채무
(6) 매출채권의 평가 - 대손회계
 4. T계정 접근법

067

난이도 ◆◆◆◇◇

20X0년 사업을 개시한 ㈜한국의 20X1년 매출채권 관련 자료이다. ㈜한국은 매출원가에 20%의 이익을 가산하여 판매하고 있다. 그리고 기말매출채권 잔액의 10%의 대손을 추정하고 있다. 당기 중 현금매출액은 얼마인가?

• 기초 B/S상 매출채권 잔액	₩2,000,000
• 당기 매출원가	₩9,000,000
• 기말 B/S상 대손충당금 잔액	₩400,000
• 당기 중 회수불능 매출채권액	₩600,000
• 당기발생 매출채권 중 현금회수액	₩7,000,000

① ₩1,000,000 ② ₩1,100,000
③ ₩1,200,000 ④ ₩1,300,000

 Section 04 매출채권 제거

재무회계 기본서 P.261
Ch 06. 현금 및 수취채권과 지급채무
(7) 매출채권 제거
 3. 어음의 할인

기출플러스 심화편 P.16 ✓01번
2015년 서울시 9급 응용

068

난이도 ◆◆◆◆◇

㈜한국은 외상매출의 결제대금으로부터 받은 6개월 만기 액면가액 ₩1,000,000의 이자부어음의 자금사정이 어려워 발행일로부터 1개월이 지난 후 연12%의 할인율로 할인하여 현금으로 수령하고 다음과 같이 분개하였다. 이에 대한 설명으로 옳지 않은 것은?

| (차) 현금 | ₩978,500 | (대) 단기차입금 | ₩1,000,000 |
| 이자비용 | ₩26,500 | 이자수익 | ₩5,000 |

① 어음할인은 차입거래로 보고 회계처리하였다.
② 어음의 양도와 관련하여 실질적인 위험과 효익이 이전되지 않았거나, 어음에 대한 통제권이 이전되지 않았을 경우에 해당한다.
③ 어음의 액면이자율은 10% 이다.
④ 위 거래로 인하여 매출채권은 제거되지 않고 부채비율은 증가하게 된다.

정답 067 ③ 068 ③

069

난이도 ◆◆◆◇◇

㈜한국은 고객에게 상품을 판매하고 그 대가로 액면가액 ₩10,000,000, 만기 6개월, 이자율 연 10%인 약속어음을 수령하였다. ㈜한국은 이 어음을 2개월간 보유한 후 은행에서 연 12% 이자율로 할인 받았다. ㈜한국이 어음의 할인으로 수령한 현금은 얼마인가?

① ₩10,000,000
② ₩10,122,750
③ ₩10,080,000
④ ₩11,000,000

재무회계 기본서 P.261
Ch 06. 현금 및 수취채권과 지급채무
(7) 매출채권 제거
　3. 어음의 할인

기출플러스 심화편 P.17 ✓ 03번
2012년 국가직 7급 응용

070

난이도 ◆◆◆◇◇

다음 중 매출채권의 양도에 관한 회계처리로 적절하지 않은 것은?

① 당해 채권의 소유에 따른 위험과 보상의 대부분을 이전한 경우에는 제거조건을 충족하는 양도로 본다.
② 당해 채권의 소유에 따른 위험과 보상의 대부분을 보유하고 있는 경우는 당해 매출채권을 계속 인식한다.
③ 당해 채권의 소유에 따른 위험과 보상의 대부분을 보유하지도 이전하지도 아니한 경우는 매출채권을 통제하지 못한다면 매출채권을 제거한다.
④ 제거조건의 충족여부에 관계없이 만기 또는 회수일에 단기차입금과 매출채권을 상계처리한다.

재무회계 기본서 P.258
Ch 06. 현금 및 수취채권과 지급채무
(7) 매출채권 제거

정답　069 ③　070 ④

071

다음 중 매출채권의 양도 시 해당 채권이 장부에서 제거되는 거래에 해당하는 것은?

① 양도자가 매도 후에 미리 정한 가격 또는 매도가격에 양도자에게 금전을 대여했더라면 그 대가로 받았을 이자수익을 더한 금액으로 양도자산을 재매입하는 거래
② 유가증권 대차계약을 체결한 경우
③ 양도자가 매도한 금융자산을 재매입시점의 공정가치로 재매입할 수 있는 권리를 보유한 경우
④ 양도자가 양수자에게 발생가능성이 높은 대손의 보상을 보증하면서 단기수취채권을 매도한 경우

072

20X1년 4월 1일 ㈜한국은 판매대금으로 만기가 20X1년 6월 30일인 액면금액이 ₩120,000의 어음을 거래처로부터 수취하였다. ㈜한국은 20X1년 6월 1일 동 어음을 은행에서 할인하였으며, 은행의 할인율은 연 12%이다. 동 어음이 무이자부어음인 경우와 연 10% 이자부어음인 경우로 구분하여 어음할인 시 ㈜한국이 매출채권처분손실을 계산하면 각각 얼마인가?

	무이자부어음	연 10% 이자부어음
①	₩14,400	₩1,230
②	₩14,400	₩230
③	₩1,200	₩1,230
④	₩1,200	₩230

정답 071 ③ 072 ④

05 금융자산

· 정답과 해설 p.20

 01 금융자산의 기초

073

난이도 ◆◆◆◇◇

금융자산의 분류에 관한 설명으로 옳지 않은 것은?

① 금융자산의 보유 목적이 계약상 현금흐름을 수취하는 것을 목적으로 하는 사업모형 하에 보유하는 기간 동안 원리금의 지급만으로 구성된 현금흐름이 발생하면 상각후원가 측정 금융자산으로 분류한다.
② 금융자산의 보유 목적이 계약상 현금흐름을 수취하면서 동시에 매도하는 것을 목적으로 하는 사업모형 하에, 보유하는 기간 동안 원리금 지급만으로 구성된 현금흐름이 발생하는 경우 기타포괄손익 – 공정가치 측정 금융자산으로 분류한다.
③ 계약상 현금흐름을 수취하기 위한 목적이라면 중도에 매도하지 않고 만기까지 보유할 것을 의미한다.
④ 금융자산을 상각후원가 측정 금융자산이나 기타포괄손익 – 공정가치 측정 금융자산으로 분류하지 않는 경우에는 당기손익 – 공정가치 측정 금융자산으로 분류한다.

📕 재무회계 기본서   P.293
Ch 07. 금융자산
(1) 금융자산의 기초
 3. 금융자산의 분류

074

난이도 ◆◆◇◇◇

한국채택국제회계기준의 금융상품의 정의에 따라 다음의 항목 중 금융상품은 몇 개인가?

a. 현금	b. 매출채권	c. 선급비용
d. 미지급법인세	e. 매입채무	f. 대여금
g. 투자사채	h. 제품보증충당부채	i. 미수수익
j. 선급금	k. 선수금	l. 차입금
m. 유형자산	n. 재고자산	o. 투자부동산

① 4개   ② 5개   ③ 6개   ④ 7개

📕 재무회계 기본서   P.292
Ch 07. 금융자산
(1) 금융자산의 기초

📘 기출플러스 기본편   P.92 ✓ 02번
2013년 관세직 9급 응용

💡 정답   073 ③   074 ④

CHAPTER 05 금융자산   43

075

재무회계 기본서 P.293
Ch 07. 금융자산
(1) 금융자산의 기초
  3. 금융자산의 분류

금융상품에 관한 설명으로 옳은 것은?

① 당기손익 – 공정가치로 측정되는 '지분상품에 대한 특정 투자에 대해서는 후속적인 공정가치 변동은 최초 인식시점이라 하더라도 기타포괄손익으로 표시하도록 선택할 수 없다.
② 측정이나 인식의 불일치, 즉 회계불일치의 상황이 아닌 경우 금융자산은 금융자산의 관리를 위한 사업모형과 금융자산의 계약상 현금흐름의 특성 모두에 근거하여 상각후원가, 기타포괄손익 – 공정가치, 당기손익 – 공정가치로 측정되도록 분류한다.
③ 금융자산 전체나 일부의 회수를 합리적으로 예상할 수 없는 경우에도 해당 금융자산의 상각후원가를 줄일 수는 없다.
④ 금융자산을 상각후원가 측정 범주에서 기타포괄손익 – 공정가치 측정 범주로 재분류하는 경우 재분류일의 공정가치로 측정하며, 재분류 전 상각후원가와 공정가치 차이에 따른 손익은 당기손익으로 인식한다.

076

재무회계 기본서 P.300
Ch 07. 금융자산
(1) 금융자산의 기초
  8. 손상

다음 중 금융자산의 손상에 대한 설명으로 옳지 않은 것은?

① 계약상 현금흐름이 없는 지분상품에 대해서는 손상차손을 인식하지 않는다.
② 당기손익 – 공정가치 측정 금융자산에 대해서는 채무상품에 대해서도 손상차손을 인식하지 않는다.
③ 최초 인식 후 금융상품의 신용위험이 유의적으로 증가하지 아니한 경우에는 손상차손을 인식하지 않는다.
④ 금융상품의 신용위험이 유의적으로 증가한 경우에는 매 보고기간 말에 전체기간 기대신용손실에 해당하는 금액으로 손실충당금을 측정한다.

Section 02 지분상품

077

재무회계 기본서 P.304
Ch 07. 금융자산
(2) 지분상품
  3. 당기손익 - 공정가치 측정 지분상품

㈜한국은 20X1년 1월 1일 ㈜대한의 주식 10주를 ₩100,000에 취득하고, 당기손익 – 공정가치 측정(FVPL) 금융자산으로 분류하였다. 해당 주식 관련 자료는 다음과 같다. 주식 관련 거래가 ㈜한국의 20X1년 당기순이익에 미치는 영향은 얼마인가?

- ㈜대한은 20X1년 3월 20일 주당 ₩500의 현금배당을 결의하였고, 3월 31일에 지급하였다.
- ㈜한국은 20X1년 6월 1일 ㈜대한 주식 5주를 주당 ₩9,000에 처분하였다.
- 20X1년 말 ㈜대한 주식의 1주당 주가는 ₩13,200이다.

① ₩9,000 증가　　② ₩11,000 증가
③ ₩12,000 증가　　④ ₩16,000 증가

정답　075 ②　076 ③　077 ④

078

㈜한국은 20X1년 4월 1일 ㈜민국의 주식 100주를 주당 ₩10,000에 취득하였고, 거래부대비용으로 ₩100,000을 지급하였다. ㈜한국은 취득 당시 주식에 대한 공정가치 평가손익을 기타포괄손익으로 인식하기로 선택하였다. 20X1년 기말 ㈜민국 주식의 기말 공정가치는 주당 ₩12,000이었다. 20X2년 4월 1일 ㈜한국은 ㈜민국의 주식을 주당 ₩15,000에 처분하였으며, 처분 시 거래비용으로 ₩100,000을 지급하였다. ㈜한국의 회계처리에 대한 설명으로 옳지 않은 것은?

① 20X1년 말 ㈜한국의 총포괄손익은 ₩100,000 증가한다.
② 20X1년 말 ㈜한국이 보유한 ㈜민국의 주식의 기말 장부금액은 ₩1,200,000이다.
③ 20X2년 주식의 처분으로 인해 포괄손익계산의 당기손익에 미치는 영향은 ₩0이다.
④ 동 주식의 처분으로 인해 20X2년 총포괄손익은 ₩200,000 증가한다

079

12월 결산법인 ㈜한국은 20X1년 2월 20일 ㈜민국의 주식 100주를 취득하고 당기손익-공정가치 측정 범주로 분류하였다. 20X1년 12월 31일 ㈜민국의 1주당 공정가치는 ₩1,200이다. 20X2년 3월 1일 ㈜민국은 무상증자 20%를 실시하였으며, ㈜한국은 무상신주를 수령하였다. 20X2년 7월 1일 ㈜민국의 주식 60주를 처분하고 ₩10,000의 처분손실을 인식하였다면 처분대가는 얼마인가?

① ₩50,000
② ₩60,000
③ ₩70,000
④ ₩80,000

080

㈜한국은 A주식을 20X1년 초 ₩1,000에 구입하고 취득수수료 ₩20을 별도로 지급하였으며, 기타포괄손익 - 공정가치 측정 금융자산으로 선택하여 분류하였다. A 주식의 20X1년 말 공정가치는 ₩900, 20X2년 말 공정가치는 ₩1,200이고, 20X3년 2월 1일 A주식 모두를 공정가치 ₩1,100에 처분하였다. A주식에 관한 회계처리 결과로 옳지 않은 것은?

① A주식 취득원가는 ₩1,020이다.
② 20X2년 총포괄이익이 ₩300 증가한다.
③ 20X2년 말 재무상태표상 금융자산평가이익(기타포괄손익누계액)은 ₩180이다.
④ 20X3년 당기순이익이 ₩100 감소한다.

정답 078 ③ 079 ① 080 ④

081

㈜한국이 20X1년 중 취득하여 같은 해 12월 31일 현재 보유하고 있는 주식은 다음과 같다. 회사의 결산일은 12월 31일이다.

회사	취득원가	공정가치	상장여부	보유예정기간	지분율
A	₩150,000	₩170,000	상장	3개월	3%
B	₩200,000	₩210,000	상장	2년	10%
C	₩200,000	₩220,000	상장	3년	40%
D	₩200,000	₩190,000	비상장	3년	5%

20X1년 결산일에 위 주식과 관련하여 올바른 회계처리는 다음 중 어느 것인가? (단, A회사에 대한 투자는 단기매매 목적의 투자이고, B회사와 주식은 평가손익을 기타포괄손익으로 인식할 것을 선택하였다.)

① ₩20,000의 당기손익인식 금융자산 평가이익을 당기손익에 포함시킨다.
② ₩10,000의 기타포괄손익 금융자산 평가이익을 기타포괄손익에 포함시킨다.
③ ₩20,000의 관계기업투자주식 평가이익을 당기순이익에 포함시킨다.
④ D주식은 비상장주식이므로 기타포괄손익 금융자산으로 평가한다.

082

20X1년 말 ㈜한국이 보유하고 있는 주식과 관련된 자료는 다음과 같다.

구분	취득원가	20X1년 말 공정가액	20X2년 말 처분가액
당기손익 금융자산	₩100,000	₩120,000	₩150,000
기타포괄손익 금융자산(A)	₩100,000	₩80,000	₩150,000
기타포괄손익 금융자산(B)	₩100,000	₩110,000	₩150,000

20X2년 중에 ㈜한국은 보유 중인 유가증권을 전액 처분하였다. 20X2년 중 당기손익으로 인식할 처분손익과 당기에 인식할 포괄손익계산서상 총포괄손익은 얼마인가?

	처분손익(당기손익)	총포괄손익
①	₩150,000	₩150,000
②	₩30,000	₩140,000
③	₩130,000	₩140,000
④	₩30,000	₩100,000

정답 081 ② 082 ②

083

㈜한국은 20X1년 10월 초에 주식 10주를 주당 ₩2,000에 취득하고 수수료로 ₩1,000의 현금을 지급하였다. 20X1년 12월 31일 주식의 공정가치는 주당 ₩2,200이었다. 20X2년 1월 2일에 ㈜한국은 동 주식을 주당 ₩2,200에 모두 처분하였다. ㈜한국은 취득한 주식을 기타포괄손익금융자산으로 분류한다. 다음 중 옳지 않은 것은? (단, 법인세는 무시하고, 누적된 기타포괄손익은 처분 시 이익잉여금에 대체한다.)

① 당기손익 금융자산으로 분류하였을 경우 20X2년 주식의 처분손익은 ₩0이다.
② 당기손익 금융자산으로 분류하였을 경우 20X2년 12월 31일의 이익잉여금에 미치는 영향은 기타포괄손익 금융자산으로 분류하였을 경우보다 ₩1,000 작다.
③ 당기손익 금융자산으로 분류하면 20X1년도의 당기순이익은 동 주식 취득으로 인해 ₩1,000 증가한다.
④ 20X2년 1월 2일 주식 처분 시에 주식처분이익은 ₩0이다.

Section 03 채무상품

084

㈜한국은 20X1년 1월 1일에 액면금액 ₩500,000(표시 이자율 연 10%, 만기 3년, 매년 말 이자지급)의 사채를 ₩470,000에 취득하고, 당기손익 – 공정가치 측정 금융자산으로 분류하였다. 동 사채의 취득 당시 유효이자율은 연 12%이며, 20X1년말 공정가치는 ₩510,000이다. 상기 금융자산(사채) 관련 회계처리가 ㈜한국의 20X1년도 당기순이익에 미치는 영향은?

① ₩90,000 증가
② ₩50,000 증가
③ ₩40,000 증가
④ ₩56,400 증가

085

㈜한국은 20X1년 초에 ㈜민국이 발행한 액면금액 ₩500,000의 사채를 공정가치인 ₩450,000에 취득하였으며, 취득시점의 유효이자율은 연 10%, 표시이자율은 연 6%였다. 사채의 발행일은 20X1년 1월 1일이고 이자지급일은 매년 12월 31일이며, 만기일인 20X3년 12월 31일에 액면금액을 일시상환하는 조건이다. ㈜한국이 ㈜민국의 사채를 기타포괄손익 – 공정가치 측정 금융자산으로 분류하였고, ㈜한국은 이 사채를 20X2년 6월 30일에 표시이자를 포함하여 공정가치인 ₩500,000에 처분하였다. 20X2년에 ㈜한국이 해당 사채와 관련하여 인식할 당기손익은? (단, 20X1년 말 해당 사채의 공정가치는 ₩488,100이다.)

① ₩15,000
② ₩25,000
③ ₩35,000
④ ₩45,000

정답 083 ② 084 ① 085 ③

086

㈜서울은 20X1년 초 ㈜한국이 발행한 사채(액면금액 ₩1,000,000, 매년 말 이자지급)를 ₩945,000에 취득하였다. 이를 '기타포괄손익 – 공정가치 측정 금융자산'으로 분류하였다. ㈜한국이 발행한 사채의 20X1년 말 공정가치가 ₩970,000이고, 해당 사채와 관련한 회계처리로 인해 ㈜서울의 20X1년도 총포괄손익이 ₩135,000 증가했다면, 이 사채의 표시이자율은?

① 10 %
② 11 %
③ 12 %
④ 13 %

087

㈜한국은 20X1년 초 회사채(액면금액 ₩100,000, 표시이자율 5%, 이자는 매년 말 후급, 만기 20X3년 말)를 ₩87,500에 구입하고, 상각후원가 측정 금융자산으로 분류하였다. 20X1년 이자수익이 ₩8,750일 때, 20X2년과 20X3년에 인식할 이자수익의 합은?

① ₩15,000
② ₩18,750
③ ₩23,750
④ ₩27,500

088

다음은 20X1년 ㈜한국의 당기손익 – 공정가치 측정 금융자산과 관련된 자료이다.

(1) 7월 1일에 A사의 사채 100좌(좌당 액면금액 ₩1,000)를 ₩96,000에 매입하였으며, 매입수수료는 ₩1,000이었다. 사채의 액면이자율은 연 12%이며 이자지급일은 매년 6월 30일이다.

(2) 10월 1일에 A사의 사채 100좌를 발생이자를 포함하여 ₩98,000에 매각하고 매각수수료로 ₩1,500을 지급하였다.

위 당기손익 – 공정가치 측정 금융자산과 관련된 거래에서 발생한 금융자산처분손익은 얼마인가?

① 금융자산처분이익 ₩500
② 금융자산처분이익 ₩2,000
③ 금융자산처분이익 ₩1,000
④ 금융자산처분손실 ₩2,500

정답 086 ② 087 ② 088 ④

089

난이도 ◆◆◆◆

12월 말이 결산일인 ㈜한국은 ㈜민국의 사채(발행일: 20X1년 1월 1일, 3년 만기 액면금액 ₩100,000, 표시이자율 10%, 이자지급일은 매년 12월 31일)를 20X1년 4월 1일 ₩97,000(미수이자와 거래비용 ₩2,000 포함)에 매입하였다. 당기손익 금융자산인 경우와 기타포괄손익 금융자산일 경우 ㈜한국의 사채 취득가액은 각각 얼마인가?

	당기손익 금융자산	기타포괄손익 금융자산
①	₩94,500	₩94,500
②	₩94,500	₩92,500
③	₩92,500	₩94,500
④	₩97,000	₩94,500

재무회계 기본서 P.314
Ch 07. 금융자산
(3) 채무상품
3. 당기손익 - 공정가치 측정 채무상품

090

난이도 ◆◆◆

20X1년 10월 1일 ㈜한국은 일시적 여유자금을 이용하여 타사가 발행한 사채(액면 ₩1,000,000, 만기 3년, 이율 연 10%, 이자지급 매년 3월 말일과 9월 말일)를 단기매매차익을 목적으로 ₩960,000에 취득하였다. 동 사채의 20X1년 말 공정가액은 ₩995,000(이자 포함)이다. 20X1년 말 ㈜한국의 재무제표에 계상될 금액으로 옳은 것은?

	당기손익 금융자산	이자수익	평가이익
①	₩960,000	₩25,000	₩30,000
②	₩970,000	₩25,000	₩10,000
③	₩970,000	₩25,000	₩35,000
④	₩995,000	₩25,000	₩35,000

재무회계 기본서 P.314
Ch 07. 금융자산
(3) 채무상품
3. 당기손익 - 공정가치 측정 채무상품

091

난이도 ◆◆◆◆

㈜한국은 20X0년 1월 1일 만기가 3년인 사채(액면금액: ₩100,000, 액면이자율: 5%, 유효이자율: 10%, 이자는 매년 말 후급)를 ₩82,000에 취득하였다. 이 사채의 공정가치는 20X0년 말에 ₩86,000, 20X1년 말에 ₩89,000이며, 20X2년 1월 1일 이 사채를 ₩92,000에 처분하였다. 이 사채에 대한 회계처리로 옳지 않은 것은? (보기의 숫자는 근사치이다.)

① 당기손익 금융자산으로 분류되었다면, 20X0년의 이자수익은 ₩5,000이다.
② 상각후원가 측정 금융자산으로 분류되었다면, 20X0년의 이자수익은 ₩8,200이다.
③ 기타포괄손익 금융자산으로 분류되었다면, 20X2년의 금융자산처분이익은 ₩3,000이다.
④ 당기손익 금융자산으로 분류되었다면, 취득원가는 ₩82,000이다.

재무회계 기본서 P.313
Ch 07. 금융자산
(3) 채무상품

정답 089 ③ 090 ② 091 ③

CHAPTER 06 재고자산

· 정답과 해설 p.24

Section 01 재고자산의 취득원가 결정

재무회계 기본서 P.361, 405

Ch 08. 재고자산
(2) 재고자산의 취득원가 결정
<보론> 농림어업자산

092
난이도 ◆◆◆◇◇

재고자산의 측정에 관한 설명으로 옳지 않은 것은?

① 표준원가법으로 평가한 결과가 실제 원가와 유사하지 않은 경우에는 편의상 표준원가법을 사용할 수 있다.
② 개별법은 통상적으로 상호 교환될 수 없는 항목이나 특정 프로젝트별로 생산되고 분리되는 재화 또는 용역에 적용하는 방법이다.
③ 생물자산에서 수확한 농림어업수확물로 구성된 재고자산은 순공정가치로 측정하여 수확시점에 최초로 인식한다.
④ 소매재고법은 이익률이 유사하고 품종변화가 심한 다품종 상품을 취급하는 유통업에서 실무적으로 다른 원가측정법을 사용할 수 없는 경우에 흔히 사용한다.

재무회계 기본서 P.361

Ch 08. 재고자산
(2) 재고자산의 취득원가 결정

093
난이도 ◆◆◇◇◇

재고자산의 취득원가에 관한 설명으로 옳지 않은 것은?

① 매입할인, 리베이트 및 기타 유사한 항목은 재고자산의 매입원가를 결정할 때 차감한다.
② 재고자산의 전환원가 중 고정제조간접원가는 실제조업도에 기초하여 전환원가에 배부하되, 비정상적으로 많은 생산이 이루어진 기간에는 정상조업도에 기초한 생산단위당 고정제조간접원가를 사용하여 전환원가에 배부한다.
③ 재료원가, 노무원가 및 기타제조원가 중 비정상적으로 낭비된 원가는 재고자산의 취득원가에 포함하지 않는다.
④ 생물자산에서 수확한 농림어업수확물로 구성된 재고자산은 순공정가치로 측정하여 수확시점에 최초로 인식한 금액을 취득원가로 한다.

 정답 092 ① 093 ②

094

재고자산의 회계처리에 관한 설명으로 옳지 않은 것은?

① 자가건설한 유형자산의 구성요소로 사용되는 재고자산처럼 재고자산의 원가를 다른 자산계정에 배분하는 경우에는 다른 자산에 배분된 재고자산 원가는 해당 자산의 내용연수 동안 비용으로 인식한다.
② 재고자산을 순실현가능가치로 감액한 평가손실과 모든 감모손실은 감액이나 감모가 발생한 기간에 비용으로 인식한다. 순실현가능가치의 상승으로 인한 재고자산 평가손실의 환입은 환입이 발생한 기간의 비용으로 인식된 재고자산 금액의 차감액으로 인식한다.
③ 생물자산에서 수확한 농림어업자산으로 구성된 재고자산은 공정가치로 측정하여 수확시점에 최초로 인식한다.
④ 순실현가능가치를 추정할 때에는 재고자산으로부터 실현가능한 금액에 대하여 추정일 현재 사용가능한 가장 신뢰성 있는 증거에 기초하여야 한다. 또한 보고기간 후 사건이 보고기간 말 존재하는 상황에 대해 확인해주는 경우에는, 그 사건과 직접 관련된 가격이나 원가의 변동을 고려하여 추정하여야 한다.

095

재고자산 회계처리에 관한 설명으로 옳지 않은 것은?

① 완성될 제품이 원가 이상으로 판매될 것으로 예상하는 경우에는 그 생산에 투입하기 위해 보유하는 원재료 및 기타소모품을 감액하지 아니하며, 원재료 가격이 하락하여 제품의 원가가 순실현가능가치를 초과할 것으로 예상되더라도 해당 원재료를 순실현가능가치로 감액하지 아니한다.
② 생물자산의 공정가치를 신뢰성 있게 측정할 수 없는 경우에는 생물자산은 취득원가에서 감가상각누계액과 손상차손누계액을 차감한 금액으로 측정하지만 이후 그러한 생물자산의 공정가치를 신뢰성 있게 측정할 수 있게 되면 순공정가치로 측정한다.
③ 재고자산을 현재의 장소에 현재의 상태로 이르게 하는 데 기여하지 않은 관리간접원가는 재고자산의 취득원가에 포함할 수 없다.
④ 확정판매계약이나 용역계약을 이행하기 위하여 보유하는 재고자산의 순실현가능가치는 계약가격에 기초하지만, 보유하고 있는 재고자산의 수량이 확정판매계약의 이행에 필요한 수량을 초과하였다면 그 초과수량의 순실현가능가치는 일반판매가격에 기초한다.

정답 094 ③ 095 ①

Section 02 기말재고자산의 평가

재무회계 기본서 P.371
Ch 08. 재고자산
(4) 기말재고자산의 평가
　1. 수량결정

기출플러스 기본편 P.103 ✓ 04번
2017년 국가직 9급 응용

096

난이도 ◆◆◆◇◇

재고자산에 대한 설명으로 옳지 않은 것은?

① 기초재고자산 금액과 당기매입액이 일정할 때, 기말재고자산의 금액이 과대계상될 경우 당기순이익은 과대계상된다.
② 선입선출법은 기말재고자산이 가장 최근에 구입한 상품의 원가로 계상된다.
③ 계속기록법은 수량을 측정하여 기록했을 경우 재고자산의 감모손실과 평가손실을 인식할 수 있다는 장점이 있다.
④ 선적지인도기준으로 매입이 이루어질 경우, 발생하는 운임은 재고자산의 취득원가를 구성한다.

재무회계 기본서 P.361
Ch 08. 재고자산
(2) 재고자산의 취득원가 결정

기출플러스 기본편
2010년 세무사 1차 응용

097

난이도 ◆◆◆◇◇

재고자산의 회계처리에 관한 설명으로 옳지 않은 것은?

① 재고자산에 대한 단위원가 결정방법의 적용은 동일한 용도나 성격을 지닌 재고자산에 대해서는 동일하게 적용해야 하나, 지역별로 분포된 사업장이나 과세방식이 다른 사업장 간에는 동일한 재고자산이라도 원칙적으로 다른 방법을 적용한다.
② 재고자산은 서로 유사하거나 관련있는 항목들을 통합하여 적용하는 것이 적절하지 않는 한 항목별로 순실현가능가치로 감액하는 저가법을 적용한다.
③ 완성될 제품이 원가 이상으로 판매될 것으로 예상하는 경우에는 그 제품의 생산에 투입하기 위해 보유하는 원재료는 감액하지 아니한다.
④ 재고자산의 감액을 초래했던 상황이 해소되거나 경제상황의 변동으로 순실현가능가치가 상승한 명백한 증거가 있는 경우에는 최초의 장부금액을 초과하지 않는 범위 내에서 평가손실을 환입한다.

정답 096 ③ 097 ①

098

난이도 ◆◆◆◇◇

다음은 ㈜한국의 20X1년도 재고자산의 거래와 관련된 자료이다.

일자	적요	수량	단가
1월 1일	기초재고	100개	₩90
3월 9일	매입	200개	₩150
5월 16일	매출	150개	
8월 20일	매입	50개	₩200
10월 25일	매입	50개	₩220
11월 28일	매출	200개	

다음 설명 중 옳지 않은 것은?

① 실지재고조사를 적용하여 선입선출법을 사용할 경우 기말재고자산 금액은 ₩11,000이다.
② 선입선출법을 사용할 경우보다 가중평균법을 사용할 때 당기순이익이 더 작다.
③ 가중평균법을 사용할 경우, 실지재고조사법을 사용하였을 때보다 계속기록법을 적용하였을 때 당기순이익이 더 크다.
④ 선입선출법을 사용할 경우, 계속기록법을 적용하였을 때보다 실지재고조사법을 적용하였을 때 매출원가가 더 크다.

099

난이도 ◆◆◆◆◇

㈜한국의 외부감사를 맡고 있는 A회계법인은 20X1년도 12월 말 현재 미착상품(선적지인도기준) ₩20,000에 대해 장부에는 매입을 누락하고, 실지재고조사과정에서 기말재고자산에는 포함되지 않았음을 발견하였다. 또한 거래처에 ₩50,000 상당의 상품을 도착지인도기준으로 판매하였고 판매운임을 ₩10,000 부담하였으며, 12월 말 현재 운송 중인 것으로 확인하였다. 수정전시산표상 기초재고자산은 ₩50,000이고, 당기매입액은 ₩180,000이고, 실지재고조사법에 의해 조사된 기말재고자산은 ₩40,000이었다. 감사과정에서 발견된 사항을 반영하였을 경우 매출원가는? (단, 재고감모손실은 없다.)

① ₩120,000
② ₩140,000
③ ₩170,000
④ ₩200,000

100

다음 자료를 이용하여 매출원가를 계산하면 얼마인가?

- 기초재고액 ₩10,000
- 4월 9일 상품 ₩105,000 매입
- 11월 5일 원가 ₩45,000(판매가격 ₩60,000)인 상품을 사용판매하기 위하여 고객에게 배송
- 12월 10일 고객으로부터 판매가격 ₩40,000에 해당하는 시송품의 매입의사 통지를 받음
- 반품가능성이 있는 상품 ₩50,000을 판매하였고, 반품가능성을 합리적으로 추정할 수 있음. 판매한 상품의 20%는 반품될 것으로 추정됨.
- 기말 실지재고액 ₩20,000

① ₩35,000 ② ₩40,000
③ ₩70,000 ④ ₩80,000

101

㈜한국은 20X1년 1월 1일에 설립되었으며, 20X1년 ㈜한국의 당기순이익은 ₩1,000,000이다. ㈜한국은 선입선출법을 적용하고 있으며, 선입선출법에 의한 기말재고자산은 ₩300,000이다. 만약 ㈜한국이 이동평균법을 적용하여 계상한 당기순이익이 ₩900,000이라고 할 때, 이동평균법을 적용한 기말재고자산 금액은 얼마가 되겠는가?

① ₩100,000 ② ₩150,000
③ ₩200,000 ④ ₩250,000

정답 100 ③ 101 ③

03 재고자산 감모손실과 평가손실

102

난이도 ◆◆◆◆◆

다음은 ㈜한국의 20X1년 12월의 매입 및 기말 재고자산에 관한 자료이다. ㈜한국은 계속기록법을 사용하고 있으며, 회계기간은 한 달이다.

- 20X1년 11월 30일의 재고량　　　　200개
- 20X1년 12월 중 입고된 매입수량　　650개
- 20X1년 12월 31일의 장부상 재고량　180개
- 20X1년 12월 31일의 실제 재고량　　176개

20X1년 12월 31일에 ㈜한국이 창고에서 재고실사를 한 결과, 3개가 파손되었음이 발견되었으며, 2개의 파손을 정상적인 수준의 감모손실로 판단하였다. ㈜한국의 재고자산 중 20X1년 12월 중 접대목적으로 1개가 거래처에 제공된 것을 발견하였다. 매입단가가 20X1년 중 변동 없이 ₩10이었다면, 20X1년 12월의 매출원가는 얼마인가? (단, 비정상적인 감모손실은 기타비용으로 처리한다.)

① ₩6,350　　　　② ₩6,700
③ ₩6,720　　　　④ ₩6,740

103

난이도 ◆◆◆◆◆

㈜한국은 재고자산 수량결정과 관련하여 계속기록법을 채택하고 있다. 다음은 ㈜한국의 20X1년의 매출원가와 관련된 자료이다.

구분	수량	단가	합계
20X1년 초 재고자산	100개	₩300	₩30,000
20X1년 매입액	200개	₩300	₩60,000
20X1년 말 재고자산	150개	₩300	₩45,000

㈜한국의 20X1년 말 재고조사를 실시한 결과 재고자산 감모수량이 30개(재고자산 감모손실 ₩9,000) 발생하였다. 또한, ㈜한국의 20X1년 말 재고자산의 단위당 순실현가능가치가 ₩200으로 하락하여 재고자산 평가손실을 인식하여야 한다. ㈜한국이 20X1년도에 인식할 재고자산평가손실은 얼마인가?

① ₩6,000　　　　② ₩9,000
③ ₩12,000　　　④ ₩15,000

104

난이도 ◆◆◆◆◇

다음은 ㈜한국의 상품과 관련된 자료이다. 기말 상품의 실사수량과 단위당 순실현가능가치는 얼마인가?

• 기초상품 재고액	₩100,000
• 당기상품 매입액	₩700,000
• 장부상 기말상품 재고액(220개, 단위당 원가 ₩1,100)	₩242,000
• 재고자산 감모손실	₩22,000
• 재고자산 평가손실	₩20,000

	기말상품 실사수량	기말상품 단위당 순실현가치
①	200개	₩1,000
②	210개	₩1,000
③	200개	₩1,100
④	210개	₩1,100

105

난이도 ◆◆◆◇◇

상품매매업을 영위하는 ㈜한국의 20X1년도 상품과 관련된 자료는 다음과 같다.

• 기초상품 재고액	₩270,000
• 당기상품 매입액	₩3,000,000
• 취득원가에 기초하여 결정한 기말상품 재고액	₩150,000
• 매출액	₩4,200,000
• 매출운임	₩100,000
• 매출할인	₩200,000

㈜한국은 20X1년 말 현재 보유하고 있는 상품이 진부화되었다고 판단하여 저가법으로 평가하고자 한다. 기말상품의 예상판매가액은 ₩100,000이고, 판매 시까지 소요되는 예상비용이 ₩30,000이다. ㈜한국의 20X1년도 포괄손익계산서에 인식할 매출총이익은 얼마인가? (단, ㈜한국은 재고자산 평가손실을 매출원가에 포함시킨다.)

① ₩800,000 ② ₩900,000
③ ₩930,000 ④ ₩980,000

정답 104 ① 105 ①

106

난이도 ◆◆◆◇◇

다음은 ㈜한국의 재고자산 관련 자료이다. 감모손실과 평가손실은 매출원가에 반영한다고 할때, 다음 자료를 이용하여 단위당 순실현가능가치를 산정하면 얼마인가? (단, 재고자산감모손실은 실사수량과 장부상 재고수량의 차이로 인해 발생한 계정이며, 재고자산평가손실은 취득원가와 순실현가능가치의 차이로 인해 발생한 계정이다.)

- 기초상품재고액   ₩20,000
  (재고자산평가충당금 없음)
- 매입채무의 증가   ₩100,000
- 매입으로 인한 현금 유출액   ₩300,000
- 매입할인   ₩10,000
- 장부상 기말상품재고액   ₩200,000
  (단위당 원가 ₩1,000)
- 재고자산감모손실   ₩20,000
- 매출원가   ₩258,000

① ₩700   ② ₩800
③ ₩850   ④ ₩900

재무회계 기본서 P.388
Ch 08. 재고자산
(5) 재고자산감모손실과 평가손실
  2. 재고자산평가손실

기출플러스 기본편 P.123 ✓ 70번
2015년 국가직 7급 응용

Section 04 재고자산의 추정

107

난이도 ◆◆◆◇◇

㈜한국은 20X1년 12월 31일 창고에 화재가 발생하여 재고자산의 80%가 소실되었다. ㈜한국의 장부를 검토하여 다음과 같은 정보를 확인하였다. 재고자산 추정손실금액은 얼마인가? (단, ㈜한국의 매출과 매입은 모두 신용거래이며, 최근 3년간 평균매출총이익률은 30%이다.)

- 기초 매입채무   ₩30,000
- 기말 매입채무   ₩20,000
- 기초 재고자산   ₩10,000
- 기초 매출채권   ₩60,000
- 기말 매출채권   ₩40,000
- 당기 매출채권 현금회수액   ₩50,000
- 당기 매입채무 현금지급액   ₩40,000

① ₩8,000   ② ₩10,000
③ ₩15,200   ④ ₩19,000

재무회계 기본서 P.394
Ch 08. 재고자산
(6) 재고자산의 추정
  1. 매출총이익률법

정답 106 ④ 107 ③

108

다음은 20X1년 ㈜한국의 재무제표와 거래 자료 중 일부이다. ㈜한국이 단일 종류의 상품만을 취급하는 유통기업이라고 할 때, ㈜한국의 20X1년 손익계산서상 당기매출액은?

- 기초매입채무 ₩10,000
- 기말매입채무 ₩13,000
- 매입환출 ₩900
- 현금지급에 의한 매입채무 감소액 ₩204,000
- 기초상품재고 ₩28,000
- 기말상품재고 ₩15,000
- 매출총이익 ₩22,000

① ₩220,000 ② ₩233,000
③ ₩242,000 ④ ₩276,000

109

다음은 ㈜한국의 20X1년도 재고자산에 관한 자료이다. ㈜한국은 재고자산의 원가측정방법으로 소매재고법(매출가격환원법)을 선택하였으며, 원가흐름에 대한 가정은 선입선출법(FIFO)을 이용한다. 20X1년도의 매출원가는 얼마인가? (단, 재고자산평가손실은 고려하지 않음)

기초재고 원가	₩50(판매가 ₩200)	당기매입 원가	₩500(판매가 ₩900)
판매가 순인상액	₩150	판매가 순인하액	₩50
순매출액	₩900		

① ₩150 ② ₩200
③ ₩250 ④ ₩400

정답 108 ③ 109 ④

110

다음은 ㈜한국의 20X1년도 매출 및 매입과 관련된 자료이다.

매출액	₩150,000
기초상품 재고액	₩40,000
기말상품 재고액	₩60,000
매입채무 기초잔액	₩100,000

매입채무 결제와 관련하여 회사는 모든 상품을 외상으로 구입하고 결제대금은 매입한 회계연도에 40%를 결제하고, 나머지 금액은 차기연도에 전액 지급한다. ㈜한국의 매출총이익률이 20%라면, ㈜한국이 20X1년 결제한 매입대금은 얼마인가?

① ₩84,000 ② ₩156,000
③ ₩184,000 ④ ₩210,000

111

㈜한국의 20X2년도 상품 매매와 관련된 자료는 다음과 같다. ㈜한국의 20X2년도 매출총이익은 얼마인가?

[매출과 매입 관련 현금 수입·지출]

• 매출 관련 현금 수입	₩650,000
• 매입 관련 현금 지출	₩450,000

[매출채권, 재고자산, 매입채무, 선수금의 장부금액]

구분	20X2년 초	20X2년 말
매출채권	₩45,000	₩40,000
재고자산	₩50,000	₩55,000
매입채무	₩30,000	₩36,000
선수금	₩18,000	₩16,000

① ₩180,000 ② ₩186,000
③ ₩196,000 ④ ₩215,000

재무회계 기본서 P.394
Ch 08. 재고자산
(6) 재고자산의 추정
1. 매출총이익률법

112

난이도 ◆◆◆◆◇

20X1년 말 화재로 인하여 ㈜한국이 보유하고 있던 재고자산이 모두 소실되었다. 다음 자료를 이용하여 ㈜한국의 20X1년 말 재고자산을 추정하면 얼마인가? 단, 총자산회전율은 기초 총자산을 기준으로 계산하며, 화재 이외의 원인으로 인한 재고자산감모손실과 재고자산평가손실은 없다고 가정한다.

기초 총자산	₩120,000
기초 재고자산	₩30,000
당기 재고자산 총매입액	₩320,000
매입할인	₩12,000
매출총이익률	30%
총자산회전율(기초 총자산 기준)	2회

① ₩120,000 ② ₩170,000
③ ₩180,000 ④ ₩200,000

재무회계 기본서 P.398
Ch 08. 재고자산
(6) 재고자산의 추정
2. 소매재고법

기출플러스 심화편 P.32 ✓ 06번
2018년 국가직 9급 응용

113

난이도 ◆◆◆◇◇

㈜한국은 선입선출법에 의한 소매재고법을 사용하고 있다. 20X1년 재고자산의 원가와 매가는 각각 다음과 같다. 기말재고자산은 얼마인가?

	원가	매가
기초재고액	₩160,000	₩200,000
당기매입액	₩1,440,000	₩1,700,000
당기매출액		₩1,200,000
가격인하액		₩200,000
가격인상액		₩100,000

① ₩540,000 ② ₩508,000
③ ₩500,000 ④ ₩480,000

정답 112 ② 113 ①

114

㈜한국의 재고자산 관련자료는 다음과 같다.

구분	원가	판매가
기초재고액	₩200,000	₩210,000
당기매입액	₩610,000	₩980,000
매입운임	₩20,000	
매입할인	₩30,000	
종업원할인		₩50,000
순인상액		₩20,000
순인하액		₩10,000

㈜한국이 선입선출법에 의한 저가기준 소매재고법을 이용하여 재고자산을 평가하고 있을 때, 재고자산이 ₩90,000이라면, 당기 매출액은 얼마인가?

① ₩1,000,000
② ₩1,050,000
③ ₩1,100,000
④ ₩1,150,000

CHAPTER 07 유형자산

· 정답과 해설 p.29

 Section 01 유형자산의 취득 및 유형별 취득원가

재무회계 기본서 P.439
Ch 09. 유형자산
(2) 유형자산의 취득
　2. 유형자산의 취득원가

115
난이도 ✚✚✚✚✚

유형자산의 장부금액에 가산하지 않는 항목을 모두 고른 것은?

> ㄱ. 시험과정에서 생산된 재화의 순매각금액
> ㄴ. 유형자산의 매입 또는 건설과 직접적으로 관련되어 발생한 종업원급여
> ㄷ. 기업의 영업 전부 또는 일부를 재배치하거나 재편성하는 과정에서 발생하는 원가
> ㄹ. 설치장소 준비 원가
> ㅁ. 정기적인 종합검사과정에서 발생하는 원가가 인식기준을 충족하는 경우

① ㄱ　　② ㄱ, ㄷ　　③ ㄴ, ㄹ　　④ ㄴ, ㄷ, ㅁ

재무회계 기본서 P.438, 442
Ch 09. 유형자산
(2) 유형자산의 취득
(3) 유형자산의 유형별 취득원가

기출플러스 기본편
2014년 회계사 1차, 2018년 회계사 1차 응용

116
난이도 ✚✚✚✚✚

유형자산의 회계처리에 관한 다음 설명 중 옳지 않은 것은?

① 유형자산의 취득시점에 그 자산을 사용한 결과 해체, 제거하거나 부지를 복구하는 데 소요될 것으로 추정되는 원가는 유형자산의 취득원가에 포함한다.
② 생산용식물은 유형자산으로 회계처리하며, 생산용식물에서 자라는 생산물은 생물자산으로 회계처리한다.
③ 비화폐성 자산간의 교환거래가 상업적 실질을 결여하지 않은 경우, 제공한 자산과 취득한 자산 모두의 공정가치를 신뢰성 있게 측정할 수 없다면 유형자산의 취득원가는 그 교환으로 취득한 자산의 장부금액으로 측정한다.
④ 유형자산의 잔존가치가 해당 자산의 장부금액보다 같거나 큰 금액으로 증가하는 경우 자산의 잔존가치가 장부금액보다 작은 금액으로 감소될 때까지는 유형자산을 감가상각하지 않는다.

정답　115 ②　116 ③

117

유형자산의 회계처리에 대한 설명으로 옳지 않은 것은?

① 본사 건물을 자가건설하는 경우 발생한 재료비, 노무비 및 제조간접비 등은 건설중인자산으로 기록하고, 사용되는 것이 아니므로 완성될 때까지 감가상각을 하지 않는다.
② 예비부품, 대기성 장비 및 수선용구와 같은 항목은 일반적으로 한 회계기간 내에 사용되므로 재고자산으로 인식하고, 사용되는 시점에 당기손익으로 인식하지만, 한 회계기간 이상 사용할 것으로 예상되면서 유형자산의 정의를 만족한다면 유형자산으로 인식한다.
③ 금형, 공구 및 틀 등과 같이 개별적으로 경미한 항목은 통합하여 그 전체가치에 대해 인식기준을 적용한다.
④ 자가건설에 따른 내부이익은 자가건설원가에 포함하여 건설중인자산으로 인식하였다가 완료했을 때 유형자산으로 대체한다.

118

㈜한국은 본사 사옥을 신축하기 위하여 토지를 취득하였는데 이 토지에는 철거예정인 창고가 있다. 다음 자료를 고려할 때, 토지의 취득원가는 얼마인가?

• 토지 구입대금	₩1,000,000
• 사옥 신축 개시 이전까지 토지 임대를 통한 수익	₩25,000
• 토지 취득세 및 등기수수료	₩70,000
• 창고 철거비	₩10,000
• 창고 철거 시 발생한 폐자재 처분 수입	₩5,000
• 본사 사옥 설계비	₩30,000
• 본사 사옥 공사대금	₩800,000

① ₩1,050,000
② ₩1,075,000
③ ₩1,080,000
④ ₩1,100,000

정답 117 ④ 118 ②

119

㈜한국은 20X1년 초에 보유 중이던 기계 A를 ㈜민국의 기계 B와 교환하기로 하였다. 각 기계의 장부금액 및 공정가치는 다음과 같다. 단, 교환 시 추가적인 현금수수액은 없었다.

구분	장부금액	공정가치
기계 A	₩1,050,000	₩1,200,000
기계 B	₩1,100,000	₩1,050,000

교환거래 직후 ㈜한국의 재무상태표상 기계 장부금액을 아래 각 상황별로 바르게 짝지은 것은?

〈상황〉
(가) 교환거래에 상업적 실질이 존재하며, 기계 A의 공정가치가 기계 B의 공정가치보다 더 신뢰성 있다.
(나) 교환거래에 상업적 실질이 존재하며, 기계 B의 공정가치가 기계 A의 공정가치보다 더 신뢰성 있다.
(다) 교환거래에 상업적 실질이 존재하지 않으며, 기계 A의 공정가치가 기계 B의 공정가치보다 더 신뢰성 있다.
(라) 교환거래에 상업적 실질이 존재하지 않으며, 기계 B의 공정가치가 기계 A의 공정가치보다 더 신뢰성 있다.

	상황(가)	상황(나)	상황(다)	상황(라)
①	₩1,200,000	₩1,050,000	₩1,050,000	₩1,050,000
②	₩1,200,000	₩1,050,000	₩1,100,000	₩1,050,000
③	₩1,200,000	₩1,050,000	₩1,100,000	₩1,100,000
④	₩1,050,000	₩1,200,000	₩1,050,000	₩1,050,000

120

㈜한국은 주주로부터 토지를 출자 받고 액면금액 ₩5,000인 주식 100주를 발행하였다. 토지의 공정가치는 ₩2,000,000이고 발행된 주식의 공정가치는 ₩1,500,000이라고 할 때 다음 거래에 대한 설명으로 옳지 않은 것은?

① 토지의 취득원가는 ₩2,000,000이다.
② 자본금 ₩500,000이 증가하고 주식발행초과금 ₩1,500,000이 증가한다.
③ 토지의 공정가치가 신뢰성이 없다면 토지의 취득원가는 발행된 주식의 액면금액인 ₩500,000으로 인식한다.
④ 위 거래는 자본거래이므로 손익에 미치는 영향은 없다.

정답 119 ① 120 ③

121

㈜한국은 20X1년 1월 1일 석유 플랫폼을 ₩300,000에 구입하였다. 이 시설장치는 5년간 사용이 가능하고 잔존가치는 없는 것으로 추정하며, 정액법으로 감가상각을 한다. 또한 회사는 5년 후 시설장치를 해체하여 제거할 법적 의무가 있고, 이를 제거할 경우 ₩100,000의 복구비용이 발생할 것으로 예상된다. 복구비용 산정 시 적용할 할인율은 10%이며, 복구비용의 현재가치는 ₩62,000이다. 다음 구축물의 회계처리에 대한 설명으로 옳지 않은 것은?

① 구축물의 최초 인식금액은 ₩362,000이다.
② 위 구축물과 관련하여 20X1년 당기손익에 미치는 영향은 ₩72,400이다.
③ 20X1년 말 복구충당부채의 장부금액은 ₩68,200이다.
④ 복구시점에 소요되는 원가가 복구예상원가 ₩100,000을 초과하면 발생시점에 비용으로 인식한다.

122

㈜한국은 20X1년 1월 1일에 기계장치를 ₩8,000,000에 구입하였다. 동 기계장치에 대하여 정부보조금 ₩3,200,000을 수령하였다. 기계장치의 내용연수는 8년, 잔존가치는 없으며, 정액법으로 상각한다. ㈜한국이 정부보조금을 (1) 자산차감법과 (2) 이연수익법을 적용할 경우 20X1년 포괄손익계산서에 보고될 감가상각비는 각각 얼마인가?

	(1) 자산차감법	(2) 이연수익법
①	₩400,000	₩600,000
②	₩600,000	₩1,000,000
③	₩1,000,000	₩600,000
④	₩1,000,000	₩400,000

123

㈜한국은 본사 건물 취득시점부터 취득 후 2년간 지출은 다음과 같다. 동 건물과 관련하여 ㈜한국이 20X3년도 포괄손익계산서에 인식할 당기비용은? (단, 감가상각은 월할상각한다.)

- 20X1. 7. 1. 건물 취득원가 ₩1,000,000(내용연수 4년, 잔존가치 ₩0, 연수합계법으로 감가상각)
- 20X2. 1. 1. 엘리베이터 교체 ₩200,000(자본적 지출에 해당, 추정잔여내용연수 4년으로 변경, 잔존가치는 변동 없음)
- 20X3. 1. 1. 건물 도색 ₩50,000(수익적 지출에 해당, 내용연수와 잔존가치 변동 없음, 정액법으로 감가상각방법 변경)

① ₩200,000　　② ₩250,000
③ ₩300,000　　④ ₩350,000

124

난이도 ◆◆◆◇◇

㈜한국은 20X1년 3월에 건물 신축을 목적으로 지상 건물이 있는 토지를 취득하면서 주식 1,000주(액면 @₩500, 공정가치 @₩2,000)를 발행하여 주고, 건물대금 ₩300,000은 별도로 수표를 발행하여 지급한 후 7월 1일에 공사를 시작하였다. 11월 1일 건물이 완성될 때까지 추가로 지출된 금액이 다음과 같다면, ㈜한국은 토지와 건물의 취득원가를 각각 얼마씩 계상해야 하는가?

• 구건물 철거비용	₩500,000	• 건물신축과 관련된 법률비용	₩10,000
• 토지의 취득세 및 등록세	₩200,000	• 건물공사 중도금	₩700,000
• 폐자재 처분대가	₩40,000	• 건축 담당직원 인건비	₩60,000
• 건물공사 계약금	₩500,000	• 건물공사 잔금	₩1,000,000

	토지	건물
①	₩2,700,000	₩2,570,000
②	₩3,000,000	₩2,270,000
③	₩2,960,000	₩2,270,000
④	₩2,660,000	₩2,610,000

125

난이도 ◆◆◆◆◇

㈜한국은 20X1년 1월 1일 토지와 토지 위에 있는 건물A를 일괄하여 ₩40,000에 취득(토지와 건물A의 공정가치 비율은 4:1)하였다. 취득 당시 건물A의 잔여 내용연수는 5년이고 잔존가치는 없으며 정액법으로 감가상각한다. 20X2년 1월 1일 더 이상 건물A를 사용할 수 없어 철거하고 새로운 건물B의 신축을 시작하였다. 건물A의 철거비용은 ₩1,500이며, 철거 시 수거한 고철 등을 매각하여 ₩500을 수령하였다. 건물신축과 관련하여 20X2년에 ₩20,000의 건설비가 발생하였으며, 건물B(내용연수 10년, 잔존가치 ₩0, 정액법 감가상각)는 20X2년 10월 1일 완공 후 즉시 사용하였다. 20X1년 12월 31일 건물A의 장부금액과 20X2년 12월 31일 건물B의 장부금액은? (단, 감가상각은 월할계산한다.)

	건물A	건물B
①	₩6,400	₩19,500
②	₩6,400	₩18,000
③	₩6,400	₩25,900
④	₩8,000	₩19,500

정답 124 ③ 125 ①

126

20X1년 12월 31일이 결산일인 ㈜한국은 20X1년 1월 1일 기계장치를 ₩5,000,000에 취득하였다. 취득대금은 현금으로 ₩2,000,000을 지급하고 ₩3,000,000은 무이자부 약속어음으로 발행하였다. 약속어음은 3년 후 ₩3,000,000을 지급하고 약속어음 발행 당시의 시장이자율은 12%이다. 이자율 12%, 기간 3년일 경우 정상연금 ₩1의 현재가치계수는 2.4이고, ₩1의 현재가치계수는 0.7이다. 기계장치의 내용연수는 4년이고, 잔존가치는 없다. 감가상각방법은 정액법을 선택한다. 다음 중 20X1년 말에 ㈜한국의 기계장치의 장부가액은 얼마인가?

① ₩3,300,000
② ₩3,075,000
③ ₩4,400,000
④ ₩2,000,000

127

매년 말이 결산일인 ㈜한국은 20X1년 1월 1일 차량운반구를 취득하면서 차량가액으로 ₩1,000,000을 지출하였다. 또한 차량운반구 취득 시 지역개발공채를 액면 취득하였으며, 해당 지역개발공채의 액면금액은 ₩100,000(표시이자율 5%, 만기 3년, 매년 말 이자지급조건)이다. 지역개발공채에 적용될 이자율은 10%이고, ㈜한국은 보유하고 있는 모든 유형자산에 대해 10년 동안 잔존가치 없이 정액법으로 감가상각을 적용하고 있다. 위 거래에 대한 설명으로 옳지 않은 것은? (단, 지역개발공채의 발행 당시 공정가치는 ₩85,000이다.)

① 차량운반구의 취득원가는 ₩1,015,000이다.
② 20X1년 차량운반구의 감가상각비는 ₩101,500이다.
③ 보유하고 있는 공채로 인해 발생되는 이자수익은 ₩5,000이다.
④ 20X1년 말 공채의 장부금액은 ₩88,500이다.

128

㈜한국은 20X1년 초 정부보조금으로 ₩500,000을 수취하여 기계설비(취득원가 ₩2,000,000, 내용연수 5년, 잔존가치 ₩0, 정액법 상각, 원가모형 적용)를 취득하였다. 20X2년 초 ㈜한국은 동 기계설비에 자산의 인식요건을 충족하는 ₩1,000,000의 지출을 하였으며, 이로 인하여 기계설비의 잔존가치는 ₩100,000 증가하고, 내용 연수는 1년 연장되었다. 기계설비와 관련하여 ㈜한국이 20X2년도에 인식할 감가상각비는? (단, 정부보조금은 자산에서 차감하는 방법으로 회계처리한다.)

① ₩360,000
② ₩380,000
③ ₩400,000
④ ₩420,000

129 난이도 ◆◆◆

㈜한국은 보유 중이었던 기계장치(취득원가 ₩900,000, 감가상각누계액 ₩300,000)의 자산을 ㈜민국이 보유한 기계장치(취득원가 ₩1,000,000, 감가상각누계액 ₩600,000)와 교환하였다. 교환 시 ㈜한국이 인식한 처분이익은 ₩50,000이고 ㈜민국이 인식한 처분이익이 ₩100,000이라면, 교환거래로 인해 ㈜한국이 수령한 현금은 얼마인가? (단, 동 거래는 상업적 실질이 있음을 가정한다.)

① ₩50,000   ② ₩100,000
③ ₩150,000 ④ ₩200,000

재무회계 기본서 P.449
Ch 09. 유형자산
(3) 유형자산의 유형별 취득원가
  8. 교환취득

기출플러스 기본편 P.137 ✓ 24번
2018년 국가직 7급 응용

Section 02 원가모형

130 난이도 ◆◆◆

㈜한국은 20X1년 초 영업에 사용할 목적으로 특수장비(내용연수 5년, 잔존가치 ₩0, 정액법 감가상각, 원가모형 적용)를 ₩25,000에 취득하면서 추가로 취득세 ₩3,000, 등록세 ₩2,000, 자동차보험료 ₩5,000을 부담하였다. 20X2년 중 동 특수장비에 심각한 손상이 발생하였고, 특수장비의 순공정가치는 20X2년 말 ₩15,000으로 추정되고, 사용가치는 ₩13,000으로 추정된다. ㈜한국의 20X2년 말 특수장비와 관련된 회계처리가 당기순이익에 미치는 영향은?

① ₩3,000 증가   ② ₩3,000 감소
③ ₩6,000 증가   ④ ₩9,000 감소

재무회계 기본서 P.466
Ch 09. 유형자산
(4) 원가모형
  5. 유형자산의 손상

131 난이도 ◆◆◆

㈜한국은 20X1년 1월 1일 기계장치(내용연수 4년, 잔존가치 ₩0, 정액법 상각, 원가모형 적용)를 ₩240,000에 취득하여 기계장치가 정상적으로 작동되는지 여부를 시험한 후 즉시 사용하고 있다. 시험하는 과정에서 시운전비 ₩40,000이 발생하였고, 시험하는 과정에서 생산된 시제품은 시험 종료 후 즉시 전부 판매하고 ₩20,000을 현금으로 수취하였다. ㈜한국은 20X1년 7월 1일 동 기계장치를 재배치하기 위해 운반비 ₩50,000과 설치원가 ₩50,000을 추가 지출하였다. 20X1년 말 기계장치에 대한 순공정가치와 사용가치는 각각 ₩150,000과 ₩120,000으로 손상이 발생하였으며, 20X2년 말 순공정가치와 사용가치는 각각 ₩160,000과 ₩170,000으로 회복되었다. 위 거래와 관련하여 ㈜한국의 기계장치 회계처리에 관한 설명으로 옳은 것은? (단, 감가상각은 월할 계산한다.)

① 20X1년 손상차손은 ₩45,000이다.
② 20X1년 감가상각비는 ₩65,000이다.
③ 20X2년 말 장부금액은 ₩140,000이다.
④ 20X2년 손상차손환입액은 ₩30,000이다.

재무회계 기본서 P.466
Ch 09. 유형자산
(4) 원가모형
  5. 유형자산의 손상

기출플러스 기본편 P.154 ✓ 79번
2018년 국가직 9급 응용

정답 129 ③ 130 ③ 131 ③

132

㈜한국은 20X1년 1월 1일에 건물을 ₩5,000,000에 취득(내용연수 10년, 잔존가치 ₩0, 정액법 감가상각)하였다. 20X1년 말 및 20X2년 말 기준 원가모형을 적용하는 건물의 순공정가치는 각각 ₩3,600,000과 ₩3,900,000이고, 사용가치는 각각 ₩3,000,000과 ₩4,300,000이다. ㈜한국은 건물의 회수가능액과 장부금액의 차이가 중요하고 손상징후가 있는 것으로 판단하여 손상차손(손상차손환입)을 인식하였다. 관련 설명으로 옳지 않은 것은?

① 20X2년도에 감가상각비로 ₩400,000을 인식한다.
② 20X1년 말 재무상태표에 표시되는 건물 장부금액은 ₩3,600,000이다.
③ 20X1년도에 손상차손으로 ₩900,000을 인식한다.
④ 20X2년도에 손상차손환입으로 ₩1,100,000을 인식한다.

133

다음 중 유형자산에 대한 회계처리 내용으로 옳지 않은 것은?

① 자산의 사용을 포함하는 활동에서 창출되는 수익은 일반적으로 자산의 경제적효익의 소비 외의 요소를 반영하기 때문에 수익에 기초한 감가상각방법을 적용하는 것은 적절하다.
② 유형자산의 공정가치가 장부금액을 초과하더라도 잔존가치가 장부금액을 초과하지 않는 한 감가상각액을 계속 인식한다.
③ 유형자산의 감가상각대상금액을 내용연수 동안 체계적으로 배부하기 위해 다양한 방법을 사용할 수 있으며, 이러한 감가상각방법에는 정액법, 체감잔액법과 생산량비례법이 있다.
④ 유형자산의 감가상각방법은 적어도 매 회계연도 말에 재검토하며, 자산에 내재된 미래경제적효익의 예상되는 소비형태가 유의적으로 달라졌다면, 달라진 소비형태를 반영하기 위하여 감가상각방법을 변경한다.

정답 132 ④ 133 ①

134

난이도 ◆◆◆◆◆

㈜한국은 20X1년 초에 기계장치를 현금 ₩50,000에 구입하여 이를 즉시 생산에 사용하기 시작하였다. 취득 당시 이 기계장치의 잔존가치는 ₩5,000으로 추정하였다. ㈜한국은 기계장치에 대해 원가모형을 적용하고 있으며 정률법으로 감가상각을 하고 있다. 이 기계장치를 구입하기 이전에는 다른 기계장치를 보유하고 있지 않았으며, 이 기계장치를 취득한 이후에 추가로 취득한 기계장치도 없다. 20X2년 말 수정전시산표의 일부가 다음과 같은 경우, 20X2년 말 재무상태표상 기계장치의 장부금액은 얼마인가? (단, 기계장치에 대한 취득시점 이후 자산손상은 없었다.)

수정전시산표			
현금	₩15,000	매입채무	₩3,000
:		:	
기계장치	₩50,000	기계장치감가상각누계액	₩10,000
:		:	
		자본금	₩400,000

① ₩8,000　　② ₩32,000
③ ₩40,000　　④ ₩50,000

135

난이도 ◆◆◆◆◆

12월 결산법인인 ㈜한국은 20X1년 10월 1일에 기계장치를 취득하였다. 이 기계장치의 내용연수는 3년, 잔존가치는 취득원가의 10%이다. ㈜한국은 월할 기준으로 연수합계법을 사용하여 감가상각비를 계산한다. ㈜한국이 이 기계장치를 20X3년 3월 30일에 ₩450,000에 처분하고 유형자산처분손실 ₩50,000을 인식하였다면 이 기계장치의 취득원가는?

① ₩1,000,000　　② ₩1,100,000
③ ₩1,250,000　　④ ₩1,500,000

정답 134 ②　135 ③

136

㈜한국은 20X1년 1월 1일에 기계장치(취득원가 ₩1,000,000, 잔존가치 ₩0, 내용연수 4년, 정액법으로 감가상각)를 취득하여 원가모형을 적용하고 있다. 20X3년 1월 1일에 ㈜한국은 동 기계장치에 대하여 자산인식기준을 충족하는 후속원가 ₩500,000을 지출하였다. 이로 인해 내용연수가 2년 연장(20X3년 1월 1일 현재 잔존내용연수 4년)되고 잔존가치는 ₩100,000 증가할 것으로 추정하였으며, 감가상각방법은 연수합계법으로 변경하였다. ㈜한국은 동 기계장치를 20X4년 1월 1일에 현금을 수령하고 처분하였으며, 처분손실은 ₩60,000이다. 기계장치 처분 시 수령한 현금은 얼마인가?

① ₩190,000
② ₩480,000
③ ₩540,000
④ ₩580,000

137

다음 자료는 ㈜한국의 기계장치 계정과 관련된 것이다.

	20X1. 12. 31.	20X2. 12. 31.
기계장치	₩1,700,000	₩2,300,000
감가상각누계액	(₩300,000)	(₩500,000)

㈜한국은 20X2년 중에 장부금액 ₩500,000인 기계장치를 ₩550,000에 처분하였으며 20X2년 중에 기계장치에 대한 감가상각비로 인식된 금액은 ₩400,000이다. 이외에 다른 거래는 없다. 20X2년 중에 새롭게 취득한 기계장치는 얼마인가? (단, ㈜한국의 기계장치에 대하여 원가모형을 적용하고 있다.)

① ₩800,000
② ₩900,000
③ ₩1,100,000
④ ₩1,300,000

138

다음은 ㈜한국이 보유한 기계장치의 장부금액 내역이다.

구분	20X1년 말	20X2년 말
기계장치	₩600,000	₩680,000
감가상각누계액	(₩320,000)	(₩400,000)

회사는 20X2년 초에 순장부금액 ₩80,000(취득원가 ₩150,000, 감가상각누계액 ₩70,000)인 기계장치 1대를 ₩130,000에 처분하였다. 회사가 20X2년에 취득한 기계장치의 취득원가와 20X2년 감가상각비는 얼마인가? (단, 기계장치에 대해 원가모형을 적용한다.)

	기계장치의 취득원가	감가상각비
①	₩80,000	₩150,000
②	₩230,000	₩150,000
③	₩80,000	₩80,000
④	₩230,000	₩80,000

139

매년 12월 31일이 결산일인 ㈜한국은 유형자산을 원가모형으로 기록하고 있다. 20X1년 초에 기계장치를 ₩1,000,000(내용연수 10년, 잔존가치 ₩200,000, 정액법 상각)에 취득하였다. 20X1년 말 기계장치의 공정가치는 ₩900,000으로 평가되었으며, 처분부대원가는 ₩70,000이고 사용가치는 ₩810,000으로 추정되었다. 20X2년 말 기계장치의 공정가치는 ₩890,000, 처분부대원가는 ₩30,000이고 사용가치는 ₩780,000으로 추정되었다. 동 기계장치로 인해 20X1년도와 20X2년도의 당기손익에 미치는 영향은 얼마인가? (단, 법인세 효과는 고려하지 않는다.)

	20X1년도	20X2년도
①	₩170,000 손실	₩200,000 이익
②	₩170,000 손실	₩140,000 이익
③	₩80,000 손실	₩140,000 이익
④	₩170,000 손실	₩10,000 이익

정답 138 ② 139 ④

Section 03 재평가모형

140

㈜한국은 20X3년 초 토지를 ₩1,500,000에 취득하고 매년 말 공정가치로 평가하는 재평가모형을 적용한다. 또한 재평가잉여금을 자산의 처분시점에 이익잉여금으로 직접 대체하기로 하였다. 동 토지의 매년 말 공정가치는 다음과 같다.

20X3년 말	20X4년 말
₩1,200,000	₩1,600,000

㈜한국이 20X5년 말에 동 토지를 ₩1,100,000에 처분했을 때, 토지의 보유 및 처분과 관련하여 다음의 설명 중 옳지 않은 것은?

① 20X3년 초부터 20X5년 말까지 이익잉여금이 총 ₩400,000 감소한다.
② 20X3년 당기순이익이 ₩300,000 감소한다.
③ 20X4년 기타포괄이익이 ₩100,000 증가한다.
④ 20X5년 유형자산처분손실이 ₩400,000 인식된다.

141

㈜한국은 20X1년 초에 ₩500,000을 지급하고 건물(내용연수는 5년, 잔존가치 ₩0, 정액법 상각)을 취득하였다. ㈜한국은 건물에 대해 재평가모형을 적용한다. 20X1년 말 건물에 대해 손상징후가 발생하였고, 건물의 공정가치 및 회수가능액의 자료가 다음과 같다고 한다. 20X2년 기타포괄손익으로 인식할 재평가잉여금은?

구분	20X1년 말	20X2년 말
공정가치	₩350,000	₩340,000
회수가능액	₩320,000	₩335,000

① ₩15,000　　② ₩20,000
③ ₩25,000　　④ ₩40,000

142

다음 설명 중 옳은 것을 모두 고른 것은?

> ㄱ. 특정 유형자산을 재평가할 때, 해당 자산이 포함되는 유형자산 분류 전체를 재평가한다.
> ㄴ. 자가사용부동산을 공정가치로 평가하는 투자부동산으로 대체하는 시점까지 그 부동산을 감가상각하고, 발생한 손상차손을 인식한다.
> ㄷ. 무형자산으로 인식하기 위해서 식별가능성, 자원에 대한 통제 및 미래 경제적 효익의 존재 중 최소 하나 이상의 조건을 충족하여야 한다.
> ㄹ. 무형자산을 창출하기 위한 내부 프로젝트를 연구단계와 개발단계로 구분할 수 없는 경우에는 그 프로젝트에서 발생한 지출은 모두 개발단계에서 발생한 것으로 본다.

① ㄱ, ㄴ
② ㄱ, ㄷ
③ ㄴ, ㄹ
④ ㄷ, ㄹ

143

㈜한국은 20X1년 1월 1일에 사무용비품(내용연수 5년, 잔존가치 ₩0, 정액법 상각)을 ₩300,000에 취득하여 사용하고 있다. ㈜한국은 매년 말 주기적으로 유형자산에 대해서 재평가를 수행하고 있으며, 장부금액을 재평가금액으로 수정할 때 감가상각누계액을 우선 제거하는 방법을 사용한다. 또한 사무용 비품을 사용함에 따라 재평가잉여금의 일부를 이익잉여금으로 대체하는 회계정책을 채택하고 있다. 20X1년 말과 20X2년 말 사무용 비품의 공정가치는 각각 ₩280,000과 ₩160,000이다. 위 사무용 비품과 관련하여 ㈜한국이 20X2년도 포괄손익계산서상 당기비용으로 인식해야 할 금액은 얼마인가? (단, 자산손상은 없다.)

① ₩60,000
② ₩70,000
③ ₩90,000
④ ₩120,000

Section 04 차입원가

144

다음 중 한국채택국제회계기준에서 규정하고 있는 자본화대상 차입원가에 대한 설명으로 옳지 않은 것은?

① 차입원가의 자본화는 적격자산의 취득기간 중 발생한 차입원가 중에서 일정금액을 자산의 원가로 인식하는 것을 의미한다.
② 적격자산의 취득, 건설 또는 제조와 관련된 차입원가는 당해 자산원가의 일부로 자본화 하도록 규정하고 있다.
③ 적격자산에 대한 적극적인 개발활동을 중단한 기간에는 자본화를 중단해야 하며, 의도된 용도로 사용하거나 판매가능한 상태에 이르게 하는데 필요한 대부분의 활동이 완료된 시점에서 차입원가의 자본화를 종료한다.
④ 일반차입금에서 발생한 차입원가를 우선 자본화하고 특정차입금에서 발생한 차입원가를 자본화한다.

145

다음 중 차입원가 회계처리에 대한 설명으로 옳지 않은 것은?

① 적격자산에 대한 적극적인 개발활동을 중단한 기간에는 차입원가의 자본화를 중단한다.
② 적격자산을 의도된 용도로 사용(또는 판매) 가능하게 하는 데 필요한 대부분의 활동이 완료된 시점에 차입원가의 자본화를 종료한다.
③ 적격자산의 장부금액 또는 예상최종원가가 회수가능액 또는 순실현가능가치를 초과하는 경우 다른 한국채택국제회계기준서의 규정에 따라 자산손상을 기록한다.
④ 일반적인 목적으로 차입한 자금의 경우 회계기간 동안 그 차입금으로부터 실제 발생한 차입원가에서 당해 차입금의 일시적 운용에서 생긴 투자수익을 차감한 금액을 자본화가능차입원가로 결정한다.

정답 144 ④ 145 ④

146

난이도 ✦✦✦✧✧

㈜한국은 본사 건물 신축공사를 20X1년 2월 1일에 개시하여 20X1년 12월 31일에 완공하였다. 신축공사에 지출된 금액은 다음과 같으며, 건물 신축을 위한 목적으로 20X1년 2월 1일 특정차입금 ₩120,000을 은행으로부터 연 10% 이자율로 차입하였다(만기일: 20X1년 12월 31일). 이 중에서 ₩30,000은 20X1년 2월 1일부터 2개월간 연 8% 수익률로 일시투자하였다. 20X1년 ㈜한국이 특정차입금과 관련하여 자본화 할 차입원가는 얼마인가? (단, 연평균지출액과 이자비용은 월할로 계산한다.)

날짜	지출액
20X1년 2월 1일	₩90,000
20X1년 4월 1일	₩60,000
20X1년 12월 31일	₩40,000

① ₩8,250 ② ₩10,500
③ ₩10,600 ④ ₩11,000

147

난이도 ✦✦✦✦✧

㈜한국은 20X1년 1월 1일에 건물신축에 사용할 목적으로 자금을 차입하였다. 차입금과 관련된 세부 정보는 다음과 같다.

차입처	차입금액	차입일	상환일	이자율
대한은행	₩10,000,000	20X1년 1월 1일	20X2년 12월 31일	연 10%

㈜한국은 20X1년 1월 1일에 차입금 중 ₩5,000,000을 건물 신축을 위해 지출하였으며, 나머지 ₩5,000,000은 6개월 동안 연 5%의 정기예금에 예치한 후 20X1년 7월 1일에 건물신축에 사용하였다. ㈜한국이 20X1년 자본화할 차입원가는 얼마인가? (단, 일반차입금에 대한 자본화이자율은 11%라고 가정하며 당기발생 이자비용은 ₩500,000이다.)

① ₩500,000 ② ₩875,000
③ ₩1,000,000 ④ ₩1,100,000

정답 146 ③ 147 ②

148

㈜한국은 20X1년 본사사옥 신축공사와 관련하여 다음과 같은 지출을 하였다.

• 4월 1일	계약금	₩50,000
• 9월 1일	중도금	₩30,000
• 12월 31일	잔 금	₩20,000
합 계		₩100,000

㈜한국은 20X1년 1월 1일 연이자율 10%, 3년 만기로 ₩100,000을 차입(일반차입금)하여 사용하고 있으며, 본사 사옥 신축공사와 관련한 특정차입금 ₩30,000(연이자율 12%, 1년 만기)을 4월 1일에 차입하여 당해 공사에 지출하였다. 일반차입금의 금융비용 중에서 자본화 할 수 없고 포괄손익계산서에 계상되는 금융비용은 얼마인가?

① ₩10,000
② ₩7,500
③ ₩5,200
④ ₩27,000

CHAPTER 08 투자부동산

· 정답과 해설 p.36

Section 01 투자부동산의 의의

재무회계 기본서 P.524
Ch 10. 투자부동산
(1) 투자부동산의 의의
  1. 투자부동산의 분류

149
난이도 ++

다음 중 투자부동산에 대한 설명으로 옳지 않은 것은?

① 미래에 투자부동산으로 사용하기 위하여 건설 또는 개발 중인 부동산은 투자부동산으로 분류한다.
② 장래 사용목적을 결정하지 못한 채로 보유하고 있는 토지는 투자부동산으로 분류한다.
③ 정상적인 영업과정에서 단기간에 판매하기 위해 보유하는 토지는 재고자산으로 분류한다.
④ 부동산 사용자에게 제공하는 용역이 유의적인 경우에는 투자부동산으로 분류하고 제공되는 용역은 진행기준으로 수익을 인식한다.

재무회계 기본서 P.524
Ch 10. 투자부동산
(1) 투자부동산의 의의
  1. 투자부동산의 분류

150
난이도 ++

㈜한국의 20X1년 말 재무상태표상의 자산 항목이 다음과 같을 때, 투자부동산으로 분류되는 항목들의 합계는 얼마인가?

- 금융리스로 제공한 토지 ₩100
- 처분예정인 자가사용 건물 ₩200
- 미래 자가사용 목적으로 개발 중인 토지 ₩250
- 직접소유하고 운용리스로 제공하고 있는 건물 ₩100
- 운용리스 제공목적으로 보유 중인 미사용 건물 ₩150
- 장래 용도 미결정인 보유 중 토지 ₩100

① ₩350 ② ₩400 ③ ₩450 ④ ₩500

 149 ④ 150 ①

151

투자부동산의 회계처리에 관한 설명으로 옳지 않은 것은?

① 부동산 중 일부는 시세차익을 얻기 위하여 보유하고, 일부분은 재화의 생산에 사용하기 위하여 보유하고 있으나, 이를 부분별로 나누어 매각할 수 없다면, 재화의 생산에 사용하기 위하여 보유하는 부분이 경미한 경우에만 전체 부동산을 투자부동산으로 분류한다.
② 종업원으로부터 시장요율로 임차료를 받는 경우 종업원이 사용하는 부동산은 투자부동산으로 분류한다.
③ 지배기업 또는 다른 종속기업에게 부동산을 리스하는 경우 당해 부동산을 연결재무제표에 투자부동산으로 분류할 수 없고 자가사용부동산으로 분류한다.
④ 운용리스로 제공하기 위해 직접 소유하고 있는 미사용건물은 투자부동산으로 분류한다.

Section 02 인식과 측정 03 제거

152

자동차부품 제조업을 영위하고 있는 ㈜한국은 20X1년 초 임대수익 목적으로 건물(취득원가 ₩1,000,000, 잔여 내용연수 5년, 잔존가치 ₩0, 정액법 감가상각)을 취득하였다. 한편, 20X1년 말 동 건물의 공정가치는 ₩1,200,000이다. 다음 설명 중 옳지 않은 것은? (단, 해당 건물은 매각예정으로 분류되어 있지 않다.)

① 원가모형을 적용할 경우, 20X1년 감가상각비는 ₩200,000이다.
② 공정가치모형을 적용할 경우, 20X1년 감가상각비는 ₩200,000이다.
③ 공정가치모형을 적용할 경우, 20X1년 평가이익은 ₩200,000이다.
④ 공정가치모형을 적용할 경우, 20X1년 기타포괄손익에 미치는 영향은 ₩0이다.

정답 151 ② 152 ②

153

㈜한국은 20X1년 토지를 ₩500,000에 취득하였다. 동 토지의 20X1년 말과 20X2년 말의 공정가치는 다음과 같다.

연도	20X1년 말	20X2년 말
공정가치	₩800,000	₩350,000

토지가 유형자산으로 분류되었을 때와 투자부동산으로 분류되었을 때 20X2년의 당기손익과 총포괄손익에 미치는 영향으로 옳은 것은? (단, 유형자산은 재평가모형을 선택하였고, 투자부동산은 공정가치모형을 선택하였다고 가정한다.)

	당기손익		총포괄손익	
	유형자산	투자부동산	유형자산	투자부동산
①	₩150,000 감소	₩150,000 감소	₩450,000 감소	₩450,000 감소
②	₩450,000 감소	₩450,000 감소	₩150,000 감소	₩450,000 감소
③	₩150,000 감소	₩450,000 감소	₩450,000 감소	₩450,000 감소
④	₩450,000 감소	₩150,000 감소	₩150,000 감소	₩150,000 감소

Section 04 투자부동산 대체

154

다음 중 투자부동산에 대한 설명으로 옳지 않은 것은?

① 투자부동산에 대해 공정가치모형을 적용하는 경우 사업목적 변경시점의 공정가치로 분류한다.
② 자가사용부동산을 공정가치로 평가하는 투자부동산으로 대체하는 경우 변경시점의 공정가치 차액은 유형자산의 재평가모형의 방법을 그대로 적용한다.
③ 재고자산을 공정가치로 평가하는 투자부동산으로 대체하는 경우 재고자산의 장부금액과 대체시점의 공정가치의 차액은 재고자산에서 발생한 손익이므로 재고자산의 매각과 동일하게 기타포괄손익으로 인식한다.
④ 건설이나 개발이 완료되어 건설중인자산을 공정가치로 평가하는 투자부동산으로 대체하는 경우 부동산의 장부금액과 대체시점의 공정가치 차액은 당기손익으로 인식한다.

정답 153 ③ 154 ③

155

㈜한국은 20X1년 초에 판매목적으로 ₩100,000의 건물을 취득하였다. 20X1년 12월 31일 해당 자산의 순실현가치는 ₩90,000이다. ㈜한국은 20X2년 1월 1일에 판매목적으로 보유하던 건물을 임차목적으로 변경하여 투자부동산으로 대체하였다. 투자부동산에 대해서는 공정가치모형을 적용하며, 20X2년 1월 1일 ₩75,000, 20X2년 12월 31일 ₩85,000이다. ㈜한국이 건물과 관련하여 20X2년의 포괄손익계산서에 인식할 당기손익의 효과는 얼마인가?

① ₩5,000 손실
② ₩15,000 손실
③ ₩10,000 이익
④ ₩15,000 이익

156

㈜한국은 20X1년 1월 1일 내용연수 5년, 잔존가치가 없는 건물을 사무실 용도로 ₩100,000에 취득하였다. 건물에 대한 감가상각방법은 정액법을 적용하고 있으며, 재평가모형을 이용하여 회계처리를 수행하고 있다. 20X1년 12월 31일의 건물의 공정가치는 ₩90,000이다. ㈜한국은 20X2년 1월 1일 사무실로 사용하던 건물을 임대목적으로 변경하여 투자부동산으로 대체하였다. 투자부동산에 대해 공정가치 모형을 적용하며, 공정가치는 20X2년 1월 1일 ₩75,000, 20X2년 12월 31일 ₩85,000이다. ㈜한국이 건물과 관련하여 20X2년 포괄손익계산서상에 인식하게 될 당기손익의 효과는 얼마인가?

① ₩5,000 손실
② ₩5,000 이익
③ ₩10,000 손실
④ ₩10,000 이익

정답 155 ① 156 ②

CHAPTER 09 무형자산

· 정답과 해설 p.38

Section 01 무형자산의 정의   02 무형자산의 취득원가   03 무형자산의 상각
04 무형자산의 손상   05 무형자산의 폐기와 처분   06 무형자산의 재평가

 P.542

Ch 11. 무형자산
(1) 무형자산의 정의

157
난이도 ✦✦✦✦✦

무형자산 회계처리에 관한 설명으로 옳은 것은?

① 내용연수가 비한정인 무형자산의 비한정 내용연수를 유한 내용연수로 변경하는 것은 회계정책의 변경이다.
② 자산을 운용하는 직원의 교육훈련과 관련된 지출은 내부적으로 창출한 내용연수가 비한정인 무형자산의 원가에 포함한다.
③ 개별취득하는 무형자산은 미래 경제적 효익이 기업에 유입될 시기나 금액이 불확실한 경우 미래 경제적 효익이 기업에 유입될 가능성이 높다는 기준을 항상 충족하는 것은 아니다.
④ 내용연수가 유한한 무형자산을 내용연수 종료 시점에 제3자가 구입하기로 약정한 경우, 잔존가치는 영(0)으로 보지 않는다.

 P.542

Ch 11. 무형자산
(1) 무형자산의 정의

158
난이도 ✦✦✦✦✦

다음 중 무형자산의 회계처리에 대한 설명으로 옳지 않은 것은?

① 내용연수가 비한정인 무형자산은 상각하지 아니한다. 다만, 매년 그리고 무형자산의 손상을 시사하는 징후가 있을 때마다 회수가능액과 장부금액을 비교하는 손상검사를 수행하여 손상차손을 인식한다.
② 컴퓨터로 제어되는 기계장치가 특정 컴퓨터 소프트웨어가 없으면 가동이 불가능한 경우에는 그 기계장치를 소프트웨어의 일부로 보아 무형자산으로 회계처리한다.
③ 기업은 숙련된 종업원이나 교육훈련으로부터 발생하는 미래경제적효익에 대해서는 일반적으로 무형자산의 정의를 충족하기에는 충분한 통제권을 가지고 있지 않으므로 무형자산의 정의를 충족할 수 없다.
④ 무형자산에 재평가모형을 적용하는 경우 같은 분류의 기타 모든 자산도 그에 대한 활성거래시장이 없는 경우를 제외하고는 유형자산과 동일한 방법을 적용하여 회계처리한다.

정답 157 ④ 158 ②

159

다음은 ㈜한국의 당기 거래 내역이다. ㈜한국이 무형자산으로 보고할 수 있는 상황들로만 모두 고른 것은?

> ㄱ. 경영진이 미래효익을 기대하고 있는 고객관계 개선 관련 프로젝트에 ₩3,000 지출
> ㄴ. ㈜민국의 장부에 자산으로 기록하지 않았던 품질향상 제조기법을 배타적 통제가능성과 함께 획득하고 ₩2,000 지급
> ㄷ. 기계를 ₩30,000에 구입하면서 기계제어 소프트웨어프로그램 구입을 위해 ₩3,000 추가 지급
> ㄹ. 신제품에 대한 광고비 ₩20,000 지급
> ㅁ. ㈜대한의 식별가능한 순자산의 공정가치는 ₩4,000인데, ㈜한국은 ㈜대한의 주식 전부를 인수하기 위해 ₩7,000 지급
> ㅂ. ㈜만세의 장부상 금액 ₩1,000인 디자인권을 ₩5,000에 구입

① ㄱ, ㄴ, ㄷ
② ㄴ, ㄷ, ㅂ
③ ㄹ, ㅁ, ㅂ
④ ㄴ, ㅁ, ㅂ

160

㈜한국은 20X1년 1월 1일에 무형자산인 산업재산권(내용연수 5년, 잔존가치 ₩0, 정액법상각)을 ₩100,000에 취득하고 사용을 시작하였다. ㈜한국은 산업재산권에 대하여 매 회계연도 말 공정가치로 재평가한다. 20X1년 말과 20X2년 말 산업재산권의 공정가치는 각각 ₩88,000, ₩52,800이다. 산업재산권과 관련하여 20X2년 당기손익에 반영할 재평가손실은 얼마인가?

① ₩2,600   ② ₩3,400   ③ ₩5,200   ④ ₩7,200

정답 159 ④ 160 ③

Section 07 내부적으로 창출한 무형자산

161

다음은 ㈜한국이 20X1년에 연구개발 프로젝트와 관련하여 지출한 내역이다. 20X1년에 ㈜한국이 인식할 무형자산의 취득원가는 얼마인가? (단, 개발단계에서 발생한 지출은 무형자산의 인식요건을 충족하는 것으로 가정한다.)

• 연구결과나 기타 지식을 평가 및 최종 선택하는 활동	₩100,000
• 생산이나 사용 전의 시제품과 모형을 제작하는 활동	₩150,000
• 새로운 기술과 관련된 금형을 설계하는 활동	₩210,000
• 개발된 제품의 대량생산을 위해 필요한 기계장치의 취득	₩600,000
• 개발 후 해당 자산을 운용하는 직원에 대한 교육훈련비	₩32,000

① ₩360,000　② ₩392,000　③ ₩460,000　④ ₩960,000

재무회계 기본서 P.550
Ch 11. 무형자산
(7) 내부적으로 창출한 무형자산
　1. 연구단계
　2. 개발단계

기출플러스 기본편 P.176 ✓ 15번
2016년 서울시 9급 응용

162

㈜한국은 20X1년 말 ㈜민국을 인수하면서 ㈜민국의 발행주식 중 60%를 ₩1,000에 취득하고 영업권 ₩100을 인식하였다. ㈜민국에 대한 20X1년 말 실사자료가 아래와 같을 때, ㈜민국의 20X1년 말 자산의 공정가치는 얼마인가?

• 자산의 장부가치 ₩1,500(공정가치 ₩?)
• 부채의 장부가치 ₩1,000(공정가치 ₩500)
• 자본금 ₩100, 자본잉여금 ₩200, 이익잉여금 ₩200

① ₩1,000　② ₩1,400
③ ₩1,800　④ ₩2,000

재무회계 기본서 P.552
Ch 11. 무형자산
(7) 내부적으로 창출한 무형자산
　6. 영업권

기출플러스 심화편 P.52 ✓ 06번
2020년 국가직 9급 응용

정답　161 ①　162 ④

163

난이도 ◆◆◆◆◆

다음은 ㈜대한의 무형자산과 관련된 자료이다.

- ㈜대한은 탄소배출량을 혁신적으로 감소시킬 수 있는 신기술에 대해서 연구 및 개발 활동을 수행하고 있다. ㈜대한의 20X1년과 20X2년의 연구 및 개발활동에서 발생한 지출내역을 요약하면 다음과 같다.

구분	20X1년	20X2년
연구활동	₩900,000	₩300,000
개발활동	–	₩1,000,000

- ㈜대한의 개발활동과 관련된 지출은 모두 무형자산의 인식요건을 충족한다.
- ㈜대한의 탄소배출량 감소와 관련된 신기술은 20X2년 중에 개발이 완료되었으며, 20X2년 10월 1일부터 사용가능하게 되었다.
- ㈜대한은 신기술 관련 무형자산에 대해서 원가모형을 적용하며 추정내용연수 10년, 잔존가치 ₩0, 정액법으로 상각한다.
- 20X3년 말 상기 신기술의 사업성이 매우 낮은 것으로 판명되었고, 신기술의 회수가능가액은 ₩500,000으로 평가되었다.

동 신기술 관련 무형자산 회계처리가 ㈜대한의 20X3년도 포괄손익계산서상 당기순이익에 미치는 영향은 얼마인가?

① ₩400,000 감소
② ₩475,000 감소
③ ₩500,000 감소
④ ₩525,000 감소

164

난이도 ◆◆◆◇◇

20X1년 초 ㈜한국은 ㈜민국을 합병하였다. 합병일 현재 ㈜민국의 자산에 대한 장부가치는 ₩4,700이며, 이 중 유형자산은 ₩3,500, 무형자산은 ₩1,200이다. ㈜민국의 자산에 대한 공정가치 평가결과, 유형자산의 공정가치는 ₩4,000이며, 무형자산의 공정가치는 신뢰성 있게 측정할 수 없었다. ㈜민국의 부채의 장부가치와 공정가치가 각각 ₩3,100과 ₩3,500이다. ㈜한국이 ㈜민국에 이전대가를 ₩2,000 지급한 경우, ㈜한국이 인식할 영업권은?

① ₩200
② ₩400
③ ₩1,500
④ ₩1,600

정답 163 ② 164 ③

165

20X1년 3월 31일 ㈜한국은 ㈜민국의 주주에게 주당 시가 ₩300인 자사의 주식 1,000주를 발행해주고 ㈜민국을 합병하였다. 합병하는 과정에서 합병 관련 자문 수수료 ₩10,000이 발생하였고, 주식의 발행과 관련하여 현금 ₩5,000이 지출되었다. 또한 합병 당시 ㈜민국의 자산과 부채의 장부금액은 각각 ₩400,000과 ₩220,000이었다. 합병 당시 ㈜민국의 유형자산의 공정가치가 장부금액보다 ₩50,000 높은 것을 제외하고는 나머지 자산과 부채의 장부금액과 공정가치는 동일하였다. ㈜한국은 ㈜민국으로부터 승계받은 종업원들에 대한 교육훈련비로 ₩10,000을 지출하였다. 이 거래와 관련하여 ㈜한국이 영업권으로 기록할 금액은 얼마인가?

① ₩50,000 ② ₩60,000
③ ₩70,000 ④ ₩80,000

정답 165 ③

CHAPTER 10 금융부채 - 사채

· 정답과 해설 p.40

Section 01 금융부채의 분류와 인식과 측정

166
난이도 ++ + + +

㈜한국의 부채내역이다. 다음 자료를 보고 금융부채를 계산하면 얼마인가?

• 매입채무	₩200,000	• 제품보증충당부채	₩200,000
• 미지급금	₩100,000	• 선수수익	₩100,000
• 미지급법인세	₩100,000	• 사채	₩50,000
• 미지급배당금	₩150,000	• 선수금	₩50,000

① ₩400,000   ② ₩450,000
③ ₩500,000   ④ ₩550,000

재무회계 기본서 P.566
Ch 12. 금융부채
(1) 금융부채의 기초
  1. 분류

Section 02 사채

167
난이도 +++ + +

사채에 대한 다음 설명 중 옳지 않은 것은?

① 사채 발행 시의 시장이자율보다 상환 시의 시장이자율이 높으면 사채상환이익이 발생한다.
② 유효이자율법을 적용하면 사채할인발행차금 상각액은 매년 증가하지만, 사채할증발행차금 환입액은 매년 감소한다.
③ 자기사채는 사채의 취득 목적에 관계없이 사채에서 직접 차감한다.
④ 사채할인발행차금 상각액은 순이익을 감소시키지만, 사채의 장부금액은 증가시킨다.

재무회계 기본서 P.572, 574
Ch 12. 금융부채
(2) 사채
  2 - 2 할인발행
  2 - 3 할증발행

정답 166 ③ 167 ②

168

㈜한국은 20X1년 1월 1일 사채를 발행하였다. 발행일의 분개로 옳은 것은?

- 액면: ₩1,000,000
- 연이율: 9%
- 발행대금: ₩980,000
- 이자지급: 연 1회 (매년 12월 31일)
- 사채발행비: ₩30,000
- 상환조건: 20X3년 12월 31일 일시상환

① (차) 현금　　　　　　　₩950,000　(대) 사채　　　　　₩1,000,000
　　　사채할인발행차금　₩50,000
② (차) 현금　　　　　　　₩980,000　(대) 사채　　　　　₩1,000,000
　　　사채할인발행차금　₩50,000　　　　사채발행비　₩30,000
③ (차) 현금　　　　　　　₩1,000,000 (대) 사채　　　　　₩1,000,000
④ (차) 현금　　　　　　　₩980,000　(대) 사채　　　　　₩1,100,000
　　　사채할인발행차금　₩120,000

169

㈜한국은 20X1년 1월 1일에 사채(액면가액 ₩1,000,000, 표시이자율 8%, 만기 20X3년 12월 31일, 이자지급일 매년 12월 31일)를 발행하였고 유효이자율은 12%이다. ㈜한국이 이 사채로 인하여 만기까지 인식하게 되는 총이자비용은? (단, 기간 3년, 이자율 12%에서 단일현금 ₩1의 현재가치계수는 0.71, 연금 ₩1의 현재가치계수는 2.40이다.)

① ₩226,946　　　　　② ₩240,000
③ ₩328,000　　　　　④ ₩338,000

170

㈜한국은 매년 말 유효이자율법에 의하여 사채할증발행차금을 상각한다. 20X1년 말 ㈜한국의 분개가 다음과 같고, 분개 후 사채의 장부가액은 ₩163,000일 때, 사채의 유효이자율은?

(차변) 이자비용　　　　　₩25,500　(대변) 현금　　₩32,500
　　　사채할증발행차금　₩7,000

① 10%　　　　　② 15%
③ 20%　　　　　④ 25%

정답 168 ① 169 ④ 170 ②

171

상각후원가로 후속 측정하는 일반사채에 관한 설명으로 옳지 않은 것은?

① 사채를 할인발행하고 중도상환 없이 만기까지 보유한 경우, 발행자가 사채발행시점부터 사채 만기까지 포괄손익계산서에 인식한 이자비용의 총합은 발행시점의 사채할인발행차금과 연간 액면이자 합계를 모두 더한 값과 일치한다.
② 사채발행비가 존재하는 경우, 발행시점의 발행자의 유효이자율은 발행시점의 시장이자율보다 낮다.
③ 사채를 할증발행한 경우, 중도상환이 없다면 발행자가 포괄손익계산서에 인식하는 사채 관련 이자비용은 매년 감소한다.
④ 사채를 중도상환 할 때 거래비용이 없고 시장가격이 사채의 내재가치를 반영하는 경우, 중도상환시점의 시장이자율이 사채발행시점의 유효이자율보다 크다면 사채발행자 입장에서 사채상환이익이 발생한다.

172

㈜한국은 20X1년 초 3년 만기, 액면가 ₩1,000,000인 사채를 발행하였다. 액면이자율은 10%이고, 발행 당시의 시장이자율은 5%였다. 그러나 발행 당시 사채발행비가 ₩10,000 발생하였다. ㈜한국은 사채발행차금을 매 회계연도 말에 유효이자율법에 따라 상각할 경우 다음 중 옳지 않은 것은? (회계기간은 1월 1일부터 12월 31일까지이다.)

① 20X1년 초 사채의 유효이자율은 시장이자율보다 높다.
② 20X1년 말 사채의 이자비용은 20X2년 이자비용보다 높다.
③ 20X1년 말 사채의 장부금액은 20X2년 말 장부금액보다 작다.
④ 20X1년도 사채 이자비용은 20X2년도 현금이자지급액보다 작다.

173

㈜한국은 20X1년 초 상각후원가로 측정하는 금융부채에 해당하는 사채(액면금액 ₩200,000, 표시이자율 연 8%, 만기 3년, 매년 말 이자지급)를 ₩190,000에 발행하고, 사채발행비 ₩5,000을 현금으로 지출하였다. 발행 당시 시장이자율은 연 10%이며, ㈜한국은 동 사채와 관련하여 20X1년도 이자비용으로 ₩20,000을 인식하였다. 20X2년 말 ㈜한국이 경과이자를 포함하여 ₩200,000에 사채 전부를 조기상환하였다면, 20X2년도 동 사채로 인해 당기손익에 미치는 영향은 얼마인가?

① ₩5,000 감소
② ₩6,000 감소
③ ₩11,000 감소
④ ₩15,000 감소

정답 171 ② 172 ③ 173 ③

174

㈜한국은 20X1년 1월 1일에 사채(액면금액 ₩1,000,000, 표시이자율 연 10%, 매년 말 이자지급, 만기 3년)를 ₩885,840에 발행하였다. ㈜한국은 동 사채를 20X3년 1월 1일에 전액 상환하였으며 발행시점부터 상환 직전까지 인식한 총 이자비용은 ₩270,680이었다. 사채상환 시 사채상환이익이 ₩1,520인 경우 ㈜한국이 지급한 현금은? (단, 계산 시 화폐금액은 소수점 첫째 자리에서 반올림한다.)

① ₩953,480
② ₩954,000
③ ₩955,000
④ ₩956,000

CHAPTER 11 충당부채와 종업원급여

· 정답과 해설 p.42

Section 01 충당부채와 우발부채, 우발자산

175
난이도 ✚✚✚✚✚

다음 20X1년 말 ㈜한국의 자료에서 재무상태표에 표시될 충당부채 금액은? (단, 현재가치 계산은 고려하지 않는다.)

- 20X1년 초에 취득한 공장건물은 정부와의 협약에 의해 내용연수가 종료되면 부속 토지를 원상으로 회복시켜야 하는데, 그 복구비용은 ₩500,000이 발생될 것으로 추정된다.
- 20X1년 말에 새로운 회계시스템의 도입으로 종업원들에 대한 교육훈련이 20X2년에 진행될 예정이며, 교육훈련비용으로 ₩300,000의 지출이 예상된다.
- 20X1년 초에 구입한 기계장치는 3년마다 한 번씩 대대적인 수리가 필요한데, 3년 후 ₩600,000의 수리비용이 발생될 것으로 추정된다.

① ₩0
② ₩500,000
③ ₩800,000
④ ₩1,100,000

📕 **재무회계 기본서** P.601
Ch 13. 충당부채와 종업원급여
(1) 충당부채와 우발부채, 우발자산
　1. 충당부채
　1-2 충당부채의 인식기준

📘 **기출플러스 기본편** P.197 ✓ 11번
2019년 서울시 7급 응용

176
난이도 ✚✚✚✚✚

㈜한국은 20X1년 초에 설립되어 냉장고를 제조 및 판매하는 회사이며, 판매 후 냉장고에 하자가 있는 경우 2년간 무상으로 보증수리를 제공하는 정책을 시행하고 있다. 보증수리비용은 대당 ₩200으로 추정하고 있으며, 판매수량의 30%에서 판매 이후 2년간 하자가 발생할 것으로 예상하고 있다. 다음 자료를 이용하여 20X1년 말 ㈜한국의 재무상태표상 제품보증충당부채로 계상할 금액은? (단, ㈜한국은 제품판매에 따른 보증수리용역을 제품의 판매와 구분할 수 없는 단일의 수행의무로 판단하여 회계처리하고 있으며, 냉장고 판매 및 보증비 지출은 모두 현금거래이다.)

구분	판매수량	단위당 판매가격	실제 보증비지출액
20X1년	1,000개	₩500	₩10,000
20X2년	1,100개	₩600	₩12,000

① ₩66,000
② ₩54,000
③ ₩50,000
④ ₩48,000

📕 **재무회계 기본서** P.610
Ch 13. 충당부채와 종업원급여
(1) 충당부채와 우발부채, 우발자산
　3. 충당부채의 유형
　3-1 제품보증충당부채

📘 **기출플러스 기본편** P.198 ✓ 15번
2015년 서울시 9급 응용

 175 ② 176 ③

177

충당부채와 우발부채에 관한 설명으로 옳지 않은 것은?

① 제3자와 연대하여 의무를 지는 경우에는 이행할 전체 의무 중 제3자가 이행할 것으로 예상되는 부분을 우발부채로 인식한다.
② 충당부채로 인식되기 위해서는 과거사건의 결과로 현재의무가 존재하여야 한다.
③ 충당부채를 현재가치로 평가할 때 할인율은 부채의 특유한 위험과 화폐의 시간가치에 대한 현행시장의 평가를 반영한 세전 이율을 적용한다.
④ 과거에 우발부채로 처리하였다면 이후 충당부채의 인식조건을 충족하더라도 재무제표의 신뢰성 제고를 위해서 충당부채로 인식하지 않는다.

178

충당부채와 우발부채에 관한 설명으로 옳지 않은 것은?

① 충당부채를 인식하기 위해서는 해당 의무를 이행하기 위하여 경제적 효익이 있는 자원을 유출할 가능성이 매우 높아야 한다.
② 우발부채는 경제적 효익이 있는 자원의 유출을 초래할 현재의무가 있는지의 여부가 아직 확인되지 아니한 잠재적 의무이므로 부채로 인식하지 않는다.
③ 재무제표는 미래시점의 예상 재무상태가 아니라 보고기간 말의 재무상태를 표시하는 것이므로, 미래영업이익을 위하여 발생하게 될 원가에 대하여는 충당부채를 인식하지 않는다.
④ 상업적 압력 때문에 공장에 특정 정화장치를 설치하기 위한 비용지출을 계획하고 있는 경우 공장운영방식을 바꾸는 등의 미래 행위를 통하여 미래의 지출을 회피할 수 있으므로 당해 지출은 현재의무가 아니며 충당부채도 인식하지 아니한다.

179

충당부채의 변동과 변제에 대한 설명으로 옳은 것은?

① 의무를 이행하기 위하여 경제적 효익이 있는 자원을 유출할 가능성이 높지 않게 된 경우라도 이미 인식한 충당부채를 환입할 수 없다.
② 어떤 의무를 제3자와 연대하여 부담하는 경우에 이행하여야 하는 전체 의무 중에서 제3자가 이행할 것으로 예상되는 정도까지만 충당부채로 인식한다.
③ 충당부채를 현재가치로 평가하여 표시하는 경우에는 장부금액을 기간 경과에 따라 증액하고 해당 증가 금액은 차입원가로 인식한다.
④ 충당부채를 결제하기 위하여 필요한 지출액의 일부나 전부를 제3자가 변제할 것으로 예상되는 경우에는 기업이 의무를 이행한다면 변제를 받을 것이 거의 확실하게 되는 때에만 변제금액을 충당부채에서 차감하여 인식한다.

정답 177 ④ 178 ① 179 ③

180

충당부채 및 우발부채와 관련된 회계처리로 옳은 것은?

① ㈜한국은 ㈜민국과 공동으로 사용하는 해양기지와 관련하여 환경을 정화할 연대의무를 부담한다. 이에 ㈜한국은 ㈜민국이 이행할 것으로 기대되는 ₩1,000,000을 우발부채로 처리하였다.
② ㈜대한은 미래의 예상영업손실 ₩4,000,000을 충당부채로 인식하였다.
③ ㈜만세는 토지의 환경정화 원가를 ₩2,000,000으로 추정하고, 법인세율 20%를 고려한 ₩1,600,000을 충당부채로 인식하였다.
④ ㈜서울은 전기에 공장 주변 공기정화와 유전복구를 위해 각각 충당부채를 인식하였다. 당기 중 공기정화에 대한 지출은 ₩300,000 과소 발생하였고, 유전복구에 대한 지출은 ₩300,000 과다 발생하였기에 ㈜서울은 공기정화와 관련된 충당부채를 사용하여 유전복구 지출액만큼 현금 자산을 감소시켰다.

181

20X1년부터 ㈜한국은 제품판매 후 2년 동안 제품하자보증을 실시하고 있다. 20X2년도에 판매된 제품에 대하여 경미한 결함은 ₩100, 치명적인 결함은 ₩4,000의 수리비용이 발생한다. 과거 경험에 따르면 10%는 경미한 결함이, 5%는 치명적인 결함이 발생할 것으로 예상된다. 20X1년 말에 제품보증충당부채 잔액은 ₩200이다. 20X2년 기중에 20X1년 판매된 제품에 대한 수리비용이 ₩300 지출되었다면, ㈜한국의 20X2년도 재무제표에 보고할 제품보증비와 제품보증충당부채는?

	제품보증비	제품보증충당부채		제품보증비	제품보증충당부채
①	₩100	₩310	②	₩210	₩210
③	₩210	₩310	④	₩310	₩210

정답 180 ① 181 ④

Section 02 종업원급여

182
난이도 ◆◆◆◇◇

다음은 ㈜한국의 확정급여제도 관련된 자료이다. 당기에 사외적립자산에 대한 기여금 및 퇴직금 지급은 없으며, 확정급여채무의 할인율은 연 5%이다. 당기 말 순확정급여채무는 얼마인가?

• 전기 말 확정급여채무의 장부금액	₩10,000
• 전기 말 사외적립자산의 공정가치	₩9,600
• 당기근무원가	₩900
• 확정급여채무의 보험수리적인 이익	₩100
• 사외적립자산의 실제 수익	₩500

① ₩500
② ₩900
③ ₩1,200
④ ₩1,400

183
난이도 ◆◆◆◆◇

퇴직급여제도에 관한 설명으로 옳지 않은 것은?

① 확정기여제도에서는 기여금의 전부나 일부의 납입기일이 종업원이 관련 근무용역을 제공하는 연차보고기간말 후 12개월이 되기 전에 모두 결제될 것으로 예상되지 않는 경우를 제외하고는 할인되지 않은 금액으로 채무를 측정한다.

② 확정급여채무의 현재가치와 당기근무원가를 결정하기 위해서는 예측단위적립방식을 사용하며, 적용할 수 있다면 과거근무원가를 결정할 때에도 동일한 방식을 사용한다.

③ 확정급여제도에서 기업이 보험수리적위험(실제급여액이 예상급여액을 초과할 위험)과 투자위험을 실질적으로 부담하며, 보험수리적 실적이나 투자실적이 예상보다 저조하다면 기업의 의무가 늘어날 수 있다.

④ 퇴직급여채무를 할인하기 위해 사용하는 할인율은 보고기간 말 현재 그 통화로 표시된 국공채의 시장수익률을 참조하여 결정하고, 국공채의 시장수익률이 없는 경우에는 보고기간 말 현재 우량회사채의 시장수익률을 사용한다.

정답 182 ③ 183 ④

184

다음은 ㈜한국이 채택하고 있는 확정급여제도와 관련된 자료이다.

• 확정급여채무 계산 시 적용하는 할인율	연 5%
• 기초 확정급여채무의 현재가치	₩700,000
• 기초 사외적립자산의 공정가치	₩600,000
• 당기근무원가	₩73,000
• 사외적립자산에 대한 기여금 출연(기말 납부)	₩90,000
• 퇴직급여 지급액(사외적립자산에서 기말 지급)	₩68,000
• 기말 사외적립자산의 공정가치	₩670,000
• 기말 재무상태표에 표시된 순확정급여부채	₩100,000

㈜한국의 확정급여제도 적용이 포괄손익계산서의 당기손익과 기타포괄손익에 미치는 영향은 각각 얼마인가?

	당기손익에 미치는 영향	기타포괄손익에 미치는 영향
①	₩108,000 감소	₩48,000 감소
②	₩108,000 감소	₩48,000 증가
③	₩78,000 감소	₩12,000 증가
④	₩78,000 감소	₩12,000 감소

CHAPTER 12 자본

· 정답과 해설 p.44

Section 01 자본거래

185

난이도 ◆◆◆◇◇

다음은 20X1년 초에 설립한 ㈜한국의 20X2년 말 현재 자본금과 관련한 정보이다. 설립 이후 20X2년 말까지 자본금과 관련한 변동은 없었다.

> 보통주자본금: ₩100,000 (액면금액 @₩500, 발행주식수 200주)
> 우선주자본금: ₩50,000 (액면금액 @₩500, 발행주식수 100주)

㈜한국은 20X1년도에 현금배당이나 주식배당을 하지 않았으며, 20X3년도 주주총회에서 ₩13,000의 현금배당금 지급을 결의하였다. 우선주의 배당률은 5%이며 우선주가 누적적, 완전참가적이라면 우선주와 보통주에 대한 배당금은?

	우선주	보통주		우선주	보통주
①	₩3,000	₩10,000	②	₩5,000	₩8,000
③	₩6,000	₩7,000	④	₩6,500	₩6,500

📖 **재무회계 기본서** P.640
Ch 14. 자본
(2) 자본거래
   1. 주식의 종류

186

난이도 ◆◆◆◇◇

㈜한국의 20X1년 자본거래와 관련된 내용이 다음과 같을 때, 20X1년에 증가한 주식발행초과금은 얼마인가? (단, 기초에 주식할인발행차금이 ₩20,000 있었다고 가정한다.)

> • 3월 1일: 보통주 100주(주당 액면금액 ₩500)를 주당 ₩800에 발행하였다.
> • 5월 1일: 우선주 100주(주당 액면금액 ₩500)를 주당 ₩400에 발행하였다.
> • 9월 1일: 보통주 50주(주당 액면금액 ₩500)를 발행하면서 그 대가로 건물을 취득하였다. 취득 당시 건물의 공정가치는 ₩80,000이었고, 보통주의 주당 공정가치는 ₩1,000이었다.

① ₩45,000 ② ₩55,000
③ ₩75,000 ④ ₩100,000

📖 **재무회계 기본서** P.644
Ch 14. 자본
(2) 자본거래
   2. 자본의 증가
   2-1 유상증자

📖 **기출플러스 기본편** P.211 ✓ 32번
2017년 관세직 9급 응용

 **정답** 185 ③ 186 ②

187

난이도 ◆◆◆◇◇

다음은 ㈜한국의 20X1년 자본 관련 내역이다. 기말자본금은 얼마인가?

- 1월 1일: 현금 ₩5,000,000(주식수: 5,000주, 액면가 ₩1,000)을 출자하여 사업을 시작하였다.
- 5월 1일: 주당 ₩1,100(액면가 ₩1,000)에 500주를 유상증자하였다.
  (단, 신주발행비용 ₩100,000이 발생하였다.)
- 9월 10일: 500주의 자기주식을 주당 ₩600에 매입하였다.
- 12월 1일: 매입한 자기주식 중 200주를 소각하였다.

① ₩4,800,000
② ₩5,000,000
③ ₩5,300,000
④ ₩5,500,000

188

난이도 ◆◆◇◇◇

무상증자, 주식배당, 주식분할 및 주식병합 간의 비교로 옳지 않은 것은?

① 무상증자, 주식배당 및 주식병합의 경우 총자본은 변하지 않지만 주식분할의 경우 총자본은 증가한다.
② 주식배당과 주식분할의 경우 자본잉여금은 변하지 않는다.
③ 주식배당의 경우 이익잉여금이 감소하지만 주식분할의 경우 이익잉여금은 변하지 않는다.
④ 무상증자, 주식배당 및 주식분할의 경우 발행주식수가 증가하지만 주식병합의 경우 발행주식수가 감소한다.

189

난이도 ◆◆◆◇◇

자본에 관한 설명으로 옳은 것을 모두 고른 것은?

ㄱ. 자기주식을 취득하면 자본총액은 증가한다.
ㄴ. 유상증자 시에 자본금은 증가하나 자본총액은 변동하지 않는다.
ㄷ. 무상증자 시에 자본금은 증가하나 자본총액은 변동하지 않는다.
ㄹ. 주식배당 시에 자산총액과 자본총액은 변동하지 않는다.
ㅁ. 주식분할로 인해 발행주식수가 증가하여도 액면가액은 변동이 없다.
ㅂ. 임의적립금은 주주총회의 의결을 통해 미처분이익잉여금으로 이입한 후 배당할 수 있다.

① ㄱ, ㄴ, ㄷ
② ㄱ, ㅁ, ㅂ
③ ㄴ, ㄷ, ㄹ
④ ㄷ, ㄹ, ㅂ

정답 187 ③ 188 ① 189 ④

190

다음은 ㈜한국의 자본과 관련된 자료이다. 아래 거래가 ㈜한국의 20X1년 자본 총계에 미치는 영향은?

(1) 20X1년 3월 초에 자기주식 100주를 주당 ₩800에 취득하였다. 자기주식은 원가법으로 회계처리한다.
(2) 20X0년도 주주총회는 20X1년 3월 15일 개최되었으며, 결산배당으로 주식배당 ₩100,000을 의결 즉시 지급하였다.
(3) 20X1년 6월 말에 토지를 취득하고 이에 대한 대가로 주식 100주를 발행, 교부하였다. 토지의 공정가치는 ₩70,000이며 주식 교부일 현재 주식의 단위당 공정가치는 ₩1,000이다. 출자받은 토지의 공정가치보다 주식의 공정가치가 더 명확하다. 취득한 토지에 대해서는 재평가모형을 적용한다. 신주발행비용 ₩1,000은 현금으로 지급하였다.
(4) 20X1년 11월 말에 자기주식 80주를 소각하고, 20주는 공정가치인 ₩1,200에 재발행하였다.
(5) 20X1년 당기순이익으로 보고한 금액은 ₩600,000이다.
(6) 현물출자를 통해 취득한 토지의 20X1년 말 현재 공정가치는 ₩90,000이고, 주식의 공정가치는 1주당 ₩1,300이다.

① ₩633,000　　② ₩643,000
③ ₩653,000　　④ ₩663,000

정답 190 ②

191

㈜한국의 보통주(주당 액면가액 ₩5,000, 주당 발행가액 ₩6,500)와 관련된 거래가 다음과 같이 발생하였을 때, 20X1년 4월 30일 회계처리로 옳은 것은? (단, 회계처리는 선입선출법을 적용한다.)

거래일자	주식수	주당 재취득금액	주당 재발행금액
20X1년 3월 1일	50	₩6,800	
20X1년 4월 1일	20	₩5,600	
20X1년 4월 21일	30		₩6,900
20X1년 4월 30일	10		₩4,800

	(차변)		(대변)	
①	현금	₩48,000	자기주식	₩68,000
	자기주식처분이익	₩3,000		
	자기주식처분손실	₩17,000		
②	현금	₩48,000	자기주식	₩68,000
	자기주식처분손실	₩20,000		
③	현금	₩48,000	자기주식	₩56,000
	자기주식처분손실	₩8,000		
④	현금	₩48,000	자기주식	₩50,000
	감자차익	₩2,000		

192

다음은 20X1년 중 발생한 ㈜한국의 자본거래 내역이다. 이 자본거래로 인해 결산일에 자본총계에 미치는 영향은 얼마인가? (단, 자기주식은 한국채택국제회계기준에 따라 회계처리한다.)

- 1월 5일 주당 액면가액 ₩100의 자기주식 200주를 주당 ₩200에 취득
- 3월 10일 취득한 자기주식 중 50주를 주당 ₩300에 매각
- 5월 10일 나머지 자기주식을 모두 소각
- 5월 20일 주당 액면가액 ₩100의 보통주 100주를 주당 ₩150에 발행
- 6월 30일 총 발행보통주 1,000주에 대해 10% 무상증자 실시
- 12월 31일 당기순이익 ₩10,000 보고

① ₩0 ② ₩10,000 증가
③ ₩10,000 감소 ④ ₩15,000 증가

정답 191 ① 192 ①

193

난이도 ◆◆◆◇◇

다음 중 각 거래결과로 인한 자본변동의 방향이 다른 것은 무엇인가? (단, 각 사건들은 각각 독립적이고 제시된 거래만의 결과로 판단한다.)

① 지분율 30%인 피투자회사로부터 당기순이익이 ₩1,000,000 발생했음을 보고 받았고, 동시에 현금배당액 ₩100,000을 받았다.
② 보유하고 있던 자기주식(취득원가 주당 ₩500) 10주를 주당 ₩600에 처분하였다.
③ 수정전시산표상에 ₩100,000으로 기록되어 있던 기타포괄손익 금융자산의 기말 현재 공정가액은 ₩150,000이다.
④ 보유주식 100주에 대해 주당 ₩100에 유상감자를 실시하였다.

재무회계 기본서 P.650
Ch 14. 자본
(2) 자본거래
　3. 자본의 감소

Section 02 손익거래

194

난이도 ◆◆◆◇◇

㈜한국의 20X1년 1월 1일 자본의 내역은 다음과 같다. ㈜한국은 20X1년 3월 15일 20X0년 재무제표를 확정하고 20X0년 12월 28일을 배당기준일로 하여 1주당 ₩200의 현금배당을 결의하였다. ㈜한국은 현금배당의 10%를 이익준비금으로 적립하고 있으며, 20X1년 당기순이익은 ₩50,000이다. 20X1년 12월 31일 미처분이익잉여금은 얼마인가?

• 보통주 자본금(100주 × ₩500)	₩50,000
• 주식발행초과금	₩32,000
• 이익준비금	₩20,000
• 미처분이익잉여금	₩100,000

① ₩78,000　　　　　　② ₩128,000
③ ₩130,000　　　　　　④ ₩150,000

재무회계 기본서 P.656
Ch 14. 자본
(3) 손익거래
　2. 이익잉여금

기출플러스 심화편 P.67 ✓05번
2009년 국가직 7급 응용

정답 193 ④ 194 ②

195

㈜한국의 20X1년 말 재무상태표상 미처분이익잉여금은 ₩100,000이다. 회사는 20X2년 3월 20일 주주총회에서 현금배당 및 다음의 이익잉여금 처분안을 의결하였다.

- 이익준비금 적립: 현금배당의 10% 적립
- 사업확장적립금 적립: ₩20,000
- 감채기금적립금 이입: ₩6,100

회사의 20X1년과 20X2년 당기순이익은 각각 ₩45,000과 ₩47,000이었다. 20X2년 말 재무상태표상 미처분이익잉여금이 ₩121,000인 경우, 20X2년 3월 20일에 확정된 현금 배당액은 얼마인가?

① ₩10,000　　② ₩11,000
③ ₩12,000　　④ ₩13,000

196

㈜한국은 20X1년 1월 1일에 영업을 개시하였으며 20X1년의 당기순이익은 ₩1,000,000이다. ㈜한국은 20X2년 2월 28일 주주총회에서 금전배당을 ₩300,000, 주식배당을 10주(액면 @₩5,000), 이익준비금으로 ₩30,000 적립, 사업확장적립금으로 ₩100,000을 적립하기로 선언하였다. 20X2년 2월 28일 이익잉여금을 처분한 후 ㈜한국의 이익잉여금 총계는 얼마인가?

① ₩350,000　　② ₩450,000
③ ₩550,000　　④ ₩650,000

정답 195 ② 196 ④

CHAPTER 13 수익인식과 건설계약

· 정답과 해설 p.47

Section 01 수익인식 일반론 02 수익의 인식과정

재무회계 기본서 P.686
Ch 15. 수익 인식
(2) 수익인식의 5단계
   1. 계약의 식별

197
난이도 ◆◆◆◇◇

수익 인식의 첫 단계인 계약의 식별에 관한 다음 설명 중 옳지 않은 것은?

① 계약이란 둘 이상의 당사자 사이에 집행가능한 권리와 의무가 생기게 하는 합의이다.
② 하나의 계약은 고객에게 재화나 용역을 이전하는 여러 약속을 포함하며, 그 재화나 용역들이 구별된다면 약속은 수행의무이고 별도로 회계처리한다.
③ 계약 상대방이 어떤 활동이나 과정에 참여하기 위해 계약하였고, 그 계약 당사자들이 그 활동이나 과정에서 생기는 위험과 효익을 공유한다면, 그 계약상대방은 고객이며 기업은 수익을 인식한다.
④ 고객이 수행되지 않은 계약에 대해 기업에게 보상하지 않고 종료할 수 있는 권리를 가진 경우, 해당 계약은 존재하지 않는다고 본다.

재무회계 기본서 P.690
Ch 15. 수익 인식
(2) 수익인식의 5단계
   3. 거래가격의 산정

기출플러스 기본편
2021년 회계사 1차 응용

198
난이도 ◆◆◆◇◇

수익 인식 시 거래가격에 관한 설명 중 옳지 않은 것은?

① 거래가격은 고객에게 약속한 재화나 용역을 이전하고 그 대가로 기업이 받을 권리를 갖게 될 것으로 예상하는 금액이며, 제3자를 대신하여 회수한 금액은 제외한다.
② 고객이 약속한 대가 중 상당한 금액이 변동될 수 있으며 그 대가의 금액과 시기는 고객이나 기업이 실질적으로 통제할 수 없는 미래 사건의 발생 여부에 따라 달라진다면, 그 계약에는 유의적인 금융요소가 존재한다고 볼 수 있다.
③ 고객이 현금 외의 형태로 대가를 약속한 계약의 경우에 거래가격을 산정하기 위하여 비현금 대가(또는 비현금 대가의 약속)를 공정가치로 측정한다.
④ 고객에게 지급할 대가가 고객에게서 받은 구별되는 재화나 용역의 공정가치를 초과한다면, 그 초과액을 거래가격에서 차감하여 회계처리한다.

정답 197 ③ 198 ②

199

㈜한국은 보유상품(장부금액 ₩2,000, 공정가치 ₩3,500)을 ㈜민국의 보유상품(장부금액 ₩1,800, 공정가치 ₩2,600)과 교환하였다. ㈜한국은 ㈜민국으로부터 ₩500의 현금을 수령하였다. 교환상품의 성격과 가치는 상이하다. 이러한 교환거래가 고객과의 계약에 해당한다고 가정할 때 ㈜한국이 상품의 교환으로 인식해야 할 매출액은 얼마인가?

① ₩2,600
② ₩3,100
③ ₩3,500
④ ₩4,000

200

다음 중 한국채택국제회계기준 제1115호 '고객과의 계약에서 생기는 수익'에서 규정하고 있는 계약의 식별단계에 대한 설명으로 옳지 않은 것은?

① 계약을 식별하는 단계에서 고객과의 계약으로 회계처리하기 위해서는 기준에서 정한 일정 요건을 만족해야 한다.
② 고객과의 계약시점에 식별가능성의 요건을 충족하지 못한다면 고객과의 계약으로 회계처리 할 수 없고 나중에 충족하는지 요건을 판단하기 위하여 그 계약을 지속적으로 검토해야 한다.
③ 고객에게서 받은 대가는 수익으로 인식하기 전까지 자산으로 인식한다.
④ 고객과의 계약이 식별가능성 기준을 충족하지 못하였지만 고객으로부터 대가를 받은 경우, 더 이상 대가에 대한 환불의무가 없다면 수익으로 인식할 수 있다.

201

다음 중 수익인식에 대한 설명으로 옳지 않은 것은?

① 수익은 계약의 식별, 수행의무의 식별, 거래가격의 산정, 거래 가격의 배분, 수익의 인식인 다섯 가지로 구분하여 단계적으로 적용해야 한다.
② 수행의무란 고객과의 계약에서 재화나 용역을 이전하기로 한 약속을 의미한다.
③ 계약을 이행하기 위해 수행하지만 고객에게 재화나 용역을 이전하는 활동이 아닌 경우에도 수행의무에 포함한다.
④ 수행의무를 재화와 용역의 각각 별개의 거래로 구분할 수 있다면, 재화는 한 시점에 수익을 인식하는 인도기준을 적용하고, 용역의 경우는 기간에 걸쳐 수익을 인식하는 진행기준을 적용한다.

정답 199 ② 200 ③ 201 ③

202

난이도 ◆◆◆◇◇

재무회계 기본서 P.690
Ch 15. 수익인식
(2) 수익인식의 5단계
　　3. 거래가격의 산정

다음 중 수익인식 과정 중 '거래가격의 산정' 단계에 대한 설명으로 옳지 않은 것은?

① 거래가격은 고객에게 약속한 재화나 용역을 이전하고 그 대가를 기업이 받을 권리를 갖게 될 것으로 예상하는 금액이다.
② 거래가격을 산정할 때 제3자를 대신해서 회수하는 금액, 즉 부가가치세 등은 거래가격에 포함하지 않는다.
③ 기업이 대가를 받을 권리에 변동대가가 포함되어 있는 경우 변동대가를 추정하여 수익을 인식한다.
④ 거래가격을 산정하는 과정에서 변동대가를 추정할 때 계약에서 가능한 결과치가 두 가지뿐이라면 둘 중 금액이 더 높은 경우를 거래가격에 포함한다.

203

난이도 ◆◆◆◆◇

재무회계 기본서 P.690
Ch 15. 수익인식
(2) 수익인식의 5단계
　　3. 거래가격의 산정

다음은 문구 제조업체인 ㈜한국의 20X1년 거래자료이다. ㈜한국이 20X1년에 인식할 수익은?

- ㈜한국은 소매체인점인 A고객에게 ₩100,000의 제품을 판매하였고, 계약 개시시점에 ₩5,000(환불불가)을 지급하였다. 동 지급액은 A고객이 ㈜한국의 제품을 선반에 올리는 데 필요한 변경에 대해 A고객에게 보상하는 것이다.
- ㈜한국은 제품을 판매하면서 B고객으로부터 공정가치 ₩100,000의 차량운반구와 현금 ₩20,000을 수령하였다

① ₩195,000　　② ₩200,000
③ ₩215,000　　④ ₩220,000

204

난이도 ◆◆◆◆◇

재무회계 기본서 P.696
Ch 15. 수익인식
(2) 수익인식의 5단계
　　4. 거래가격의 배분

㈜한국은 20X1년 제품 A, B, C를 인도하고 거래가격 ₩1,000의 대가를 받는 계약을 체결하였고, 고객과의 계약에서 생기는 수익을 인식하기 위한 모든 조건을 충족하였다. 제품 A와 제품 B는 20X1년 11월 1일에 인도하였고, 제품 C는 20X2년 2월 1일에 인도하였다. 20X1년 말에 제품의 개별판매가격이 변동하여 거래가격도 ₩900으로 변경되었다. 개별판매가격의 자료가 다음과 같을 때, ㈜한국이 20X1년에 인식할 수익은 얼마인가?

구분	제품 A	제품 B	제품 C
20X1년 계약 개시시점 개별판매가격	₩360	₩240	₩600
20X1년 말 개별판매가격	₩350	₩200	₩450

① ₩450　　② ₩495
③ ₩500　　④ ₩550

정답　202 ④　203 ③　204 ①

Section 03 계약관련 자산·부채의 재무제표 표시

205

㈜한국은 20X1년 11월 1일 고객에게 상품을 20X2년 3월 1일에 인도하는 취소가 불가능한 확정 계약을 체결하였다. 계약에 따르면 고객은 20X1년 12월 31일에 대가 ₩2,000을 미리 지급해야 하지만, 당일 ₩500을 지급하였다. ㈜한국의 20X1년 말 재무상태표에 인식될 계약부채는 얼마인가?

① ₩500
② ₩1,500
③ ₩2,000
④ ₩2,500

206

㈜한국은 고객에게 제품을 이전하기로 한 약속을 수행의무로 식별하고, 제품을 고객에게 이전할 때 각각의 수행의무에 대한 수익을 인식하고 있다. ㈜한국은 ㈜대한에게 제품A와 제품B를 이전하기로 하는 계약을 20X1년 12월 1일에 체결하였고, 동 계약에 따라 받기로 한 대가는 총 ₩10,000이다. 동 계약에 따르면, 제품A를 먼저 인도한 후 제품B를 나중에 인도하기로 하였지만, 대가 ₩10,000은 모든 제품(제품A와 제품B)을 인도한 이후에만 받을 권리가 생긴다. ㈜한국은 20X1년 12월 15일에 제품A를 인도하였고, 제품B에 대한 인도는 20X2년 1월 10일에 이루어졌으며, 20X2년 1월 15일에 대가 ₩10,000을 수령하였다. ㈜한국은 제품A를 개별적으로 판매할 경우 ₩8,000에 판매하고 있지만, 제품B는 판매경험 및 유사제품에 대한 시장정보가 없어 개별판매가격을 알지 못한다. 따라서 잔여접근법으로 거래가격을 배분하기로 한다. ㈜한국의 상기 거래에 관한 설명으로 옳지 않은 것은? (단, 제시된 거래의 효과만을 반영하기로 한다.)

① 20X1년 말 ㈜한국의 재무상태표에 표시할 수취채권의 금액은 영(0)이다.
② 20X1년 말 ㈜한국의 재무상태표에 표시할 계약자산의 금액은 ₩8,000이다.
③ 20X1년 말 ㈜한국의 재무상태표에 표시할 계약부채는 없다.
④ ㈜한국의 20X2년 1월 10일 회계처리로 인하여 계약자산은 ₩2,000 증가한다.

Section 04 형태별 수익인식

207

㈜한국은 상품을 ₩6,000에 고객에게 판매하고, 고객으로부터 경비용역을 2개월간 제공받는 계약을 20X1년 9월 1일에 체결하였다. ㈜한국은 경비용역의 대가로 ₩4,000을 지급하기로 했으며, 경비용역의 공정가치는 ₩3,000이다. ㈜한국은 20X1년 10월 1일 제품을 인도하고 ₩6,000을 수령하였고, 고객으로부터 20X1년 10월 1일부터 11월 30일까지 경비용역을 제공받고 ₩4,000을 지급하였다. ㈜한국이 상품 판매와 관련하여 인식할 수익은 얼마인가?

① ₩2,000
② ₩5,000
③ ₩8,000
④ ₩10,000

📘 재무회계 기본서 P.695
Ch 15. 수익인식
(2) 수익인식의 5단계
　3. 거래가격의 산정
　3-5 고객에게 지급할 대가

208

20X1년 1월 1일에 가전제품의 제조 및 판매회사인 ㈜한국은 현금판매가격 ₩3,000,000, 제조원가 ₩1,500,000인 세탁기를 할부기간 30개월로 할부판매하였다. 할부금은 20X1년 1월 말부터 매월 말에 ₩110,000씩 회수하기로 약정하였다. ㈜한국의 회계연도는 매년 1월 1일부터 12월 31일까지이다. 이 할부 매출거래와 관련하여, 한국채택국제회계기준에 따라 ㈜한국이 포괄손익계산서에 인식해야 하는 20X1년도 매출총이익은 얼마인가? (단, ㈜한국은 비용을 기능별 분류에 따른 포괄손익계산서를 작성한다.)

① ₩1,500,000
② ₩1,800,000
③ ₩600,000
④ ₩720,000

📘 재무회계 기본서 P.693
Ch 15. 수익인식
(2) 수익인식의 5단계
　3. 거래가격의 산정
　3-4 계약에 유의적인 금융요소

209

건강식품을 생산하는 ㈜한국은 ㈜민국에 판매를 위탁하고 있다. ㈜한국은 20X1년 초 단위당 판매가격이 ₩2,000(단위당 원가 ₩1,400)인 건강식품 100단위를 ㈜민국에 발송하였으며, 운반비 ₩8,000을 운송업체에 현금으로 지급하였다. 한편, ㈜민국은 ㈜한국으로부터 수탁한 건강식품 중 60%를 20X1년도에 판매하였다. ㈜한국은 판매금액의 5%를 ㈜민국에 수수료로 지급한다. 이 거래로 20X1년도에 ㈜민국이 인식할 수익(A)과 ㈜한국이 인식할 매출원가(B)는?

① A: ₩6,000　B: ₩84,000
② A: ₩6,000　B: ₩88,800
③ A: ₩6,240　B: ₩84,000
④ A: ₩6,240　B: ₩88,800

📘 재무회계 기본서 P.704
Ch 15. 수익인식
(4) 형태별 수익인식
　1. 위탁판매

💡 정답　207 ②　208 ①　209 ②

210

다음 중 주어진 반품권이 있는 판매와 관련하여 ㈜한국의 회계처리에 대한 설명으로 옳지 않은 것은?

> 12월 말이 결산법인인 ㈜한국은 20X1년 10월 1일 신상품을 출시하면서 2개월 이내에 반품가능성 조건으로 상품을 현금으로 판매하였다. 12월 31일 현재 반품기간이 미경과된 금액은 판매가 기준으로 ₩1,000,000이고, 제품의 원가율은 80%이다(단, 매출원가의 인식은 계속기록법을 사용하고 있음).

① 반품가능성을 신뢰성 있게 측정할 수 있고, 반품률이 10%라고 할 때 20X1년도 매출액은 ₩900,000이다.
② 반품가능성을 신뢰성 있게 측정할 수 있고, 반품률이 10%라면 반품가능성에 해당하는 제품 판매분의 매출원가 ₩80,000을 취소하고 재고자산으로 인식한다.
③ 반품률을 측정할 수 없다면 당해 매출로 인식할 금액은 ₩0이다.
④ 반품률을 측정할 수 없다면 고객으로부터 받은 대가는 전액 환불부채로 인식한다.

재무회계 기본서 P.706
Ch 15. 수익인식
(4) 형태별 수익인식
 3. 반품권이 있는 판매

Section 05 건설계약

211

㈜한국은 20X1년 1월 1일에 공사계약금액 ₩4,500,000에 한강대교 건축공사를 수주하였다. 공사기간 3년으로 20X3년 12월 31일에 완공될 예정이다. 한강대교 공사와 관련된 다음 자료에 의하면 20X2년도 공사이익은 얼마인가?

구분	20X1년	20X2년	20X3년
실제 발생원가	₩1,000,000	₩1,250,000	₩1,400,000
추정 추가원가	₩3,000,000	₩1,500,000	—
공사대금 청구액	₩1,000,000	₩2,000,000	₩1,500,000
공사대금 회수액	₩850,000	₩1,750,000	₩1,900,000

① ₩125,000
② ₩325,000
③ ₩450,000
④ ₩600,000

재무회계 기본서 P.730
Ch 16. 건설계약
(3) 건설계약의 회계처리
 4. 계약수익과 계약원가 인식

기출플러스 심화편 P.77 ✓ 03번
2017년 지방직 9급 응용

정답 210 ② 211 ②

212

난이도 ◆◆◆◇◇

㈜한국건설은 20X1년 초에 ㈜민국과 건설공사계약을 체결하였다. 공사기간은 3년이고 총도급금액은 ₩10,000,000이다. 20X2년 말 현재까지의 공사진척도는 70%이며, 그 동안 발생된 공사원가 및 총공사원가 추정액에 대한 자료는 다음과 같다.

	20X1년	20X2년
당해연도 발생원가	₩?	₩3,200,000
총공사원가 추정액	₩8,000,000	₩8,000,000

㈜한국건설이 20X1년에 인식한 공사이익은 얼마인가?

① ₩550,000
② ₩600,000
③ ₩400,000
④ ₩700,000

재무회계 기본서 P.730
Ch 16. 건설계약
(3) 건설계약의 회계처리
4. 계약수익과 계약원가 인식

213

난이도 ◆◆◆◆◇

㈜한국은 20X1년 1월 1일 ₩20,000,000에 댐을 건설하는 계약을 정부와 체결하였으며, 20X1년 1월 1일 시점에 추정한 계약원가는 ₩17,000,000이었다. 그러나 20X1년 말에 공사구간에서 예상치 못한 원가가 소요됨에 따라 계약원가가 20X1년 1월 1일 추정치 대비 ₩1,000,000이 증가할 것으로 추정되었다. 다음 자료를 이용하여 ㈜한국이 20X2년도 포괄손익계산서에 계상할 계약손익과 20X2년 말 재무상태표에 계상할 계약자산(또는 계약부채)금액을 계산하면 각각 얼마인가? (단, 동 공사는 20X3년 12월 31일에 완공되었다. 또한 ㈜한국은 동 건설계약과 관련하여 진행기준으로 수익과 비용을 인식하며, 진행률은 발생한 누적계약원가를 추정총계약원가로 나눈 비율로 계산한다.)

구분	20X1년	20X2년
누적발생계약원가	₩5,400,000	₩14,400,000
당기대금청구액	₩5,000,000	₩11,800,000
당기대금회수액	₩4,000,000	₩10,000,000

① 공사이익 ₩1,000,000, 계약자산 ₩800,000
② 공사이익 ₩1,000,000, 계약부채 ₩800,000
③ 공사이익 ₩1,700,000, 계약자산 ₩800,000
④ 공사이익 ₩1,700,000, 계약부채 ₩800,000

재무회계 기본서 P.731
Ch 16. 건설계약
(3) 건설계약의 회계처리
6. 재무상태표 공시

기출플러스 심화편 P.79 ✓ 11번
2017년 서울시 7급 응용

정답 212 ② 213 ②

214

㈜한국은 20X1년 4월 1일에 ㈜민국으로부터 사옥 건설을 수주받았다. 공사계약기간은 20X1년 7월 1일부터 20X3년 6월 30일까지이고, 공사계약금액은 ₩1,800,000이다. 진행기준 적용 시 진행률은 총추정원가 대비 현재까지 발생한 누적원가의 비율을 사용하고, 관련 〈기본자료〉는 아래와 같다.

〈기본자료〉

구분	20X1년	20X2년
당기 발생계약원가	₩260,000	?
완성 시까지 총원가 예상액	₩1,300,000	₩1,600,000

20X2년 인식한 당기 계약이익은 ₩40,000이라고 할 때, 20X2년에 발생한 계약원가는?

① ₩540,000
② ₩860,000
③ ₩1,020,000
④ ₩1,120,000

재무회계 기본서 P.728
Ch 16. 건설계약
(2) 건설계약의 수익인식

정답 214 ②

CHAPTER 14 회계변경과 오류수정

· 정답과 해설 p.50

Section 01 회계변경

215

난이도 ◆◆◆◆◇

회계변경에 대한 설명으로 옳지 않은 것은?

① 기업은 한국채택국제회계기준에서 회계정책의 변경을 요구하는 경우이거나 회계정책의 변경을 반영한 재무제표가 거래, 기타사건 또는 상황이 재무상태, 재무성과 또는 현금흐름에 미치는 영향에 대하여 신뢰성 있고 더 목적적합한 정보를 제공하는 경우에는 회계정책을 변경할 수 있다.
② 과거에 발생한 거래와 실질이 다른 거래, 기타 사건 또는 상황에 대하여 다른 회계정책을 적용하는 경우와 과거에 발생하지 않았거나 발생하였어도 중요하지 않았던 거래, 기타 사건 또는 상황에 대하여 새로운 회계정책을 적용하는 경우는 회계정책의 변경에 해당하지 아니한다.
③ 추정의 근거가 되었던 상황의 변화, 새로운 정보의 획득, 추가적인 경험의 축적이 있는 경우 추정의 수정이 필요할 수 있다. 성격상 추정의 수정은 과거기간과 연관되지 않으며 오류수정으로 보지 아니한다.
④ 측정기준의 변경은 회계추정의 변경이 아니라 회계정책의 변경에 해당한다. 회계정책의 변경과 회계추정의 변경을 구분하는 것이 어려운 경우에는 이를 회계정책의 변경으로 본다.

재무회계 기본서 P.756, 763
Ch 17. 회계변경과 오류수정
(1) 회계변경
(2) 오류수정

216

난이도 ◆◆◆◇◇

회계변경과 오류수정에 관한 설명으로 옳지 않은 것은?

① 한국채택국제회계기준에서 특정 범주별로 서로 다른 회계정책을 적용하도록 규정하거나 허용하는 경우를 제외하고는 유사한 거래, 기타 사건 및 상황에는 동일한 회계정책을 선택하여 일관성 있게 적용한다.
② 기업은 한국채택국제회계기준에서 회계정책의 변경을 요구하는 경우에 회계정책을 변경할 수 있다.
③ 과거에 발생한 거래와 실질이 다른 거래, 기타 사건 또는 상황에 대하여 다른 회계정책을 적용하는 경우는 회계정책의 변경에 해당하지 아니한다.
④ 측정기준의 변경은 회계정책의 변경이 아니라 회계추정의 변경에 해당한다.

재무회계 기본서 P.756, 763
Ch 17. 회계변경과 오류수정
(1) 회계변경
(2) 오류수정

 정답 215 ④ 216 ④

217

난이도 ✚✚✚✚✚

회계정책의 변경 혹은 회계추정의 변경에 관한 다음 설명 중 옳은 것은?

① 택배회사의 직원 출퇴근용 버스를 새로 구입하여 운영하기로 한 경우, 이 버스에 적용될 감가상각방법을 택배회사가 이미 보유하고 있는 배달용 트럭에 대한 감가상각방법과 달리 적용한다면 이는 회계정책의 변경에 해당한다.
② 당기 중 외국의 신규 구매처를 다수 확보한 제조회사가 당기 매출채권에 대한 대손추정율을 전기와 다르게 설정하는 것은 회계정책의 변경에 해당한다.
③ 상품을 유통하는 회사가 재고자산 평가에 대해 원가흐름의 가정을 선입선출법에서 가중평균법으로 바꾸기로 한다면 이는 회계추정의 변경에 해당한다.
④ 석유회사가 보유 중이던 원유 시추 장비의 감가상각 내용연수를 연장한다면 이는 회계추정의 변경에 해당한다.

재무회계 기본서　P.756
Ch 17. 회계변경과 오류수정
(1) 회계변경

218

난이도 ✚✚✚✚✚

㈜한국은 20X1년도에 재고자산의 평가방법을 후입선출법에서 선입선출법으로 정책을 변경한 결과 20X1년도의 기초재고자산과 기말재고자산이 각각 ₩100,000과 ₩150,000만큼 감소하였다. 이러한 회계변경이 20X1년도 이익잉여금과 당기순이익에 미치는 영향은 각각 얼마인가? (법인세효과는 무시한다.)

	이익잉여금의 증감	당기순이익의 증감
①	₩150,000 감소	₩50,000 증가
②	₩150,000 감소	₩50,000 감소
③	₩0	₩50,000 증가
④	₩0	₩50,000 감소

재무회계 기본서　P.768
Ch 17. 회계변경과 오류수정
(3) 자동조정오류
　3. 자동조정오류
　　3-1-1 기말재고자산오류

정답　217 ④　218 ②

219
난이도 ◆◆◆◇◇

㈜한국은 20X1년 7월 1일 ₩500,000(내용연수 5년, 잔존가치 ₩100,000)에 건물을 취득하고, 20X1년 말 정액법으로 감가상각하였다. 그런데 ㈜한국은 건물에 내재된 미래경제적효익의 예상되는 소비형태의 유의적인 변동을 반영하기 위하여, 20X2년 초부터 감가상각방법을 연수합계법으로 변경하고 잔존내용연수는 3년, 잔존가치는 없는 것으로 재추정하였다. 20X2년 말 건물의 장부금액은 얼마인가? (단, 감가상각은 월할 상각하며, 건물에 대한 손상차손누계액은 없다.)

① ₩40,000　　② ₩125,000
③ ₩180,000　　④ ₩230,000

재무회계 기본서　P.760
Ch 17. 회계변경과 오류수정
(1) 회계변경
　4. 회계추정의 변경

기출플러스 기본편　P.236 ✓ 11번
2019년 국가직 7급 응용

Section 02 오류수정

220
난이도 ◆◆◆◇◇

㈜한국은 20X1년 초에 취득원가 ₩200,000, 내용연수 4년, 잔존가치가 ₩20,000인 비품을 20X1년의 비용으로 처리하였다. ㈜한국의 감가상각방법은 정액법이다. ㈜한국이 이러한 오류를 20X2년의 장부가 마감되기 전에 발견하였다면 20X2년의 정확한 당기순이익은 얼마인가? (단, 수정전 당기순이익은 ₩1,000,000을 보고하였다.)

① ₩955,000　　② ₩1,050,000
③ ₩950,000　　④ ₩1,045,000

재무회계 기본서　P.765
Ch 17. 회계변경과 오류수정
(2) 오류수정
　2. 회계오류의 수정방법

기출플러스 기본편　P.238 ✓ 17번
2019년 서울시 7급 응용

221
난이도 ◆◆◆◇◇

㈜한국은 20X1년 10월 1일 3년치 영업용 건물 관련 화재보험료 ₩1,200,000을 선급하고 전액 20X1년 비용으로 인식하였다. 동 오류는 20X2년 말 장부마감 전에 발견되어 수정되었다. ㈜한국의 오류수정 회계처리가 20X2년 재무제표에 미친 영향으로 옳은 것은? (단, 보험료는 매 기간 균등하게 발생하고, 모든 오류는 중요한 것으로 간주한다.)

① 전기이월이익잉여금이 ₩1,100,000 증가한다.
② 당기 비용이 ₩700,000 발생한다.
③ 기말 이익잉여금이 ₩400,000 증가한다.
④ 기말 자산항목이 ₩400,000 증가한다.

재무회계 기본서　P.770
Ch 17. 회계변경과 오류수정
(2) 오류수정
　3. 자동조정오류
　3-2 선급비용·미지급비용·선수
　　수익·미수수익 과소계상오류

　219 ④　220 ①　221 ①

222

㈜대한의 회계감사인은 20X2년도 재무제표에 대한 감사과정에서 20X1년 말 재고자산 금액이 ₩10,000만큼 과대계상되어 있음을 발견하였으며, 이는 중요한 오류에 해당한다. 동 재고자산의 과대계상오류가 수정되지 않은 ㈜대한의 20X1년과 20X2년의 손익은 다음과 같다.

구분	20X1년	20X2년
수익	₩150,000	₩170,000
비용	₩90,000	₩40,000
당기순이익	₩60,000	₩130,000

한편, 20X2년 말 재고자산 금액은 정확하게 계상되어 있으며, ㈜대한의 20X1년 초 이익잉여금은 ₩150,000이다. 상기 재고자산오류를 수정하여 비교재무제표를 작성할 경우, ㈜대한의 20X1년 말과 20X2년 말의 이익잉여금은 각각 얼마인가?

	20X1년 말	20X2년 말
①	₩200,000	₩330,000
②	₩200,000	₩340,000
③	₩210,000	₩330,000
④	₩210,000	₩340,000

223

12월 말 결산법인 ㈜한국은 20X1년 말 다음과 같은 오류를 발견하고 장부마감 전에 수정 완료하였다. 오류수정 전 당기순이익이 ₩100,000이라면, 오류수정 후 당기순이익은?

- 20X1년 7월 1일부터 20X2년 6월 30일까지의 1년분 보험료 ₩12,000을 20X1년 7월 1일에 현금지급하면서 전액 비용으로 처리하였다.
- 20X1년 7월 1일부터 20X2년 6월 30일까지의 1년분 이자비용 ₩24,000을 20X2년 6월 30일에 전액 비용으로 인식할 계획으로 아무런 회계처리를 하지 않았다.
- 20X1년 7월 1일부터 20X2년 6월 30일까지의 1년분 임대료 ₩36,000을 20X1년 7월 1일에 현금으로 수령하면서 전액 수익으로 처리하였다.
- 20X1년 7월 1일부터 20X2년 6월 30일까지의 1년분 수수료 수익 ₩48,000을 20X2년 6월 30일에 전액 수익으로 인식할 계획으로 아무런 회계처리를 하지 않았다.
- ㈜한국은 ㈜대한과 위탁판매계약을 체결하고 20X1년 초에 개당 원가 ₩15,000의 상품 10개를 적송하면서 적송운임 ₩10,000을 지급하고, 적절한 회계처리를 하였다. 20X1년 중 ㈜대한은 수탁상품 5개를 개당 ₩20,000에 판매(판매 수수료 개당 ₩2,000)하여 ㈜한국에 통보하였지만 ㈜한국은 이를 누락하였다.

① ₩102,000 ② ₩108,000
③ ₩110,000 ④ ₩125,000

정답 222 ② 223 ③

224

난이도 ✚✚✚✚✚

㈜한국은 20X1년 설립된 회사로 20X2년 말 최초로 외부감사를 받았다. 회사가 감사인에게 제출한 손익계산서 상 당기순이익은 20X1년 ₩100,000, 20X2년 ₩110,000이다. 다음은 감사인이 감사 과정에서 발견한 오류사항이다.

> [20X1년]
> - 기말 재고자산이 ₩2,000 과대계상 되었다.
> - 9월 1일 창고 일부 공간을 빌려주고 임대료를 받았다. 1년 분의 임대료 ₩12,000을 전액 당기수익으로 처리하였다.
>
> [20X2년]
> - 기말 재고자산 ₩3,000이 과소계상 되었다.
> - 4월 1일 만기된 보험을 ₩2,000에 재계약하며 1년 단위로 후불지급하기로 하였다. 이와 관련하여 당기 중 아무런 회계처리를 하지 않았다.

20X2년 ㈜한국의 오류수정 후 당기순이익은 얼마인가?

① ₩90,000
② ₩121,500
③ ₩124,500
④ ₩130,000

정답 224 ②

15 현금흐름표

· 정답과 해설 p.53

 01 현금흐름표의 의의 및 활동의 구분

225

난이도 ✚✚✚✚✚

다음 중 현금흐름표상의 활동에 대한 설명으로 옳지 않은 것은?

① 단기매매목적으로 보유하는 계약에서 발생하는 현금의 유·출입은 영업활동으로 분류한다.
② 제3자에 대한 선급금 및 대여금에 의한 현금의 유출과 회수에 따른 현금유입은 투자활동으로 분류한다.
③ 금융회사의 경우 이자수입과 배당의 수취는 재무활동으로 분류한다.
④ 주식의 취득이나 상환에 따른 소유주에 대한 현금의 유출은 재무활동으로 구분한다.

📕 재무회계 기본서 P.823
Ch 19. 현금흐름표
(2) 현금흐름표 활동의 구분

📘 기출플러스 기본편 P.248 ✓ 06번
2015년 국가직 9급 응용

226

난이도 ✚✚✚✚✚

다음은 ㈜한국의 20X1년도 재무제표에서 발췌한 자료이다. ㈜한국이 배당금의 지급을 재무활동으로 분류할 경우, 20X1년 말 재무상태표에 보고된 현금및현금성자산은 얼마인가? 단, ㈜한국의 자사주 거래는 없었다.

- 기초 현금및현금성자산 ₩500
- 영업활동 순현금유입액 ₩600
- 기초자본 ₩1,600
- 투자활동 순현금유출액 ₩450
- 기말자본 ₩1,800
- 당기순이익 ₩500
- 당기 유상증자액 ₩250

① ₩350   ② ₩450   ③ ₩550   ④ ₩600

📕 재무회계 기본서 P.827
Ch 19. 현금흐름표
(2) 현금흐름표 활동의 구분
5. 현금흐름표 양식

📘 기출플러스 기본편 P.247 ✓ 02번
2010년 국가직 9급 응용

💡 정답 225 ③ 226 ①

227

난이도 ◆◆◆◇◇

다음 중 현금흐름표상 투자활동 현금흐름으로만 구성된 것은 무엇인가?

A. 종업원과 관련하여 직·간접으로 발생하는 현금유출
B. 단기매매목적의 계약에서 발생하는 현금의 유·출입
C. 제3자에 대한 선급금 및 대여금의 회수 또는 지급에 따른 현금의 유·출입(금융회사의 현금 선지급과 대출채권의 제외)
D. 주식 등의 지분상품 발행에 따른 현금의 유입
E. 어음의 발행 및 장·단기 차입에 따른 현금의 유입
F. 유형자산의 취득 및 처분에 따른 현금의 유·출입
G. 타기업 지분상품의 취득·처분에 따른 현금의 유·출입(현금성자산, 단기매매금융자산 제외)
H. 재무·투자활동과 명백히 관련 없는 법인세 납부 및 환급에 따른 현금의 유·출입
I. 리스이용자의 금융리스 부채 상환에 따른 현금의 유출
J. 차입금 상환에 따른 현금의 유출

① A, C, H
② C, F, G
③ C, G, I
④ G, H, J

재무회계 기본서 P.823
Ch 19. 현금흐름표
(2) 현금흐름표 활동의 구분

Section 02 현금흐름의 계산방법_발생주의와 현금주의의 전환

228

난이도 ◆◆◆◇◇

다음은 ㈜한국의 20X1년 12월에 발생한 거래이다.

- 상품 ₩100,000을 외상으로 구입하였다.
- 원가 ₩40,000의 상품을 ₩80,000에 외상으로 판매하였다.

㈜한국은 20X1년 12월에 상품의 판매대금 ₩80,000 중 60%는 현금으로 회수하였고, 작년 말 인식하였던 외상판매대금 ₩100,000을 12월에 회수하였다. 상품의 매입원가 ₩100,000 중 ₩30,000은 현금으로 지급하였고, 작년 말 인식하였던 외상매입대금 ₩20,000을 상환하였다. 현금기준에 의한 손익과 발생기준에 의한 손익의 차이는 얼마인가?

① ₩40,000
② ₩48,000
③ ₩58,000
④ ₩98,000

재무회계 기본서 P.831
Ch 19. 현금흐름표
(3) 현금흐름의 계산방법
  3. 발생기준과 현금기준 회계의 비교

기출플러스 기본편 P.250 ✓ 13번
2020년 지방직 9급 응용

정답 227 ② 228 ③

229

㈜한국의 20X1년 12월 중 발생한 거래는 다음과 같다.

- 12월 10일에 상품을 ㈜민국에게 ₩500,000에 판매하면서 판매대금 중 ₩300,000은 현금수취하고 ㈜민국의 제품 ₩200,000(공정가치)을 받았다.
- 20X1년 12월 1일에 상품을 ₩150,000에 구입하였고, 11월 말에 보유하고 있던 상품은 ₩500,000이었다. 12월 31일 기말 창고에 남아있는 상품은 ₩350,000이다.
- 12월 1일에 구입한 상품의 구입대금은 당일에 ₩100,000을 지급하였고, 나머지는 내년 1월 말에 지급하기로 하였다.
- 12월 말 기준 종업원에 대한 성과급은 ₩200,000이고, 이는 다음 달 말에 지급하기로 하였다.
- 12월 1일 창고를 6개월간 임대하고 임대료 ₩60,000을 전액 현금으로 받아 수익으로 처리하였다.
- 12월 1일 최신형 기계를 취득원가 ₩1,200,000에 취득하고 취득대가는 다음달 말까지 지급하기로 하고 즉시 사용을 시작하였다. 기계장치는 내용연수 10년, 잔존가치 없이 정액법으로 상각한다.

위 거래와 관련하여 결산 수정사항을 반영한 후 발생기준으로 회계처리하였을 때와 현금기준으로 회계처리하였을 때 당기순이익에 미치는 영향은 각각 얼마인가?

	발생기준 손익	현금기준 손익
①	₩0	₩260,000
②	₩210,000	₩260,000
③	₩0	₩60,000
④	₩210,000	₩60,000

재무회계 기본서 P.831
Ch 19. 현금흐름표
(3) 현금흐름의 계산방법
　3. 발생기준과 현금기준 회계의 비교

기출플러스 기본편 P.250 ✓ 15번
2019년 국가직 7급 응용

정답 229 ①

Section 03 현금흐름표 작성

230

난이도 ◆◆◆◇◇

다음 ㈜한국의 20X1년의 재무자료에 의하여 영업활동으로 인한 현금흐름을 계산하면 얼마인가?

- 당기순이익 ₩600,000
- 감가상각비 ₩30,000
- 매출채권(순액기준) 증가 ₩90,000
- 재고자산 감소 ₩60,000
- 매입채무 감소 ₩90,000
- 유형자산처분손실 ₩60,000
- 기계장치의 취득 ₩90,000
- 대손상각비 ₩30,000

① ₩660,000 ② ₩600,000
③ ₩540,000 ④ ₩570,000

재무회계 기본서 P.859
Ch 19. 현금흐름표
(4) 현금흐름표의 작성
1. 영업활동으로 인한 현금흐름
1-2 간접법

기출플러스 기본편 P.256 ✓ 32번
2020년 지방직 9급 응용

231

난이도 ◆◆◆◆◇

다음은 ㈜한국의 20X1년 재무자료이다. 이 자료를 이용하여 영업활동으로 인한 현금흐름을 계산하면 얼마인가?

- 당기순이익은 ₩100,000이다.
- 취득원가 ₩50,000(감가상각누계액 ₩28,000)인 건물을 ₩24,000에 매각하였다.
- 사채 액면금액 ₩100,000(사채할인발행차금 미상각 잔액 ₩5,000)인 사채를 ₩98,000에 상환하였다.
- 매출채권과 재고자산이 전기말에 비해 각각 ₩4,000, ₩15,000 증가하였다.
- 매입채무가 전기말에 비해 ₩8,000 증가하였다.

① ₩89,000 ② ₩90,000
③ ₩91,000 ④ ₩93,000

재무회계 기본서 P.859
Ch 19. 현금흐름표
(4) 현금흐름표의 작성
1. 영업활동으로 인한 현금흐름
1-2 간접법

정답 230 ④ 231 ②

232

난이도 ◆◆◆◆◇

㈜한국의 〈재무상태표상 자본〉 및 추가자료가 다음과 같을 때, 재무활동으로 인한 순현금흐름은 얼마인가?

〈재무상태표상 자본〉

과목	기초	기말
자본금	₩100,000	₩110,000
자본잉여금	₩20,000	₩105,000
이익잉여금	₩20,000	₩30,000
자기주식	(₩10,000)	(₩30,000)
감자차손	–	(₩30,000)
자본총계	₩130,000	₩185,000

〈추가자료〉

- 당기 중 유상증자(총 발행가액 ₩110,000, 액면금액 ₩30,000)가 있었다.
- 기초 보유 자기주식을 전량 ₩15,000에 처분하였고, 기중에 자기주식을 ₩30,000에 취득하였다.
- 기중에 유상감자(액면금액 ₩20,000, 감자대가 ₩50,000)이 있었다.
- 당기순이익은 ₩30,000이며, 배당금 지급 이외의 이익잉여금의 변동을 초래하는 거래는 없었다. (단, 배당금의 지급은 재무활동으로 분류한다.)

① ₩25,000 유입　　② ₩55,000 유입
③ ₩75,000 유입　　④ ₩95,000 유입

재무회계 기본서　P.867
Ch 19. 현금흐름표
(4) 현금흐름표의 작성
　3. 재무활동으로 인한 현금흐름

기출플러스 심화편　P.96 ✓ 12번
2019년 관세직 9급 응용

정답　232 ①

233

다음은 ㈜한국의 20X1년도 현금흐름표를 작성하기 위한 자료이다.

(1) 20X1년도 포괄손익계산서 자료
- 당기순이익: ₩100,000
- 대손상각비: ₩5,000(매출채권에서 발생)
- 감가상각비: ₩20,000
- 유형자산처분이익: ₩7,000
- 사채상환손실: ₩8,000

(2) 20X1년 말 재무상태표 자료
20X1년 기초 대비 기말금액의 증감은 다음과 같다.

자산		부채	
계정과목	증가(감소)	계정과목	증가(감소)
재고자산	(₩80,000)	매입채무	(₩4,000)
매출채권(순액)	₩50,000	미지급급여	₩6,000
유형자산(순액)	(₩120,000)	사채(순액)	(₩90,000)

㈜한국의 20X1년도 영업활동 순현금흐름은 얼마인가?

① ₩89,000 ② ₩153,000
③ ₩158,000 ④ ₩160,000

재무회계 기본서 P.859

Ch 19. 현금흐름표
(4) 현금흐름표의 작성
  1. 영업활동으로 인한 현금흐름
    1-2 간접법

 정답 233 ②

234

난이도 ◆◆◆◇◇

다음 자료를 이용할 경우 20X1년도 현금흐름표에 계상될 영업활동 순현금흐름은 얼마인가?

- 당기순이익 ₩250,000
- 감가상각비 ₩40,000
- 사채상환이익 ₩35,000
- 기타포괄손익 금융자산처분손실 ₩20,000
- 배당금지급 ₩80,000
- 유상증자 ₩110,000
- 자산 및 부채 계정잔액의 일부

	20X1년 1월 1일	20X1년 12월 31일
매출채권(순액)	₩50,000	₩70,000
단기대여금	₩110,000	₩130,000
유형자산(순액)	₩135,000	₩95,000
매입채무	₩40,000	₩30,000
미지급비용	₩30,000	₩45,000

① ₩260,000 유입 ② ₩265,000 유입
③ ₩270,000 유입 ④ ₩275,000 유입

235

난이도 ◆◆◆◆◇

다음은 ㈜한국의 20X1년 현금흐름표 작성을 위한 자료이다.

- 감가상각비 ₩40,000
- 유형자산처분손실 ₩20,000
- 이자비용 ₩25,000
- 법인세비용 ₩30,000
- 미지급법인세 감소액 ₩5,000
- 미지급이자 증가액 ₩5,000
- 매출채권 증가액 ₩15,000
- 재고자산 감소액 ₩4,000
- 매입채무 감소액 ₩6,000
- 당기순이익 ₩147,000

㈜한국은 간접법으로 현금흐름표를 작성하며, 이자지급 및 법인세납부를 영업활동으로 분류한다. 20X1년 ㈜한국이 현금흐름표에 보고해야 할 영업활동 순현금흐름은?

① ₩160,000 ② ₩165,000
③ ₩190,000 ④ ₩195,000

236

난이도 ◆◆◆◇◇

㈜한국은 20X1년 중에 취득원가 ₩300,000의 설비자산을 구입하였고, 취득원가 ₩280,000(장부금액 ₩250,000)의 설비자산을 ₩260,000에 처분하였다. ㈜한국의 모든 유형자산의 취득 및 처분 거래는 현금거래이고, 설비자산 및 감가상각누계액의 관련 자료가 다음과 같을 때, 20X1년 말 설비자산과 관련하여 ㈜한국의 당기 현금흐름표에 표시될 투자활동순현금흐름은? (단, ㈜한국은 유형자산에 대해 원가모형을 적용하고 있으며, 손상차손은 없다.)

	20X1년 초	20X1년 말
설비자산	₩600,000	₩620,000
감가상각누계액	(₩120,000)	(₩110,000)

① 현금유입 ₩10,000
② 현금유출 ₩10,000
③ 현금유입 ₩40,000
④ 현금유출 ₩40,000

237

난이도 ◆◆◆◇◇

다음 자료를 이용하여 계산된 20X1년도 재무활동순현금흐름은? (단, 이자지급은 재무활동으로 분류하며, 납입자본의 변동은 현금 유상증자에 의한 것이다.)

- 이자비용 ₩3,000
- 재무상태표 관련 자료

구분	20X1. 1. 1.	20X1. 12. 31.
자본금	₩10,000	₩20,000
주식발행초과금	₩10,000	₩20,000
단기차입금	₩50,000	₩45,000
미지급이자	₩4,000	₩6,000

① ₩4,000
② ₩13,000
③ ₩14,000
④ ₩15,000

정답 236 ④ 237 ③

CHAPTER 16 주당이익

· 정답과 해설 p.60

 01 주당순이익의 기초 02 기본주당순이익 03 희석주당순이익

238
난이도 ◆◆◆◇◇

㈜한국의 20X1 회계연도 보통주에 귀속되는 당기순이익이 ₩1,500,000일 때, 20X1년 12월 31일 결산일 현재 기본주당이익은 얼마인가? (단, 가중평균유통보통주식수는 월할 계산한다.)

〈유통보통주식수의 변동〉

일자	내용	주식수
20X1년 1월 1일	기초	12,000주
20X1년 3월 1일	유상증자	3,000주
20X1년 7월 1일	자기주식 취득	3,000주
20X1년 9월 1일	유상증자	6,000주

① ₩100 ② ₩110
③ ₩120 ④ ₩130

재무회계 기본서 P.887
Ch 20. 주당이익
(2) 기본주당이익

기출플러스 심화편 P.103 ✓ 10번
2016년 서울시 7급 응용

239
난이도 ◆◆◆◇◇

20X1년 ㈜한국의 보통주 발행주식수 변동상황이 다음과 같다면 가중평균유통보통주식수는 얼마인가? (단, 가중평균유통보통주식수 계산은 월할로 한다.)

일자	변동내역	발행주식수
20X1년 1월 1일	기초	1,500주
20X1년 7월 1일	무상증자	500주
20X1년 10월 1일	유상증자	400주
20X1년 11월 1일	무상증자(10%)	240주
20X1년 12월 31일	기말	2,640주

① 2,000주 ② 2,130주
③ 2,310주 ④ 2,400주

재무회계 기본서 P.887
Ch 20. 주당이익
(2) 기본주당이익

기출플러스 심화편 P.103 ✓ 10번
2016년 서울시 7급 응용

정답 238 ① 239 ③

240

㈜한국의 20X1년 당기순이익은 ₩10,000,000이고, 20X1년 초 보통주 주식수는 8,000주이다. 회사는 20X1년 7월 1일에 20%의 무상증자를 하여 1,600주의 보통주식을 발행하였다. ㈜한국은 20X1년 11월 1일에 자기주식 600주를 취득하여 20X1년 12월 31일 현재 보유 중이다. 20X1년 우선주배당금은 ₩1,450,000이다. ㈜한국의 20X1년 기본주당순이익은 얼마인가?

① ₩800
② ₩850
③ ₩900
④ ₩950

241

㈜한국의 20X1년 초 유통보통주식수는 1,000주(주당 액면금액 ₩1,000), 유통우선주는 200주(주당 액면금액 ₩1,000)이다. 20X1년 9월 1일에 ㈜한국은 보통주 1,000주의 유상증자를 실시하였는데, 발행금액은 주당 ₩1,200이고 유상증자 직전 주당 공정가치는 ₩2,000이다. 20X1년도 당기순이익은 ₩280,000이며, 우선주(비누적, 비참가적)의 배당률은 5%이다. 20X1년도 기본주당순이익은 얼마인가? (단, 유상증자대금은 20X1년 9월 1일 전액 납입완료되었으며, 유통보통주식수 계산 시 월할계산한다.)

① ₩135
② ₩140
③ ₩180
④ ₩185

242

20X1년 1월 1일 현재 ㈜한국의 유통 중인 보통주 발행주식은 10,000주(주당 액면가액 ₩10,000)이고, 우선주 발행주식은 2,000주(주당 액면금액 ₩10,000)이다. 우선주는 비누적적, 비참가적 우선주이며 연 배당률은 액면가액의 5%이다. ㈜한국은 20X1년 7월 1일에 자기주식(보통주) 2,000주를 구입하였다. 또한 ㈜한국은 주주총회에서 현금배당으로 보통주에 대해서는 액면가액의 2%를, 우선주에 대해서는 1주당 ₩500을 지급하기로 결의하였다. ㈜한국의 20X1년도 보통주 기본주당순이익이 ₩200이라면 당기순이익은 얼마인가? (단, 유통보통주식수의 가중평균은 월수를 기준으로 계산한다.)

① ₩600,000
② ₩800,000
③ ₩1,000,000
④ ₩2,800,000

243

20X1년 설립된 ㈜한국의 20X1년 주식과 관련된 자료는 다음과 같다.

○ 20X1년 1월 초 유통주식수: 보통주 5,000주, 우선주 300주
○ 6월 초 모든 보통주에 대해 무상증자 10% 실시
○ 9월 초 보통주 자기주식 300주 취득
○ 20X1년도 당기순이익: ₩990,000

20X1년 ㈜한국의 기본주당이익이 ₩100일 때, 우선주 1주당 배당금은 얼마인가? (단, 기간은 월할 계산한다.)

① ₩1,000 ② ₩1,200
③ ₩1,500 ④ ₩1,600

244

다음 자료를 이용하여 ㈜한국의 20X1년 주가수익률(PER)을 계산하면 얼마인가?

- 20X1년 당기순이익 ₩475,000
- 20X1년 1월 1일 현재 유통보통주식수 200주
- 20X1년 5월 1일 무상증자 실시 : 20X1년 4월 30일 현재 유통보통주식 1주에 대하여 1주의 보통주를 무상으로 지급함.
- 20X1년 7월 1일 유상증자 200주
- 20X1년 10월 1일 자기주식 취득 100주
- 보통주 1주당 시장가격 ₩30,000

① 5 ② 10
③ 20 ④ 30

정답 243 ③ 244 ④

CHAPTER 17 관계기업투자와 지분법

 01 관계기업투자의 기초   02 지분법회계처리

245

㈜한국은 관계기업투자주식으로 ㈜민국의 발행주식 중 40%에 해당하는 100주를 보유하고 있다. 동 주식의 20X1년 10월 31일의 장부가액은 주당 ₩10,000이었고, 시가는 주당 ₩12,000이었다. 20X1년 12월 31일 결산결과 ㈜민국의 당기순이익은 ₩100,000이었다. ㈜민국은 20X2년 1월에 주당 ₩100의 배당금을 지급하였다. ㈜한국은 20X2년 3월 5일에 보유 중이던 ㈜민국의 주식을 주당 ₩13,000에 모두 처분하였다. ㈜민국 주식의 처분으로 인해 인식할 처분손익은 얼마인가?

① ₩260,000   ② ₩270,000
③ ₩280,000   ④ ₩300,000

246

㈜한국은 ㈜민국의 발행주식 중 40%를 20X1년 초에 ₩400,000에 취득하였다. 20X1년도 ㈜민국의 당기순이익은 ₩50,000이었다. 기업회계기준에 따라 20X1년도 말 ㈜한국의 관계기업투자주식의 장부금액은 ₩410,000이라고 할 때, ㈜한국이 20X1년도에 ㈜민국으로부터 받은 현금배당액은 얼마인가?

① ₩10,000   ② ₩20,000
③ ₩30,000   ④ ₩50,000

정답 245 ② 246 ①

247

㈜한국은 철강을 제조 및 판매하는 회사이다. ㈜한국은 수익적 다각화를 위해 코스닥에 등록된 ㈜민국의 주식을 취득하여 보유하고 있다. 다음 자료를 이용하여 계산한 20X1년 지분법이익은 얼마인가?

- 20X1년 11월 7일 ㈜민국의 보통주 500주를 주당 ₩3,000에 취득하였다. ㈜민국의 발행주식수는 2,000주이다. 주식 취득 당시 ㈜민국의 순자산 공정가액과 장부가액은 일치하였다.
- 20X1년 12월 31일 ㈜민국은 당기순이익을 ₩200,000으로 보고하였다.
- 20X2년 3월 7일 ㈜민국으로부터 ₩20의 배당금을 수령하였다.

① ₩50,000　　② ₩100,000
③ ₩250,000　　④ ₩200,000

248

㈜한국은 20X1년 1월 1일 ㈜민국의 의결권 주식 중 30%를 ₩1,000,000에 취득하여 지분법으로 평가하고 있다. 취득 당시 ㈜민국의 순자산 장부금액은 ₩3,000,000이며, 유형자산(잔존내용연수 5년, 정액법 상각)의 공정가치가 장부금액에 비해 ₩200,000 높았고, 나머지 자산과 부채의 장부금액은 공정가치와 일치하였다. ㈜민국의 최근 2년간 당기순이익과 현금배당은 다음과 같다. ㈜한국이 20X2년 말 보유하고 있는 관계기업투자주식 장부금액은 얼마인가? (단, 손상차손은 고려하지 않는다.)

항목	20X1년	20X2년
당기순이익	₩200,000	₩100,000
현금배당	₩30,000	₩20,000

① ₩1,021,000　　② ₩1,041,000
③ ₩1,051,000　　④ ₩1,081,000

249

㈜한국은 12월 결산법인이다. ㈜한국은 20X1년 1월 1일 ㈜민국의 유통보통주식 10,000주 가운데 30%에 해당하는 주식을 주당 ₩1,000에 취득함으로써 ㈜민국에 유의적인 영향력을 행사하게 되었다. 20X1년 9월 1일 ㈜민국은 ₩200,000의 현금배당을 선언하고 지급하였다. 20X1년 12월 31일 ㈜한국이 보유하고 있는 ㈜민국 주식과 관련하여 재무제표에 보고해야 할 관계기업투자주식의 장부금액이 ₩3,240,000이라면 ㈜민국의 20X1년 당기순이익은 얼마인가?

① ₩300,000　　② ₩500,000
③ ₩1,000,000　　④ ₩1,500,000

정답 247 ① 248 ③ 249 ③

18 재무비율

· 정답과 해설 p.63

Section 01 재무비율

250
난이도 ◆◆◇◇◇

다음 중 재무비율과 관련된 설명으로 올바르지 않은 것은?

① 유동비율이 전기에 비해 감소했다면 회사의 단기지급능력이 개선되었다고 판단하기 어렵다.
② 부채비율이 전기에 비해 감소했다면 재무건전도가 양호해졌다고 판단해볼 수 있다.
③ 매출채권회전율이 전기에 비해 감소했다면 매출채권이 현금화되는 속도가 빨라졌다고 볼 수 있다.
④ 재고자산의 평균회전기간이 전기에 비해 증가했다면 재고자산의 판매속도가 느려졌다고 볼 수 있다.

재무회계 기본서 P.918
Ch 22. 재무비율
(1) 재무비율

기출플러스 기본편 P.271 ✓ 35번
2016년 관세직 9급 응용

251
난이도 ◆◆◆◇◇

(주)한국의 현재 유동비율과 당좌비율은 각각 200%, 150%이다. 유동비율과 당좌비율을 모두 증가시킬 수 있는 거래는? (단, 모든 거래는 독립적이다.)

① 상품 ₩10,000을 외상으로 매입하였다.
② 매출채권 ₩12,000을 현금으로 회수하였다.
③ 장기차입금 ₩15,000을 현금으로 상환하였다.
④ 사용 중인 건물을 담보로 은행에서 현금 ₩30,000을 장기차입하였다.

재무회계 기본서 P.918
Ch 22. 재무비율
(1) 재무비율
　　1. 안정성비율

기출플러스 기본편 P.264 ✓ 07번
2018년 관세직 9급 응용

252
난이도 ◆◆◆◇◇

유동비율이 0.8인 상태에서 재고자산(원가 ₩100,000)을 ₩150,000에 현금판매하였다면 이 거래가 당좌비율과 유동비율에 미치는 영향은?

	당좌비율	유동비율
①	증가	증가
②	감소	증가
③	증가	불변
④	증가	감소

재무회계 기본서 P.918
Ch 22. 재무비율
(1) 재무비율
　　1. 안정성비율

기출플러스 기본편 P.264 ✓ 08번
2017년 국가직 9급 응용

 250 ③　251 ④　252 ①

253

㈜한국의 영업주기(상품의 매입시점부터 판매 후 대금회수 시점까지의 기간)는 180일이다. 다음 20X1년 자료를 이용하여 계산한 매출액은? (단, 매입과 매출은 전액 외상거래이고, 1년은 360일로 가정한다.)

• 매출액	?
• 매출원가	₩8,000
• 평균매출채권	₩2,500
• 평균매입채무	₩1,600
• 평균재고자산	₩2,000

① ₩8,333 ② ₩8,833
③ ₩9,000 ④ ₩10,000

254

㈜한국의 평균총자산액은 ₩40,000이고, 매출액순이익률은 5%이며, 총자산회전율(평균총자산 기준)이 3회일 경우, 당기순이익은?

① ₩2,000 ② ₩4,000
③ ₩5,000 ④ ₩6,000

255

다음은 ㈜한국의 20X1년도 재무비율과 관련된 정보이다.

• 유동비율	250%
• 당좌비율	100%
• 부채비율	200%
• 재고자산회전율	5회
• 유동부채	₩2,000
• 비유동부채	₩3,000

위 자료를 이용할 때 20X1년도 ㈜한국의 매출원가와 자본은 얼마인가? (단, 유동자산은 당좌자산과 재고자산만으로 구성되며, 재고자산은 기초와 기말 금액이 동일하다.)

	매출원가	자본
①	₩15,000	₩2,500
②	₩15,000	₩10,000
③	₩25,000	₩2,500
④	₩25,000	₩10,000

정답 253 ④ 254 ④ 255 ①

256

난이도 ◆◆◇◇◇

다음은 ㈜한국의 20X1년 말과 20X2년 말의 재고자산과 관련된 자료들이다.

> 20X1년 말 재고자산 ₩6,000
> 20X2년 말 재고자산 ₩4,000
> 20X2년 기간 중 재고자산을 ₩18,000에 매입하였다.

20X2년도의 재고자산평균회전기간은 얼마인가?(단, 편의상 1년은 360일로 간주함)

① 60일
② 90일
③ 180일
④ 240일

257

난이도 ◆◆◆◇◇

유동비율이 150%, 당좌비율이 80%인 기업이 상품 ₩100,000을 구입하고 대금 ₩50,000은 현금으로 지급하고 나머지 금액은 약속어음을 발행하여 지급하였다면 유동비율과 당좌비율에 미치는 영향은?

	유동비율	당좌비율		유동비율	당좌비율
①	감소	영향 없음	②	증가	영향 없음
③	감소	증가	④	감소	감소

258

난이도 ◆◆◆◇◇

현재 ㈜한국의 유동자산이 유동부채보다 크다고 할 때, 다음 거래로 인하여 유동비율을 감소시키는 경우를 모두 고른 것은?

> ㄱ. 상품을 실사한 결과 감모손실이 발생하였다.
> ㄴ. 장기차입금의 상환기일이 결산일 현재 1년 이내로 도래하였다.
> ㄷ. 매입채무를 현금으로 지급하였다.
> ㄹ. 매출채권을 담보로 은행에서 단기로 차입하였다.
> ㅁ. 장기성 지급어음을 발행하여 기계장치를 취득하였다.

① ㄱ, ㄷ
② ㄷ, ㄹ
③ ㄱ, ㄴ, ㄹ
④ ㄴ, ㄷ, ㅁ

정답 256 ② 257 ④ 258 ③

259

㈜한국의 다음 주어진 자료에 의하여 자기자본이익률을 계산하면 얼마인가?

• 매출액 순이익률	20%
• 총자산회전율	1.5회
• 부채비율	60%

① 48% ② 36%
③ 28% ④ 24%

260

다음은 ㈜한국의 비율분석과 관련된 자료이다.

• 유동비율 = 200%	• 당좌비율 = 80%
• 재고자산회전율(매출액기준) = 2회	• 유동부채 = ₩1,000,000

위 자료를 통해 ㈜한국의 매출액은 얼마로 추정되는가? (단, 기말재고자산금액과 평균재고자산금액은 일치한다.)

① ₩1,200,000 ② ₩2,400,000
③ ₩3,600,000 ④ ₩4,800,000

261

㈜한국의 당기 재무자료를 활용하여 당기 총배당액을 구하면 얼마인가?

• 매출액 순이익률	12%
• 배당성향	10%
• 매출채권 회전율	4회
• 매출채권 기초잔액	₩4,000,000
• 매출채권 기말잔액	₩6,000,000

① ₩413,000 ② ₩320,500
③ ₩280,000 ④ ₩240,000

정답 259 ① 260 ② 261 ④

| 재무회계 기본서 | P.918 |

Ch 22. 재무비율
(1) 재무비율

262

난이도 ✦✦✦

㈜한국의 20X1년 재무자료는 다음과 같다.

• 매출액	₩10,000	• 기초유동자산	₩3,500
• 기초재고자산	₩1,000	• 기말유동자산	₩3,000
• 기말재고자산	₩2,000	• 기초유동부채	₩1,000
• 당기 재고자산매입액	₩8,500	• 기말유동부채	₩1,500

유동자산은 재고자산과 당좌자산으로만 구성된다. 다음 중 옳은 것은?

① 20X1년 재고자산회전율은 8회보다 높다.
② 20X1년 말 유동비율은 20X1년 초보다 높다.
③ 20X1년 초 당좌비율은 20X1년 말보다 높다.
④ 20X1년 매출총이익률은 15%이다.

정답 262 ③

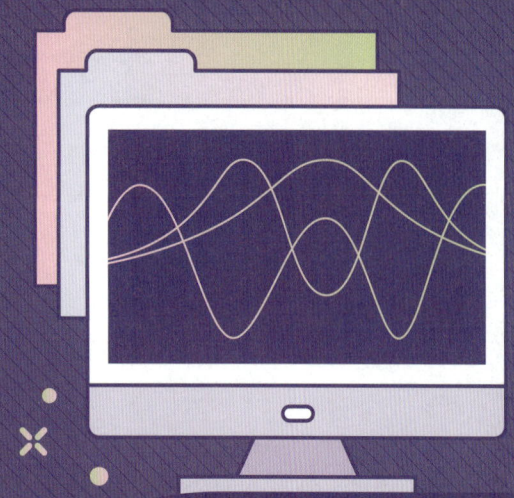

제 2 편

원가관리회계

01 원가관리회계의 기초
02 원가배분
03 개별원가
04 종합원가계산
05 활동기준원가계산
06 결합원가의 배분
07 변동원가계산
08 CVP 분석
09 표준원가

CHAPTER 01 원가관리회계의 기초

· 정답과 해설 p.68

원가관리회계 기본서 P.19
Ch 01. 원가관리회계의 기초
(2) 원가의 개념과 분류
　2. 원가의 분류

기출플러스 기본편 P.279 ✓ 07번
2016년 지방직 9급 응용

263
난이도 ✚✚✦✦✦

다음 중 조업도가 변화할 때 고정비에 대한 설명으로 가장 적당한 것은?

① 조업도의 증감에 따라 비례적으로 증감 변화되는 원가이다.
② 조업도가 증감하더라도 관련 범위 내에서는 고정적이기 때문에, 다른 조건이 동일한 경우 제품의 단위당 원가는 조업도에 따라서 증감 변화한다.
③ 조업도가 0(영)인 경우에도 일정액이 발생하고, 그 이후로부터 조업도에 따라 비례적으로 증가하는 원가를 말한다.
④ 조업도와 관계없이 제품의 단위당 원가는 항상 일정하다.

원가관리회계 기본서 P.28
Ch 01. 원가관리회계의 기초
(3) 제조기업 원가의 흐름

기출플러스 기본편 P.285 ✓ 25번
2019년 지방직 9급 응용

264
난이도 ✚✚✚✦✦

다음 자료를 이용하여 당기총제조원가 중 기초(기본)원가를 계산하면 얼마인가?

- 기초재공품은 기말재공품의 200%
- 매출원가 ₩20,000, 기초제품 ₩5,000, 기말제품 ₩3,000
- 직접재료원가 발생액은 ₩6,000
- 제조간접원가는 직접노무원가 발생액의 1/2만큼 발생
- 기말재공품은 ₩3,000

① ₩8,000　　② ₩9,000
③ ₩12,000　　④ ₩15,000

정답 263 ② 264 ③

265

㈜한국의 20X1년 및 20X2년의 재고자산 및 기타 원가자료는 다음과 같다. ㈜한국의 20X2년도 당기제품제조원가가 ₩7,000,000이라면 20X2년 12월 31일 현재의 기말재공품재고액은 얼마인가?

	20X1. 12. 31.	20X2. 12. 31.
원재료	₩100,000	₩300,000
재공품	₩600,000	?
제품	₩400,000	₩900,000
당기 중 원재료 매입액		₩1,200,000
직접노무원가 발생액		₩2,000,000
제조간접원가 발생액		₩3,800,000

① ₩400,000
② ₩600,000
③ ₩800,000
④ ₩900,000

266

㈜한국의 20X1년 재고자산의 기초 및 기말 잔액은 다음과 같다.

구분	20X1년 1월 1일	20X1년 12월 31일
직접재료	₩2,000	₩4,000
재공품	₩8,000	₩10,000
제품	₩12,000	₩15,000

㈜한국의 20X1년 제조 관련 추가 자료는 다음과 같다.
- 20X1년 중 직접재료 매입액은 ₩22,000이다.
- 20X1년에 발생한 직접노무원가는 기본원가(prime cost)의 50%이다.
- 20X1년에 발생한 제조간접원가는 전환원가(conversion cost)의 80%이다.

㈜한국의 20X1년 당기제품제조원가는?

① ₩70,000
② ₩74,000
③ ₩118,000
④ ₩122,000

정답 265 ① 266 ③

267

㈜한국은 20X1년 분기별 생산량을 다음과 같이 예상하고 있다.

1분기	2분기	3분기	4분기
250단위	300단위	320단위	280단위

㈜한국은 제품 1단위를 생산하는데 원재료 5kg을 투입하고 있으며, kg당 구입단가는 ₩10이다. 원재료 재고정책은 각 분기별로 다음 분기 생산량의 생산에 투입될 소요량의 10%를 안전재고로 보유하는 정책을 유지하고 있다. 3분기의 원재료구입예산액은?

① ₩15,600　　　　　　② ₩15,700
③ ₩15,800　　　　　　④ ₩15,900

정답 267 ③

CHAPTER 02 원가배분

268
보조부문원가 배부법에 관한 설명으로 옳지 않은 것은?

① 직접배분법은 보조부문 상호 간의 용역수수관계를 전혀 고려하지 않는 방법이다.
② 단계배분법은 보조부문원가의 배부순서를 정하여 그 순서에 따라 단계적으로 보조부문원가를 다른 보조부문과 제조부문에 배부하는 방법이다.
③ 상호배분법은 보조부문 상호 간의 용역수수관계가 중요하지 않을 때 적용하는 것이 타당하다.
④ 상호배분법은 보조부문 상호 간의 용역수수관계를 모두 고려하여 보조부문원가를 다른 보조부문과 제조부문에 배부하는 방법이다.

269
㈜한국은 보조부문으로 수선부문과 관리부문이 있으며 제조부문으로는 A제조부문과 B제조부문이 있다. 보조부문의 배부를 직접배분법을 사용하고 있는 경우 A제조부문에 배부될 수선부문원가를 계산하면 얼마인가?

구분	보조부문		제조부문	
	수선부문	관리부문	제조부문 A	제조부문 B
자기부문 발생액	₩100,000	₩200,000	?	?
부문별 배부율				
수선부문	–	20%	30%	50%
관리부문	10%	–	30%	60%

① ₩30,000
② ₩75,000
③ ₩37,500
④ ₩10,000

정답 268 ③ 269 ③

270

난이도 ✚✚✚✚✚

두 개의 제조부문과 두 개의 보조부문으로 이루어진 ㈜한국의 부문 간 용역 제공에 관련된 자료는 다음과 같을 때, 보조부문 동력부를 먼저 배부하는 단계식 배분법을 사용할 경우 절단부문에 배부되는 보조부문원가의 총액은 얼마인가?

제공한 용역	보조부문		제조부문		합계
	수선부문	동력부문	절단부문	조립부문	
수선부문	–	30%	40%	30%	100%
동력부문	30%	–	40%	30%	100%
발생원가	₩201,000	₩240,000	₩600,000	₩450,000	₩1,491,000

① ₩276,000 ② ₩273,000
③ ₩240,000 ④ ₩252,000

271

난이도 ✚✚✚✚✚

㈜한국은 두 개의 제조부문(절단부문, 조립부문)과 두 개의 보조부문(사무부문, 동력부문)으로 구성되어 있다. ㈜한국은 사무부문을 점유면적을 기준으로 하여 먼저 배부한 후, 동력부문을 전력사용량을 기준으로 배부하는 단계배분법을 사용하고 있다. 절단부문에 배부되는 보조부문원가를 계산하면 얼마인가?

구분	제조부문		보조부문	
	절단부문	조립부문	사무부문	동력부문
부문비 합계	₩150,000	₩184,000	₩160,000	₩120,000
점유면적	2,000㎡	1,200㎡	1,000㎡	800㎡
전력 사용량	600kW	400kW	120kW	80kW

① ₩130,400 ② ₩126,800
③ ₩186,200 ④ ₩171,200

정답 270 ④ 271 ④

272

㈜한국은 제조부문(X, Y)와 보조부문(A, B)로 구성되어 있다. 제조부문과 보조부문의 용역수수와 관련된 자료는 다음과 같다.

제공부분	제조부문		보조부문		합계
	X	Y	A	B	
A	400시간	200시간	–	400시간	1,000시간
B	400시간	400시간	800시간	–	1,600시간

보조부문 A와 B에 집계된 부문원가는 각각 ₩40,000, ₩80,000이다. ㈜한국은 상호배분법을 통해 보조부문의 원가를 제조부문에 배부한다면 제조부문 Y에 배부될 보조부문의 원가는 얼마인가?

① ₩40,000
② ₩50,000
③ ₩70,000
④ ₩100,000

273

㈜한국은 한 개의 보조부문(수선부문)과 두 개의 제조부문(A, B)으로 구성되어 있다. 수선부문은 제조부문에 수선서비스를 제공하는데, 각 부문에 대한 최대공급노동시간과 실제공급노동시간은 다음과 같다.

구분	제조부문 A	제조부문 B	합계
최대공급노동시간	400시간	600시간	1,000시간
실제공급노동시간	300시간	500시간	800시간

당기에 수선부문에서 발생한 변동원가는 ₩120,000, 고정원가는 ₩80,000이다. ㈜한국이 보조부문의 원가를 공급노동시간을 기준으로 이중배분율법을 적용하여 제조부문에 배부한다고 할 때, 제조부문 A에 배부될 원가는 얼마인가?

① ₩75,000
② ₩77,000
③ ₩120,000
④ ₩124,000

정답 272 ② 273 ②

CHAPTER 03 개별원가

· 정답과 해설 p.71

원가관리회계 기본서 P.91
Ch 03. 개별원가
(3) 개별원가계산의 분류

274
난이도 ★★☆☆☆

다음 중 원가계산시스템에 대한 설명으로 옳지 않은 것은?

① 정상개별원가계산에서는 실제 발생한 직접재료원가를 작업별로 추적하여 집계한다.
② 개별원가계산은 제품이나 부문별로 원가를 집계하는 반면, 활동기준원가계산은 활동별로 원가를 집계한다.
③ 종합원가계산은 동일제품을 대량생산하는 업종에 적용되는 반면, 개별원가계산은 여러 종류의 제품을 소량으로 생산하는 업종에 적용된다.
④ 실제개별원가계산에서는 실제 발생한 제조간접원가를 제조간접원가 예정배부율을 이용하여 작업별로 배부한다.

원가관리회계 기본서 P.91
Ch 03. 개별원가
(3) 개별원가계산의 분류

275
난이도 ★★★☆☆

㈜한국은 제품 A와 B를 생산하고 있으며, 제품 A와 B는 모두 절단공정과 조립공정을 거쳐 완성된다. 20X1년 각 공정에서의 직접노무인력과 관련된 자료는 다음과 같다.

구분		절단공정	조립공정
직접노무원가 실제발생액		₩30,000	₩40,000
실제직접노무시간	제품 A	1,000시간	640시간
	제품 B	1,000시간	160시간

제품 A와 B의 직접재료원가는 각각 ₩20,000과 ₩15,000이며, 제조간접원가는 직접노무원가의 120%를 예정배부한다. 제품 A의 당기제품제조원가는? (단, 재공품은 없다.)

① ₩100,000
② ₩106,400
③ ₩123,400
④ ₩138,000

정답 274 ④ 275 ③

276

㈜한국은 정상개별원가계산을 사용하며 직접노무시간을 기준으로 제조간접원가를 배부하고 있다. 20X1년 연간 제조간접원가 예산은 ₩5,000,000이다. 20X1년 실제 발생한 제조간접원가는 ₩3,800,000이고 실제 직접노무시간은 20,000시간이다. 20X1년 중 제조간접원가 과대배부액이 ₩200,000이라고 할 때 연간 예산(예상) 직접노무시간은?

① 20,000시간 ② 22,000시간
③ 24,000시간 ④ 25,000시간

277

㈜한국은 정상개별원가계산을 사용하며, 20X1년 재고자산 및 원가자료는 다음과 같다.

	기초	기말
직접재료	₩20,000	₩30,000
재공품	₩25,000	₩38,000
제품	₩44,000	₩32,000

- 당기의 직접재료 매입액은 ₩90,000이다.
- 당기의 직접노무원가 발생액은 ₩140,000이다.
- 직접노무시간당 직접노무원가는 ₩1,400이다.
- 당기의 매출액은 ₩300,000이며, 매출총이익률은 20%이다.

직접노무시간을 기준으로 제조간접원가를 예정배부할 때, 20X1년 제조간접원가 예정배부율은?

① ₩140 ② ₩210
③ ₩250 ④ ₩320

278

㈜한국은 제조간접원가를 직접노무시간당 ₩200씩 예정배부하고 있다. 20X1년 실제발생한 제조간접원가는 ₩180,000이다. 제조간접원가 배부차이는 기말재고자산(재공품과 제품)과 매출원가에 비례하여 안분한다. 20X1년의 제조간접원가 배부차이 가운데 30%에 해당하는 ₩6,000을 기말재고자산에서 차감하도록 배분하였다. 20X1년 실제발생한 직접노무시간은?

① 1,000시간 ② 1,100시간
③ 1,125시간 ④ 1,200시간

279

㈜한국은 정상개별원가계산제도를 채택하고 있다. 제조간접원가는 직접노무원가의 40%를 예정배부하고 있으며, 제조간접원가 배부차이는 전액 매출원가에서 조정하고 있다. ㈜한국의 당기 재고자산 및 원가 관련 자료는 다음과 같다.

구분	기초잔액	기말잔액
직접재료	₩3,000	₩6,000
재공품	₩8,000	₩7,000
제품	₩6,000	₩8,000

- 직접재료 매입액: ₩35,000
- 기초원가(기본원가): ₩52,000

㈜한국의 당기 제조간접원가 배부차이 조정 후 매출원가가 ₩60,000인 경우, 당기에 발생한 실제 제조간접원가는?

① ₩7,000 ② ₩8,000
③ ₩9,000 ④ ₩10,000

정답 278 ① 279 ③

CHAPTER 04 종합원가계산

280

다음은 종합원가계산제도를 채택하고 있는 ㈜한국의 20X1년 생산 관련 자료이다.

• 기초재공품	60,000단위	• 당기착수량	240,000단위
• 완성품수량	198,000단위	• 정상공손수량	12,000단위
• 기말재공품	90,000단위		

직접재료는 공정 초에 모두 투입되고, 가공원가는 공정 전반에 걸쳐 균등하게 발생한다. 기초재공품 및 기말재공품의 완성도는 각각 70% 및 40%이다. 공손은 공정 말에 발견된다. ㈜한국의 원가흐름 가정으로 평균법을 적용할 경우, 20X1년 가공원가의 완성품환산량은?

① 240,000단위 ② 242,000단위
③ 244,000단위 ④ 246,000단위

281

㈜한국은 가중평균법에 의한 종합원가계산제도를 채택하고 있다. 직접재료는 공정초기에 전량 투입되고, 전환원가는 공정 전반에 걸쳐 균등하게 발생한다. 20X1년 직접재료원가에 대한 총완성품환산량은 20,000단위, 전환원가에 대한 총완성품환산량은 18,000단위, 완성품 수량은 15,000단위이다. 20X1년 기말재공품의 전환원가 완성도는 얼마인가?

① 50% ② 60%
③ 75% ④ 80%

정답 280 ④ 281 ②

282

㈜한국은 평균법에 의한 종합원가계산을 이용하여 제품원가를 계산한다. 다음은 20X1년 4월 말 기말재공품에 대한 자료이다.

구분	물량	완성도
직접재료원가	1,000단위	80%
가공원가	1,000단위	60%

기말재공품 원가가 ₩20,000이고 완성품환산량 단위당 직접재료원가가 ₩10이라면, 20X1년 4월 말 완성품환산량 단위당 가공원가는 얼마인가? 단, 재료원가와 가공원가는 공정 전반에 걸쳐 완성도에 따라 균등하게 발생한다.

① ₩15
② ₩20
③ ₩22
④ ₩30

283

㈜한국은 단일공정에서 단일제품을 생산·판매하고 있다. ㈜한국은 실제원가에 의한 종합원가계산을 적용하고 있으며, 원가흐름 가정은 선입선출법이다. 당기의 생산 활동에 관한 자료는 다음과 같다.

항목	물량	전환원가 완성도
기초재공품	500단위	50%
기말재공품	600단위	50%
당기착수량	4,000단위	–

전환원가는 공정 전반에 걸쳐 균등하게 발생한다. 기말에 전환원가의 완성품환산량 단위당 원가는 ₩20으로 계산되었다. 당기에 실제로 발생한 전환원가는? (단, 공손과 감손은 발생하지 않았다.)

① ₩75,000
② ₩79,000
③ ₩82,000
④ ₩85,000

284

㈜한국은 선입선출법에 따라 종합원가계산을 하고 있다. 당월 완성품환산량 단위당 원가는 재료비가 ₩5, 가공비가 ₩10이다. 당월 중 생산과 관련된 자료는 다음과 같다.

- 기초재공품   500단위 (완성도 40%)
- 기말재공품   800단위 (완성도 50%)
- 당기완성품   4,200단위

재료는 공정 초기에 전량 투입된다고 할 때, ㈜한국의 당월에 실제발생한 가공비는 얼마인가?

① ₩44,000　　　　　　　　② ₩43,500
③ ₩42,000　　　　　　　　④ ₩41,500

285

㈜한국은 선입선출법 종합원가계산을 사용한다. 제2공정의 관련 자료는 다음과 같다.

구분	물량	가공비완성도
기초재공품수량	500단위	40%
전공정대체량	5,400단위	
당기완성품수량	?	
기말재공품수량	200단위	80%

제2공정에서 직접재료가 가공비완성도의 30%에서 전량투입된다면, 직접재료비와 가공비의 당기작업량의 완성품환산량은 각각 얼마인가?

	직접재료비	가공비
①	5,700단위	5,560단위
②	5,900단위	5,660단위
③	5,400단위	5,660단위
④	5,400단위	5,700단위

정답 284 ① 285 ③

286

㈜한국은 단일 제품을 생산하고 있으며, 종합원가계산제도를 채택하고 있다. 재료는 공정이 시작되는 시점에서 전량 투입되며, 전환원가는 공정 전체에 걸쳐 균등하게 발생한다. 재료원가의 경우 평균법에 의한 완성품환산량은 87,000단위이고 선입선출법에 의한 완성품환산량은 47,000단위이다. 또한 전환원가의 경우 평균법에 의한 완성품환산량은 35,000단위이고 선입선출법에 의한 완성품환산량은 25,000단위이다. 기초재공품의 전환원가 완성도는?

① 10% ② 20%
③ 25% ④ 75%

287

㈜한국은 종합원가계산제도를 채택하고 있다. 20X1년도 제품생산 관련 정보는 다음과 같다.

- 기초재공품수량   200개 (가공원가 완성도 50%)
- 당기완성품수량   800개
- 기말재공품수량   500개 (가공원가 완성도 60%)

직접재료원가는 공정 초에 전량 투입되고, 가공원가는 공정 전반에 걸쳐 균등하게 발생한다. 평균법과 선입선출법하의 완성품환산량에 관한 다음 설명 중 옳은 것은? (단, 공손과 감손은 발생하지 않았다.)

① 평균법에 의한 직접재료원가의 완성품환산량은 1,500개이다.
② 선입선출법에 의한 직접재료원가의 완성품환산량은 1,300개이다.
③ 평균법에 의한 가공원가의 완성품환산량은 1,000개이다.
④ 선입선출법과 평균법 간에 직접재료원가의 완성품환산량 차이는 200개이다.

288

㈜한국은 단일공정을 통하여 단일제품을 생산한다. 다음 자료에 의하여 정상공손수량을 계산하면 몇 개인가? (단, 정상공손수량은 검사대상수량의 10%이며, 검사시점은 50%이다.)

재 공 품			
기초재공품(완성도 30%)	500개	완성품수량	1,000개
제조착수수량	1,000개	공손품수량	200개
		기말재공품(완성도 60%)	300개

① 100개
② 120개
③ 130개
④ 150개

289

㈜한국은 단일 공정을 통해 제품을 대량으로 생산하고 있으며, 평균법으로 종합원가계산을 적용하고 있다. 원재료는 공정 초에 전량 투입되며, 가공원가는 공정 전반에 걸쳐 균등하게 발생한다. 20X1년 당기착수량은 1,250개이며, 당기완성량은 1,210개, 기초재공품 수량은 250개(가공원가 완성도 80%), 기말재공품 수량은 50개(가공원가 완성도 60%)이다. 품질검사는 가공원가 완성도 40% 시점에서 이루어진다. 정상공손허용률은 10%이며, 검사시점 통과기준과 도달기준을 각각 적용하였을 때 두 방법 간의 비정상공손수량의 차이는 몇 개인가?

① 20개
② 22개
③ 24개
④ 26개

정답 288 ④ 289 ③

CHAPTER 05 활동기준원가계산

290

활동기준원가계산에 대한 다음 설명 중 옳지 않은 것은?

① 활동기준원가계산은 발생한 원가를 활동중심점별로 집계하여 발생한 활동원가동인수로 배부하는 일종의 사후원가계산제도이다.
② 활동기준원가계산을 활용한 고객수익성분석에서는 제품원가뿐만 아니라 판매관리비까지도 활동별로 집계하여 경영자의 다양한 의사결정에 이용할 수 있다.
③ 활동이 자원을 소비하고 제품이 활동을 소비한다.
④ 원재료구매, 작업준비, 전수조사에 의한 품질검사는 묶음수준활동(batch level activities)으로 분류된다.

291

㈜한국은 단일제품을 생산하여 판매하는데 제조간접원가배부에 활동기준원가계산을 사용한다. 다음은 ㈜한국의 20X1년 활동원가 예산자료이다.

활동	활동원가	원가동인	원가동인 수량
작업준비	₩1,800	작업준비횟수	120회
조립	₩4,000	기계작업시간	400시간
검사	₩2,500	직접노무시간	500시간
포장	₩4,000	제품생산량	200단위

20X1년 4월 중 생산자료는 다음과 같다.

기계작업시간	30시간
직접노무시간	40시간
제품생산량	20단위

20X1년 4월 중 제품에 배부한 활동원가 금액이 ₩1,050이라면 동 기간 중 발생한 작업준비횟수는?

① 8회 ② 9회
③ 10회 ④ 12회

정답 290 ④ 291 ③

292

㈜한국은 활동기준원가계산방법에 의하여 제품의 원가를 계산하고 있다. 다음은 ㈜한국의 연간 활동제조간접원가 예산자료와 작업 #203의 원가동인에 관한 자료이다.

○ 연간 활동제조간접원가 예산자료

활동	활동별 제조간접원가	원가동인	원가동인 수량
생산준비	₩200,000	생산준비시간	600시간
재료처리	₩300,000	재료처리횟수	100회
기계작업	₩500,000	기계작업시간	50,000시간
품질관리	₩400,000	품질관리횟수	10,000회

○ 작업 #203의 원가동인 자료

작업	생산준비시간	재료처리횟수	기계작업시간	품질관리횟수
#203	60시간	50회	4,500시간	500회

작업 #203의 제조원가가 ₩435,000이라면, 작업 #203의 기본(기초)원가는?

① ₩180,000　　　　② ₩200,000
③ ₩220,000　　　　④ ₩230,000

CHAPTER 06 결합원가의 배분

293

다음 중 결합원가의 배분방법에 대한 설명으로 옳지 않은 것은?

① 물량기준법은 연산품에 공통되는 물리적 특성에 따라 결합원가를 배분하는 방법이다.
② 분리점에서 판매가치법에 따르면 분리점에서 모든 제품이 판매되었을 경우 제품별 매출총이익률은 일치하게 된다.
③ 순실현가치법은 분리점에서 판매가치를 알 수 없을 경우 적용할 수 없다.
④ 균등이익률법은 기업 전체의 매출총이익률이 개별제품의 매출총이익률과 같도록 결합원가를 배분하는 방법이다.

294

㈜한국은 결합공정에서 제품 A, B, C를 생산한다. 당기에 발생된 결합원가 총액은 ₩80,000이며 결합원가는 분리점에서의 상대적 판매가치를 기준으로 제품에 배분되며 관련 자료는 다음과 같다. 추가가공이 유리한 제품만을 모두 고른 것은? (단, 결합공정 및 추가가공 과정에서 공손과 감손은 발생하지 않고, 생산량은 모두 판매되며 기초 및 기말 재공품은 없다.)

제품	분리점에서의 단위당 판매가격	생산량	추가가공원가	추가가공 후 단위당 판매가격
A	₩20	3,000단위	₩10,000	₩23
B	₩30	2,000단위	₩15,000	₩40
C	₩40	2,000단위	₩15,000	₩50

① A
② A, B
③ A, C
④ B, C

정답 293 ③ 294 ④

295

㈜한국은 20X1년 동일한 원재료 R 100kg을 결합생산공정에 투입하여 분리점에서 즉시 판매가능한 제품 A 40kg과 제품 B 60kg을 생산하였다. ㈜한국은 생산한 제품 A 40kg을 분리점에서 즉시 외부에 판매하였지만, 제품 B 60kg은 추가가공을 거쳐 제품 BB 80kg을 생산하여 판매하였다. 각 제품별 kg당 판매가격은 다음과 같다.

구분	제품 A	제품 B	제품 BB
판매가격	₩90	₩40	₩75

㈜한국의 20X1년 중 분리점까지 발생한 결합원가는 ₩5,000이었고, 제품 B를 제품 BB로 가공하는 데 추가로 발생한 원가는 ₩4,000이었다. ㈜한국은 상대적 판매가치법에 따라 결합원가를 배부하고 있으며, 각 제품에 대한 20X1년 기초재고와 기말재고는 없다. 제품 A와 제품 B 각각에 배부되는 결합원가는?

	제품 A	제품 B
①	₩3,125	₩1,875
②	₩3,000	₩2,000
③	₩1,875	₩3,125
④	₩1,500	₩3,500

296

㈜한국은 A와 B의 두 연산품을 생산하고 있다. 4월에 A 800개, B 400개의 연산품이 분리되었고, 이들의 추가가공에 각각 A ₩240,000과 B ₩360,000의 원가가 발생하였다. A와 B의 판매가격은 개당 ₩750과 ₩1,500이다. 순실현가치를 기준으로 결합원가 중 ₩270,000이 제품 A에 배부되었다. 4월의 결합원가 총액은 얼마인가?

① ₩450,000
② ₩675,000
③ ₩810,000
④ ₩1,080,000

정답 295 ② 296 ①

297

㈜관세는 결합공정을 통해 제품 A와 B를 생산하고 있으며, 결합원가를 순실현가치법에 의해 배분한다. 제품 A는 분리점에서 즉시 판매되고 있으나, 제품 B는 추가가공을 거쳐서 판매된다. ㈜관세의 당기 영업활동 관련 자료는 다음과 같다.

구분	생산량	판매량	단위당 추가가공원가	단위당 판매가격
제품 A	4,000단위	3,000단위	–	₩250
제품 B	6,000단위	4,000단위	?	₩350

당기 결합원가 발생액이 ₩800,000이고, 제품 B에 배분된 결합원가가 ₩480,000일 경우, 제품 B의 단위당 추가가공원가는? (단, 기초 및 기말재공품은 없다.)

① ₩32 ② ₩48
③ ₩80 ④ ₩100

298

㈜한국은 균등이익률법을 적용하여 결합원가계산을 하고 있다. 당기에 결합제품 A와 B를 생산하였고, 균등매출총이익률은 30%이다. 관련 자료가 다음과 같을 때 결합제품 A에 배부되는 결합원가는 얼마인가? (단, 재공품 재고는 없다.)

제품	생산량	판매가격(단위당)	추가가공원가(총액)
A	300단위	₩30	₩2,100
B	320단위	₩25	₩3,200

① ₩2,400 ② ₩3,200
③ ₩4,200 ④ ₩5,100

정답 297 ④ 298 ③

07 변동원가계산

299

당기에 설립된 ㈜관세는 3,000단위를 생산하여 2,500단위를 판매하였으며, 영업활동 관련 자료는 다음과 같다.

구분	단위당 변동원가	고정원가
직접재료원가	₩250	–
직접노무원가	₩150	–
제조간접원가	₩100	?
판매관리비	₩200	₩150,000

변동원가계산에 의한 영업이익이 전부원가계산에 의한 영업이익에 비해 ₩60,000이 적을 경우, 당기에 발생한 고정제조간접원가는? (단, 기말재공품은 없다.)

① ₩312,500 ② ₩325,000
③ ₩355,000 ④ ₩360,000

300

㈜한국은 20X1년에 영업을 시작하여 단일제품을 생산·판매하고 있는데, 단위당 판매가격은 ₩200이다. 20X1년에 제품 1,000단위를 생산하여 800단위를 판매하였다. 제품과 관련된 원가자료가 다음과 같을 때, 전부원가계산과 변동원가계산에 의한 기말재고자산의 차이는?

• 단위당 변동제조원가	₩100
• 단위당 변동판매관리비	₩20
• 총고정제조간접원가	₩40,000
• 총고정판매관리비	₩15,000

① ₩8,000 ② ₩9,000
③ ₩10,000 ④ ₩11,000

정답 299 ④ 300 ①

301

㈜한국은 20X1년 초에 영업을 개시하였다. 20X2년 기초제품 수량은 100단위, 생산량은 2,000단위, 판매량은 1,800단위이다. 20X2년의 제품 판매가격 및 원가자료는 다음과 같다.

항목		금액
제품 단위당	판매가격	₩250
	직접재료원가	₩30
	직접노무원가	₩50
	변동제조간접원가	₩60
	변동판매관리비	₩15
고정제조간접원가(총액)		₩50,000
고정판매관리비(총액)		₩10,000

20X2년도 변동원가계산에 의한 영업이익과 초변동원가계산에 의한 영업이익의 차이금액은 얼마인가? (단, 20X1년과 20X2년의 제품 단위당 판매가격과 원가구조는 동일하고, 기초 및 기말 재공품은 없다.)

① ₩11,000 ② ₩20,000
③ ₩22,000 ④ ₩33,000

302

20X1년 초 영업을 개시한 ㈜한국의 20X1년도와 20X2년도의 생산 및 판매와 관련된 자료는 다음과 같다.

구분	20X1년	20X2년
생산량	5,000개	10,000개
판매량	4,000개	10,000개
직접재료원가	₩500,000	₩1,000,000
직접노무원가	₩600,000	₩1,200,000
변동제조간접원가	₩400,000	₩800,000
고정제조간접원가	₩200,000	₩250,000
변동판매관리비	₩200,000	₩400,000
고정판매관리비	₩300,000	₩350,000

㈜한국의 20X2년도 전부원가계산에 의한 영업이익이 ₩100,000일 때, 변동원가계산에 의한 영업이익은? (단, 재공품은 없으며 원가흐름은 선입선출법을 가정한다.)

① ₩85,000 ② ₩115,000
③ ₩120,000 ④ ₩140,000

정답 301 ③ 302 ②

303

㈜한국은 20X1년 1월 1일 영업을 개시하여 연간 총 3,000단위의 제품을 생산하였는데 원가에 관한 자료는 다음과 같다.

구분	고정비	변동비
직접재료비	–	₩400
직접노무비	–	₩350
제조간접비	₩600,000	₩250

이 회사의 20X1년도 순이익은 전부원가계산에 의한 때가 변동원가계산에 의하는 경우보다 ₩100,000이 많다고 한다. 당기의 판매량은?

① 2,300단위 ② 2,400단위
③ 2,500단위 ④ 2,600단위

304

다음은 제품 A를 생산·판매하는 ㈜한국의 당기 전부원가 손익계산서와 공헌이익 손익계산서이다.

전부원가 손익계산서		공헌이익 손익계산서	
매출액	₩1,000,000	매출액	₩1,000,000
매출원가	₩650,000	변동원가	₩520,000
매출총이익	₩350,000	공헌이익	₩480,000
판매관리비	₩200,000	고정원가	₩400,000
영업이익	₩150,000	영업이익	₩80,000

제품의 단위당 판매가격이 ₩1,000이고 총고정판매관리비가 ₩50,000일 때, 전부원가계산에 의한 기말제품재고는? (단, 기초 및 기말 재공품, 기초제품은 없다.)

① ₩85,000 ② ₩106,250
③ ₩162,500 ④ ₩170,000

CHAPTER 08 CVP 분석

305

㈜한국은 단일제품 A를 생산하며 판매하는 회사이다. 제품 A의 단위당 예상판매가격이 ₩5,000이고, 공헌이익률은 20%이다. 연간 고정원가가 ₩4,000,000일 때, 단일제품 A의 손익분기점 매출수량은 몇 개인가?

① 3,800개   ② 4,000개
③ 4,200개   ④ 4,500개

306

㈜한국은 20X1년에 설립되어 단일제품 4,000단위를 생산하여 단위당 ₩250에 모두 판매하였으며, 제품의 변동원가율은 60%이다. 판매담당자는 20X2년에 연간 광고비를 ₩90,000만큼 증가시키면 연간 매출액이 ₩300,000만큼 증가할 것으로 예측하고 있다. 이 예측이 옳다면 20X2년의 영업이익이 20X1년보다 얼마나 증가하는가? (단, 20X2년의 판매가격과 원가형태는 20X1년과 동일하며, 재고자산은 없다.)

① ₩25,000   ② ₩30,000
③ ₩35,000   ④ ₩40,000

307

㈜한국은 20X1년 초에 설립되어 인공지능을 이용한 스피커를 생산하고 있다. 스피커의 단위당 변동원가는 ₩6,000이며, 연간 고정원가 총액은 ₩1,500,000이다. ㈜한국은 당기에 국내시장에서 스피커 300단위를 판매하고, 국내시장에서 판매하고 남은 스피커는 해외시장에 판매할 계획이다. 스피커의 국내 판매가격은 단위당 ₩10,000이며, 해외 판매가격은 단위당 ₩9,000이다. 해외시장에 판매하더라도 원가구조에는 변함이 없으며, 국내시장에 미치는 영향은 없다. 법인세율이 20%일 경우 손익분기점 판매량은 얼마인가?

① 350단위   ② 400단위
③ 450단위   ④ 500단위

정답 305 ② 306 ② 307 ②

308

㈜한국의 20X1년 매출액은 ₩500,000, 총고정원가는 ₩160,000, 공헌이익률은 40%이며, 법인세율은 30%이다. 다음 설명 중 옳지 않은 것은? (단, 기초재고와 기말재고는 동일하다.)

① 안전한계율은 25%이다.
② 영업레버리지도는 5이다.
③ 세후 영업이익은 ₩28,000이다.
④ 손익분기점 매출액은 ₩400,000이다.

309

㈜한국은 제품 A와 B를 생산·판매하고 있다. 제품별 판매 및 원가에 관한 자료는 다음과 같다.

구분	제품 A	제품 B	합계
판매량	?	?	100개
매출액	₩200,000	₩300,000	₩500,000
변동비	?	?	₩375,000
고정비			₩150,000

제품 A의 단위당 판매가격은 ₩4,000이다. 손익분기점에 도달하기 위한 제품 B의 판매량은? (단, 매출배합은 일정하다고 가정한다.)

① 55개 ② 60개
③ 80개 ④ 85개

CHAPTER 09 표준원가

· 정답과 해설 p.83

원가관리회계 기본서 P.250
Ch 03. 표준원가
(4) 차이분석
　2. 변동제조원가 차이분석
　　2-1 직접재료원가 차이분석

310
난이도 ◆◆◆◇◇

㈜한국은 표준원가계산제도를 채택하고 있으며, 단일 제품을 생산·판매하고 있다. 2분기의 예정생산량은 3,000단위였으나, 실제는 2,800단위를 생산하였다. 직접재료원가 관련 자료는 다음과 같다.

• 제품 단위당 수량표준	2kg
• 직접재료 단위당 가격표준	₩300/kg
• 실제 발생한 직접재료원가	₩1,593,000
• 직접재료원가 수량차이	₩120,000(불리)

2분기의 직접재료 실제사용량은?

① 5,600kg 　　　　② 5,800kg
③ 6,000kg 　　　　④ 6,200kg

원가관리회계 기본서 P.250
Ch 03. 표준원가
(4) 차이분석
　2. 변동제조원가 차이분석
　　2-1 직접재료원가 차이분석

기출플러스 기본편 P.359 ✓ 03번
2016년 서울시 9급 응용

311
난이도 ◆◆◆◇◇

㈜한국의 4월 중 원가에 관한 다음 자료에 의하여 직접재료비의 가격차이와 수량차이를 계산하면?

(1) 4월 중 예산생산량	1,500개
(2) 직접 원재료 표준	@₩500, 단위당 2kg
(3) 직접 원재료 실제사용량	3,000kg
(4) 직접 원재료 실제구입가격	@₩600
(5) 당기 제품 실제생산량	1,400개

	가격차이	수량차이
①	₩300,000(유리)	₩100,000(유리)
②	₩300,000(불리)	₩100,000(불리)
③	₩100,000(불리)	₩300,000(불리)
④	₩300,000(불리)	₩100,000(유리)

정답 310 ③ 311 ②

312

㈜한국은 표준원가계산제도를 채택하고 있다. 20X1년도 4월에 제품 2,100개를 생산했으며, 직접노무원가는 ₩4,000,000이 발생하였다. 시간당 실제임률은 ₩1,000이며, 시간당 표준임률은 ₩900이고, 제품 단위당 표준직접노무시간은 2시간이다. 4월의 직접노무원가 능률차이(유리)는 얼마인가? (단, 재공품은 없다.)

① ₩150,000
② ₩160,000
③ ₩170,000
④ ₩180,000

313

직접재료원가의 제품단위당 표준사용량은 5kg이고, 표준가격은 kg당 ₩3이다. 4월에 직접재료 20,000kg을 총 ₩65,000에 구입하여 18,000kg을 사용하였다. 4월에 제품 3,000단위를 생산했을 때, 직접재료원가의 가격차이와 능률차이는? (단, 직접재료원가의 가격차이는 구입시점에서 계산한다.)

① 가격차이 ₩5,000(불리), 능률차이 ₩6,000(불리)
② 가격차이 ₩5,000(불리), 능률차이 ₩9,000(불리)
③ 가격차이 ₩6,000(유리), 능률차이 ₩6,000(유리)
④ 가격차이 ₩6,000(유리), 능률차이 ₩15,000(유리)

314

㈜한국은 표준원가계산제도를 채택하고 있다. 20X1년 직접재료원가와 관련된 표준 및 실제원가 자료가 다음과 같을 때, 20X1년의 실제 제품생산량은?

• 제품단위당 직접재료 표준투입량	5kg
• 직접재료원가 실제 발생액	₩81,000
• 직접재료 단위당 실제구입원가	₩90
• 직접재료원가 가격차이	₩9,000(유리)
• 직접재료원가 능률차이	₩10,000(유리)

① 220단위
② 200단위
③ 180단위
④ 160단위

정답 312 ④ 313 ② 314 ②

315

㈜한국의 원가자료이다. 제조간접비의 능률차이를 구하면?

- 변동제조간접비 실제액 ₩90,000
- 실제작업시간 4,600시간
- 표준작업시간(정상조업도) 5,000시간에 대한 변동제조간접비 예산 ₩100,000
- 실제생산량에 대하여 허용된 표준작업시간 4,300시간

① ₩10,000 유리 ② ₩2,000 불리
③ ₩6,000 불리 ④ ₩8,000 유리

316

㈜한국은 표준원가계산제도를 채택하고 있으며 기계작업시간을 기준으로 고정제조간접원가를 배부한다. 다음 자료에 의할 경우 기준조업도 기계작업시간은? (단, 기초 및 기말 재공품은 없다.)

- 실제 제품 생산량: 700단위
- 제품 단위당 표준기계작업시간: 2시간
- 실제발생 고정제조간접원가: ₩12,000
- 고정제조간접원가 예산차이: ₩2,000(불리)
- 고정제조간접원가 조업도차이: ₩4,000(유리)

① 600시간 ② 800시간
③ 1,000시간 ④ 1,200시간

정답 315 ③ 316 ③

MEMO

오정화
회계학

오정화
회계학

오정화
회계학

2026
7·9급 공무원
회계학 실력다지기

오정화 회계학

1등의 자신감으로
반드시 합격!
SYSTEM 회계학

응용플러스
정답과 해설

오정화 회계학

응용플러스

정답과 해설

차례 | Contents

제 1 편 | 재무회계

01 회계의 첫걸음 — 6
02 재무보고를 위한 개념체계 — 11
03 재무제표 — 14
04 현금 및 수취채권과 지급채무 — 16
05 금융자산 — 20
06 재고자산 — 24
07 유형자산 — 29
08 투자부동산 — 36
09 무형자산 — 38
10 금융부채 - 사채 — 40
11 충당부채와 종업원급여 — 42
12 자본 — 44
13 수익인식과 건설계약 — 47
14 회계변경과 오류수정 — 50
15 현금흐름표 — 53
16 주당이익 — 60
17 관계기업투자와 지분법 — 62
18 재무비율 — 63

제 2 편 | 원가관리회계

01 원가관리회계의 기초 — 68
02 원가배분 — 70
03 개별원가 — 71
04 종합원가계산 — 73
05 활동기준원가계산 — 76
06 결합원가의 배분 — 77
07 변동원가계산 — 79
08 CVP 분석 — 81
09 표준원가 — 83

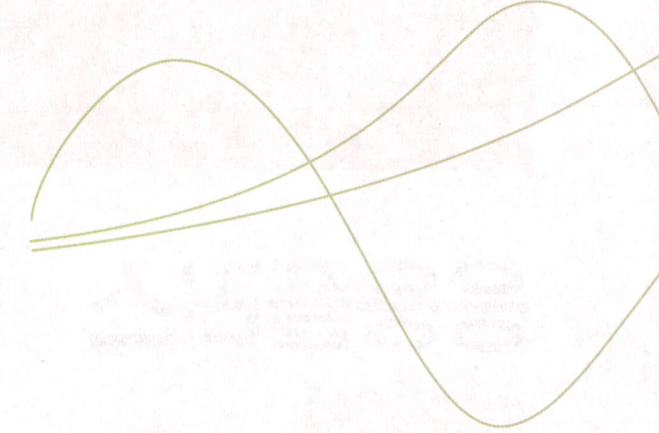

제 **1** 편

재무회계

정답과 해설

01 회계의 첫걸음
02 재무보고를 위한 개념체계
03 재무제표
04 현금 및 수취채권과 지급채무
05 금융자산
06 재고자산
07 유형자산
08 투자부동산
09 무형자산
10 금융부채 – 사채
11 충당부채와 종업원급여
12 자본
13 수익인식과 건설계약
14 회계변경과 오류수정
15 현금흐름표
16 주당이익
17 관계기업투자와 지분법
18 재무비율

CHAPTER 01 회계의 첫걸음

· 본문 p.10

 01 회계의 기초

001

매출액	₩300,000	
매출원가	(₩125,000)	
매출총이익		₩175,000
판매비와관리비		(₩53,000)
급여(판매사원)	(₩20,000)	
감가상각비(본사)	(₩1,000)	
임차료(영업점)	(₩32,000)	
영업이익		₩122,000
영업외수익		₩27,000
임대료	₩15,000	
이자수익(대여금)	₩12,000	
영업외비용		(₩7,000)
대손상각비(대여금)	(₩4,000)	
사채이자비용	(₩3,000)	
법인세비용차감전손익		₩142,000
법인세비용	≪₩22,000≫	
당기순이익		₩120,000

정답 ②

002 (1) 20X1년 기말 재무상태표

자산		부채	
현금	₩100,000	차입금	₩300,000
상품	₩150,000	선수금	₩140,000
미수수익	₩250,000	사채	₩300,000
상각후원가측정 금융자산	₩550,000	사채할증발행차금	₩50,000
선급비용	₩130,000	순확정급여채무	₩130,000
미수금	₩240,000	선수수익	₩130,000
대여금	₩180,000	자본	₩550,000
	₩1,600,000		₩1,600,000

(2) 20X1년 기초 자산총계 = ₩1,600,000 − ₩200,000 = ₩1,400,000
  20X1년 기초 자본총계 = ₩550,000 − ₩120,000 = ₩430,000
  ∴ 20X1년 기초 부채총계 = 20X1년 기초 자산총계 − 기초 자본총계 = ₩970,000

정답 ②

Section 02 회계의 순환과정

003
① 소모품 관련 기말 수정분개는 '(차) 소모품비 ₩70,000 (대) 소모품 ₩70,000' 이다.
② 기말 수정분개를 누락하였다면 소모품비(비용) ₩70,000을 과소계상함으로서 이익을 ₩70,000 과대계상하게 된다.
③ 5월 1일 소모품 구입시 지출한 현금 ₩100,000은 전액 자산으로 처리하였다.
④ 현금주의 관점에서의 소모품비는 현금으로 지출한 ₩100,000이고, 발생주의 관점에서의 소모품비는 ₩70,000이므로 둘의 차이는 ₩30,000이다.

정답 ④

004
(1) 손익계정(이자수익)의 마감은 집합손익으로 차변 ₩110,000으로 마감한다.
(2) 재무상태표계정(미수이자)의 마감은 차기이월로 대변 ₩30,000으로 마감한다.

참고 거래의 이해

(차)	현금	₩100,000	(대)	이자수익	₩100,000
(차)	미수이자	₩30,000	(대)	이자수익	₩30,000
(차)	이자수익	₩20,000	(대)	선수이자	₩20,000

정답 ②

005

기초자본	₩100,000
유상증자	₩10,000
현금배당	(₩5,000)
기타포괄손익(자산재평가이익)	₩5,000
당기순이익	XXX
기말자본	₩150,000

∴ 당기순이익 = ₩40,000
(무상감자는 자본총계에 영향을 주지 않는다.)

정답 ③

006
(1) 기초자본 + 수익 − 비용 + 출자 − 배당 = 기말자본
(2) 기말자본 − 기초자본 = 당기순이익 + 출자 − 배당
(3) ₩500,000 − ₩180,000 = ₩320,000 = 당기순이익 + ₩100,000
  ∴ 당기순이익 = ₩220,000

정답 ①

007 현금을 차입했다면 현금잔액이 늘어나기 때문에 대변이 아닌 차변에 기록되어야 한다. 그러므로 위 거래는 '은행 차입금을 ₩3,000,000 현금으로 지급하였다'가 되어야 한다.

정답 ④

008
(1) 기말자본(기말자산 − 기말부채) = ₩80,000 − ₩50,000 = ₩30,000
(2) 기초자본(기초자산 − 기초부채) = ₩22,000 − ₩3,000 = ₩19,000
(3) 자본의 증감(기말자본 − 기초자본) = ₩30,000 − ₩19,000 = ₩11,000

기초자본	₩19,000
현금배당	(₩1,000)
유상증자	+₩7,000
유상감자	(₩12,000)
수익총액	+₩35,000
비용총액	≪(₩18,000)≫
기말자본	₩30,000

정답 ②

009 (1) 자본의 증감

기초자본	₩500,000
총포괄손익	₩100,000
주식의 발행(현금유입분)	₩1,000 × 100주 − ₩10,000 = ₩90,000
자기주식처분	₩2,000 × 2주 = ₩4,000
기말자본	₩694,000

(2) 기말자본 = 기말자산 − 기말부채
∴ 기말자산 = 기말부채 + 기말자본
= ₩200,000 + ₩694,000 = ₩894,000

정답 ②

010 10월 1일 현금으로 구입할 때
(차) 소모품비　₩100,000　　(대) 현금　₩100,000
으로 기록한 내용이 전기되어 있다.
그러므로 소모품을 구입할 때 전액 비용으로 기록하였다.

정답 ①

Section 03 기말수정분개

011

시산표

자산		부채	
소모품	+₩40,000	미지급이자	+₩15,000
선급보험료	+₩50,000	선수임대료	+₩100,000
미수이자	+₩25,000	자본	
비용			
소모품비	(₩40,000)	수익	
보험료	(₩50,000)	이자수익(미수수익)	+₩25,000
이자비용	+₩15,000	임대료(선수수익)	(₩100,000)
계	₩40,000	계	₩40,000

∴ 수정전 시산표상의 잔액 = ₩500,000 − ₩40,000 = ₩460,000

정답 ③

012

(1)

선급보험료			
기초 선급보험료	₩5,000	보험료	₩8,000
현금지급액	₩12,000	기말 선급보험료	₩9,000
	₩17,000		₩17,000

(2)

선수임대료			
임대료	₩21,000	기초 선수임대료	₩3,000
기말 선수임대료	₩6,000	현금수령액	₩24,000
	₩27,000		₩27,000

∴ 현금주의 관점에서의 손익 = 수익(현금수령액) − 비용(현금지급액) = ₩24,000 − ₩12,000 = ₩12,000   **정답 ①**

013

(1) ㈜민국의 회계처리는 비용을 ₩40,000 줄이는 분개이다. 그러므로 ㈜민국이 지출한 총 ₩100,000의 보험료 비용 중에서 ₩40,000을 선급비용인 자산으로 인식하고 ₩60,000을 당기 비용으로 인식하였다.

(2) ㈜한국이 인식할 당기 수익은 ₩60,000이다. 그러므로 유입된 ₩100,000 중 ₩40,000의 수익을 부채로 인식하는 기말 수정분개를 반영해야 한다. 이를 누락하면 수익이 ₩40,000 과대계상되어 자본 총계가 ₩40,000 과대계상된다.   **정답 ①**

014

③ ㈜한국의 20X1년 말 자산은 차변금액 ₩2,020,000에서 감가상각누계액 ₩50,000을 차감한 ₩1,970,000이다.   **정답 ③**

015

(1) (차) 선급보험료 ₩80,000   (대) 보험료 ₩80,000
(2) (차) 소모품   ₩20,000   (대) 소모품비 ₩20,000
(3) (차) 급여   ₩50,000   (대) 미지급급여 ₩50,000

④ 수정후시산표상의 차변합계는 (1), (2)의 결과 영향이 없지만, (3)의 결과로 인해 ₩50,000이 증가한다.   **정답 ④**

016

	수정후시산표				
자산	현금	₩130,000	부채	선수금	₩80,000
	재고자산	₩200,000		매입채무	₩170,000
	비품	₩50,000		미지급금	₩50,000
	선급비용	₩70,000			₩300,000
		₩450,000	자본	자본금	₩40,000
비용	매출원가	₩100,000		기초이익잉여금	≪₩140,000≫
	급여	₩50,000			₩180,000
		₩150,000	수익	매출액	₩120,000
차변 합계		₩600,000	대변 합계		₩600,000

① 수정후시산표상의 잔액을 차변과 대변으로 나누어 각각 기록하여 잔액을 맞추면 기초이익잉여금을 구할 수 있다.
② 자산소계 ₩450,000 − 부채소계 ₩300,000 = 순자산 ₩150,000
③ 매출총이익 = 매출액 − 매출원가 = ₩120,000 − ₩100,000 = ₩20,000
④ 매출액 ₩120,000 − 매출원가 ₩100,000 − 급여 ₩50,000 = (−)₩30,000
따라서 포괄손익계산서상에는 당기순이익이 아닌 당기순손실 ₩30,000이 계상된다.   **정답 ④**

017

수정후시산표

자산	₩3,500,000	부채	₩2,000,000
선급보험료	₩40,000	미지급이자	₩10,000
토지	(₩20,000)	미지급급여	₩50,000
당기손익인식금융자산	₩100,000		
비용	₩2,000,000	수익	₩3,000,000
보험료	(₩40,000)	당기손익인식금융자산 평가이익	₩100,000
토지평가손실	₩10,000	자본	×××
이자비용	₩10,000	토지평가이익	(₩10,000)
급여	₩50,000		
	△₩150,000		△₩150,000

정답 ①

018 당기순이익에 미치는 영향

선급보험료	+₩60,000
미사용 소모품	+₩15,000
선수임대료	(₩200,000)
계	(₩125,000)

정답 ③

재무보고를 위한 개념체계

· 본문 p.19

 **01** 개념체계 일반 **02** 일반목적재무보고의 목적, 대상 및 한계와 제공하는 정보

019 ④ 일반목적재무보고서의 이용자들은 경제적 의사결정을 위해 객관적이고, 중립적인 정보가 필요한 것은 사실이다. 그렇다고 해서 정치적 사건이나 정치적 풍토와 같은 정보를 고려하지 않을 수는 없다. 　　　정답 ④

020 ③ 회계기준위원회는 공통된 정보의 수요에 초점을 맞추기 때문에 주요 이용자의 특정 일부집단에게 가장 유용한 추가 정보를 포함하지 못하게 하는 것은 아니다. 　　　정답 ③

021 ④ 일반목적재무보고가 제공하는 경제적 자원, 청구권 그리고 청구권의 변동은 그 기업의 재무성과 뿐만 아니라 채무상품이나 지분상품의 발행과 같은 재무성과 이외의 사건이나 거래에 의해서도 발생한다. 　　　정답 ④

 **03** 유용한 재무정보의 질적특성

022 ① 개념체계는 근본적 질적 특성을 적용하기 위한 가장 효율적이고 효과적인 절차를 제시하고 있다. 해당 절차는 '경제적 현상의 식별 → 현상에 대한 가장 목적적합한 정보 식별 → 그 정보가 이용가능한지, 충실하게 표현할 수 있는지 결정' 이다.

참고 [기업회계기준 '재무보고를 위한 개념체계' 문단 2.21]

② 일관성은 목표를 달성하는데 도움을 주고, 비교가능성이 바로 그 목표이다.
④ 재무보고서는 사업활동과 경제활동에 대해 합리적인 지식이 있고, 부지런한 정보를 검토하고 분석하는 정보이용자를 위해 작성되는 것이지 모든 수준의 정보이용자들이 자력으로 이해할 수 있도록 작성되어야 하는 것은 아니다. 　　　정답 ③

023 ③ 해당 내용은 일관성에 대한 서술이다. 　　　정답 ③

 **04** 일반목적 재무제표

024 ② 재무제표는 보고기간 말과 보고기간 중에 존재했던 자산·부채 및 자본과 보고기간 동안의 수익과 비용에 관한 정보를 제공한다. 이때, 인식된 자산·부채뿐만 아니라 미인식된 자산·부채도 포함한다. 　　　정답 ②

 **05** 재무제표 요소

025 ① 자산은 과거사건의 결과 기업이 통제하고 있는 현재의 경제적 자원이다. 그러나 경제적 자원은 그 잠재력을 포함한 현재의 권리이고, 그 권리가 창출할 수 있는 미래의 경제적 효익은 아니다. 　　　정답 ①

026 ④ 부채는 반드시 과거의 거래나 사건에서 기인해야 한다. 　　　　　　　　　　　　　　　　　　　정답 ④

 Section 06 재무제표 요소의 인식과 제거

027 ② 재무제표의 요소의 정의를 충족하는 항목이라도 재무제표에 항상 인식되는 것은 아니다. 자산이나 부채를 인식하고 이에 따른 결과로 수익, 비용 또는 자본변동을 인식하는 것이 재무제표 이용자들에게 유용한 정보를 제공하는 경우에만 자산이나 부채를 인식한다. 　　　　정답 ②

Section 07 재무제표 요소의 측정

028 ③ 자산의 현행원가는 측정일 현재 동등한 자산의 원가로서 측정일에 지급할 대가와 그날에 발생할 거래원가를 포함한다.
사용가치는 기업이 자산의 사용과 궁극적인 처분으로 얻을 것이라고 기대하는 현금흐름 또는 그 밖의 경제적 효익의 현재가치이다. 　　　　　　　　　　　　　　　　　　　　　　　정답 ③

029 ④ 가치변동에 관한 정보가 재무제표 이용자들에게 중요할 경우 역사적 원가는 가장 목적적합한 정보를 제공하지 못할 수 있다.
역사적 원가는 자산의 손상이나 손실부담에 따른 부채변동을 제외하고는 가치변동을 반영하지 않는다. 　정답 ④

030

구분	개념	거래원가 반영	금액
역사적원가	자산을 취득 또는 창출하기 위해 지급한 대가	거래원가를 포함	₩120,000 (= ₩100,000 + ₩20,000)
현행원가	측정일 현재 동등한 자산의 원가	거래원가를 포함	₩115,000 (= ₩110,000 + ₩5,000)
공정가치	측정일 현재 시장 참여자들 사이의 정상거래에서 자산을 매도할 때 받거나 부채를 이전할 때 지급하게 될 가격	거래원가를 반영하지 않음	₩118,000 (= ₩98,000 + ₩20,000) ∵ 거래원가를 차감한 금액이 ₩98,000이므로 이를 다시 환산하여 차감전 금액으로 계산

정답 ②

031 ① 역사적 원가는 자산을 취득하거나 창출하기 위해 지급한 대가에 거래원가를 포함한다. 　　　정답 ①

032 ③ 현행원가를 측정기준으로 사용하는 경우 복잡하고 주관적이며 비용이 많이 발생한다. 기존 자산과 동일한 현행원가를 추정하기 위해서는 새로운 자산의 현재가격에 대한 주관적인 조정이 필요하기 때문이다. 그러므로 현행원가의 측정치는 검증가능성과 이해가능성이 결여될 수 있다. 　　　　　　　　　　정답 ③

033 ① 활성시장에서 관측되지 않은 경우 현금흐름기준 측정기법 등을 사용하여 간접적으로 결정된다.
② 사용가치와 이행가치는 미래현금흐름에 기초하기 때문에 자산을 취득하거나 부채를 인수할 때 발생하는 거래원가는 포함하지 않는다. 다만, 사용가치와 이행가치에는 기업이 자산을 궁극적으로 처분하거나 부채를 이행할 때 발생할 것으로 기대되는 거래원가의 현재가치가 포함된다.
④ 총자본은 직접 측정하지 않지만, 자본의 일부 종류와 자본의 일부 구성요소에 대한 장부금액은 직접 측정하는 것이 적절할 수 있다. 　　　　　　　　　　　　　　　　　　　　　정답 ③

Section 08 자본과 자본유지개념

034 ② 재무자본유지개념은 측정기준이 특정되어 있지 않으나, 실물자본유지개념은 현행원가를 기준으로 측정한다. 정답 ②

035
기초자본	₩1,000	
유지해야 할 자본	상품A 5개 × @₩300 = ₩1,500	} ₩500 자본유지조정
기말자본	₩2,000	} ₩500 이익

정답 ④

036
⑴ 기초자본 = ₩100,000
⑵ 유지해야 할 자본 = ₩100,000 × 125/100 = ₩125,000
⑶ 기말자본 = ₩145,000
∴ 당기순이익 = ₩145,000 − ₩125,000 = ₩20,000

정답 ③

037 ③ 실물자본유지개념을 사용하기 위해서는 현행원가기준에 따라 측정해야 하며, 재무자본유지개념은 특정한 측정기준의 적용을 요구하지 아니한다.

정답 ③

038

구분	명목화폐단위	불변구매력단위	실물단위	
기초자본 자본유지조정	₩5,000	₩5,000 (1 + 10%)	₩5,000 동일조업도(25개)	= ₩200 × 25개
기말유지자본 이익	₩5,000 ₩3,000	₩5,500 ₩2,500	₩10,000 (₩2,000)	= ₩400 × 25개
기말실제자본	₩8,000	₩8,000	₩8,000	

③ 옳은 선지이다. 따라서 불변구매력재무자본유지개념하에서의 기말유지자본은 ₩5,000 × (1 + 10%)인 ₩5,500이 되고, 기말 실제자본인 ₩8,000에서 기말유지자본인 ₩5,500을 초과한 ₩2,500만을 이익으로 인식한다.

④ 실물자본유지개념하에서 기업의 자산과 부채에 영향을 미치는 모든 가격변동은 해당 기업의 실물생산능력에 대한 측정치의 변동으로 간주되어 이익이 아니라 자본의 일부인 자본유지조정으로 처리된다.

참고로 실물자본유지개념하에서 문제의 상황을 바라보면 20X1년에 이익이 아닌 손실 ₩2,000을 인식하게 된다. 기초에 상품A 25개를 구매할 수 있는 ₩5,000을 보유하고 있었으므로, 기말유지자본은 동일조업도인 25개를 반영한 ₩10,000이 되기 때문이다. 만약 ㈜한국이 기초 현금 중 ₩3,000 사용하여 10개의 상품A를 사고파는 대신, 현금 전부를 사용하여 25개의 상품A를 팔아서 기말 자산 총계(현금총계)가 ₩12,500이 된 경우라면 문제 풀이는 다음과 같이 바뀐다.

구분	명목화폐단위	불변구매력단위	실물단위	
기초자본 자본유지조정	₩5,000	₩5,000 (1 + 10%)	₩5,000 동일조업도(25개)	= ₩200 × 25개
기말유지자본 이익	₩5,000 ₩7,500	₩5,500 ₩7,000	₩10,000 ₩2,500	= ₩400 × 25개
기말실제자본	₩12,500	₩12,500	₩12,500	

정답 ④

CHAPTER 03 재무제표

· 본문 p.28

Section 01 재무제표 작성과 표시의 일반원칙

039 ① 상이한 성격이나 기능을 가진 항목은 구분하여 표시하고, 중요하지 않은 항목은 성격이나 기능이 유사한 항목과 통합하여 표시한다.
　　　　　　　　　　　　　　　　　　　　　　　　　　　　　　　　　　정답 ①

040 ④ 기본주당이익과 희석주당이익이 부의금액(즉, 주당손실)인 경우에도 표시해야 한다.
　　　　　　　　　　　　　　　　　　　　　　　　　　　　　　　　　　정답 ④

041 ④ 한국채택국제회계기준의 요구에 따라 공시되는 정보가 중요하지 않다면 그 공시는 제공할 필요가 없다.
　　　　　　　　　　　　　　　　　　　　　　　　　　　　　　　　　　정답 ④

042 ① 재고자산평가충당금을 차감하여 재고자산을 순액으로 측정하는 것은 상계표시에 해당하지 않는다.
② 재무제표는 적어도 1년을 보고빈도로 작성한다. 그러나 보고기간 종료일을 변경하여 재무제표의 보고기간이 1년을 초과하거나 미달하는 경우, 미달한 이유와 비교가능성이 저해되었다는 사실을 추가로 공시하여 작성할 수 있다.
③ 한국채택국제회계기준을 준수하여 작성된 재무제표는 국제회계기준을 준수하여 작성된 재무제표임을 주석으로 공시할 수 있다.
　　　　　　　　　　　　　　　　　　　　　　　　　　　　　　　　　　정답 ④

043 ① 기업은 연차보고서, 감독기구 제출서류 또는 다른 문서에 표시되는 그 밖의 정보 등 재무제표가 아닌 정보에는 한국채택국제회계기준을 적용할 필요가 없다. 한국채택국제회계기준은 오직 재무제표에만 적용한다.
③ 경영진이 기업을 청산하거나 경영활동을 중단할 의도를 가지고 있거나 청산 또는 경영활동의 중단의도가 있을 경우에는 계속기업을 전제로 재무제표를 작성하지 않는다.
④ 한국채택국제회계기준의 요구사항을 모두 충족하지 않은 경우에는 한국채택국제회계기준을 적용하였다고 기재할 수 없다.
　　　　　　　　　　　　　　　　　　　　　　　　　　　　　　　　　　정답 ②

Section 02 재무상태표

044 ② 유동성순서에 따른 표시방법이 신뢰성 있고 더욱 목적적합한 정보를 제공하는 경우를 제외하고는 자산과 부채는 유동항목과 비유동항목으로 구분하여 표시한다.
　　　　　　　　　　　　　　　　　　　　　　　　　　　　　　　　　　정답 ②

045

유동자산	현금및현금성자산	₩1,300,000
	재고자산	₩700,000
	상각후원가 측정 금융자산*	₩1,200,000
	합계	₩3,200,000

* 20X1년 말 기준으로 만기가 2개월 남았으므로 유동자산으로 분류한다.
　　　　　　　　　　　　　　　　　　　　　　　　　　　　　　　　　　정답 ②

046 ④ 신뢰성 있고 더욱 목적적합한 정보를 제공한다면 자산과 부채의 일부는 유동·비유동 구분법으로, 나머지는 유동성 순서에 따른 표시방법으로 표시하는 것이 허용된다. 이러한 혼합표시방법은 기업이 다양한 사업을 영위하는 경우에 필요할 수 있다.

정답 ④

Section 03 포괄손익계산서

047 ① 재고자산에 대한 재고자산평가충당금과 매출채권에 대한 대손충당금과 같은 평가충당금을 차감하여 관련 자산을 순액으로 측정하는 것은 상계표시에 해당하지 아니한다.
② 중요하지 않은 정보일 경우 한국채택국제회계기준에서 요구하는 특정 공시를 제공할 필요는 없다.
③, ④ 기타포괄손익의 구성요소는 다음 중 한 가지 방법을 선택하여 표시할 수 있다.
ⅰ) 관련 법인세 효과를 차감한 순액으로 표시
ⅱ) 관련된 법인세효과 반영 전 금액으로 표시하고, 각 항목들에 관련된 법인세효과는 단일 금액으로 합산하여 표시

정답 ②

048 ② 비용을 기능별로 분류하는 회사는 비용의 성격별 정보에 대한 추가 공시가 필요하다.
③ 재분류조정은 당기나 과거기간에 기타포괄손익으로 인식되었다가 당기에 당기손익으로 재분류된 금액을 의미한다.
④ 특별손익은 포괄손익계산서와 주석에 어떠한 경우에도 구분표시할 수 없다.

정답 ①

049 ① 기타포괄손익은 후속처리하는 과정에서 당기손익으로의 재분류조정 여부에 따라 성격별로 구분하여 표시한다.

정답 ①

050 ① 재평가잉여금의 변동은 기타포괄손익으로 인식된 후, 이익잉여금으로 직접 대체하거나 그대로 재무상태표에 남겨둘 수 있다.

정답 ①

Section 04 기타 재무제표

051 ④ 상법 등 관련 법규에서 이익잉여금 처분계산서의 작성을 요구하는 경우에는 재무상태표의 이익잉여금에 대한 보충정보로서 이익잉여금 처분계산서를 주석에 공시한다. 현행 회계기준상 보충명세서는 존재하지 않는다.

정답 ④

Section 05 중간재무보고

052 ③ 포괄손익계산서는 당해 중간기간과 당해 회계연도 누적기간을 직전 회계연도의 동일기간과 비교하는 형식으로 작성한다.

정답 ③

053 ④ 연중 고르지 않게 발생하는 원가는 연차보고기간 말에 미리 비용으로 예측하여 인식하거나 이연하는 것이 타당한 방법으로 인정되는 경우에 한하여 중간재무보고서에 동일하게 처리한다.

정답 ④

Section 06 보고기간 후 사건

054 ④ 보고기간 말과 재무제표 발행승인일 사이에 투자자산의 공정가치 하락이 중요하다고 하더라도 보고기간후사건으로 반영하지 않는다. 보고기간 후 투자자산의 공정가치는 끊임없이 변화하고 있으므로 어느 특정시점까지의 변화만을 반영한다는 것이 불가능하다.

정답 ④

CHAPTER 04 현금 및 수취채권과 지급채무

· 본문 p.35

Section 01 은행계정조정표

055

(1)

은행계정조정표			
회사측 잔액	₩115,000	은행측 잔액	₩130,000
회사측 오류	₩5,000	미기입예금	₩20,000
		기발행 미인출수표	(₩30,000)
조정 후 잔액	₩120,000	조정 후 잔액	≪₩120,000≫

(2) 현금및현금성자산 = 통화 + 당좌예금 = ₩50,000 + ₩120,000 = ₩170,000

정답 ①

056

은행계정조정표			
㈜한국 측 잔액	₩200,000	은행측 잔액	₩188,000
매출채권추심	+₩29,000	기발행미인출수표	(₩24,000)
부도수표	(₩13,000)	미기입예금	+₩51,000
수수료	(₩1,000)		
조정 후 잔액	₩215,000	조정 후 잔액	₩215,000

∴ ㈜한국 측 잔액과 은행측 잔액의 차이 = ₩200,000 − ₩188,000 = ₩12,000

정답 ①

Section 02 장기성 채권·채무의 현재가치 평가

057

(1) 유형자산처분이익 = 처분액 − 장부금액 = ₩94,000 − ₩50,000 = ₩44,000
(2) 이자수익 = ₩94,000 × 10% = ₩9,400
∴ 당기손익에 미치는 영향 = ₩44,000 + ₩9,400 = ₩53,400 증가

정답 ③

Section 03 매출채권의 평가 - 대손회계

058

(1) 매출채권 = 외상매출금 + 받을어음 = ₩300,000 + ₩100,000 = ₩400,000
(2) 기말대손충당금 = ₩2,500
(3) 매출채권의 회수가능액 = 매출채권 − 대손충당금 = ₩400,000 − ₩2,500 = ₩397,500

정답 ③

059

(1) 20X1년 기말 매출채권 잔액: 기초 ₩100,000 + 외상매출 ₩900,000 − 회수 ₩600,000 − 대손 ₩20,000
= ₩380,000
(2) 20X1년 기말 대손충당금 잔액: ₩380,000 × 1% = ₩3,800

(3) 20X1년 대손상각비의 계산(T계정법)

대손충당금

대손확정	₩20,000	기초	₩1,000
		전기 대손 회수	₩13,000
기말	₩3,800	대손상각비	≪₩9,800≫
차변 합계	₩23,800	대변 합계	₩23,800

정답 ②

060 (1) 기초대손충당금

대손충당금

대손발생액	₩4,500	기초잔액	≪₩3,200≫
기말잔액	₩2,500	대손상각비	₩3,800
	₩7,000		₩7,000

(2) 기초매출채권 회수가능액 = ₩80,000 − ₩3,200 = ₩76,800

정답 ①

061 순매출채권(매출채권 + 대손충당금)

감소(기초)기말)	₩18,000	현금회수액	₩73,000
매출액	₩70,000	대손상각비	≪₩15,000≫
	₩88,000		₩88,000

∴ 대손상각비 = ₩15,000

별해) 증감분석법

IS	매출액	+ ₩70,000
	대손상각비	≪(₩15,000)≫
BS	순매출채권의 감소	+ ₩18,000
CF	현금주의 매출액(매출로 인한 현금유입액)	+ ₩73,000

정답 ①

062 순매출채권(매출채권 + 대손충당금)

기초매출채권	₩80,000	현금회수액	≪₩171,500≫
기초대손충당금	(₩8,000)	대손상각비	₩7,500
매출액	₩230,000	기말매출채권	₩120,000
매출할인	(₩15,000)	기말대손충당금	(₩12,000)
	₩287,000		₩287,000

*매출운임은 당기 비용으로 처리

별해) 증감분석법

IS	순매출액	+ ₩215,000
	대손상각비	(₩7,500)
BS	매출채권의 증가	(₩40,000)
	대손충당금의 증가	+ ₩4,000
CF	현금주의 매출액(매출로 인한 현금유입액)	≪+ ₩171,500≫

정답 ②

063 (1) 기대신용손실 = ₩100,000 × 0.3% + ₩65,000 × 1% + ₩30,000 × 5% + ₩20,000 × 7% + ₩5,000 × 10% = ₩4,350
(2) 손실충당금 환입 = ₩5,000 − ₩4,350 = ₩650

정답 ③

064

대손충당금

2월 대손	₩12,000	기초	₩10,000
3월 대손	₩7,000	7월 회수	₩3,000
		9월 회수	₩2,000
기말	₩40,000	대손상각비	≪₩44,000≫
	₩59,000		₩59,000

정답 ④

065 (1) 대손상각비 잔액

대손충당금

대손	₩100,000	기초	₩70,000
기말	₩90,000*	대손상각비	≪₩120,000≫
	₩190,000		₩190,000

*기말대손충당금 = ₩500,000 − ₩410,000 = ₩90,000
(2) 당기순이익에 미치는 영향이 대손 관련해서는 자산(유동자산)에 미치는 영향과 일치한다.

정답 ④

066 (1) 20X1년 매출채권

20X1년 매출채권

기초	₩20,000	현금회수	₩200,000
		대손	₩10,000
외상매출금액	₩260,000	기말	≪₩70,000≫
	₩280,000		₩280,000

(2) 20X1년 대손충당금 = 기말매출채권 × 10% = ₩70,000 × 10% = ₩7,000
(3) 20X2년 매출채권

20X2년 매출채권

기초	₩70,000	현금회수	₩220,000
		대손	₩20,000
외상매출금액	₩300,000	기말	≪₩130,000≫
	₩370,000		₩370,000

(4) 20X2년 대손충당금 = 기말매출채권 × 10% = ₩130,000 × 10% = ₩13,000
(5) 20X2년 대손상각비

20X2년 대손충당금

대손	₩20,000	기초	₩7,000
기말	₩13,000	대손	≪₩26,000≫
	₩33,000		₩33,000

정답 ③

067

(1)

매출채권			
기초	₩2,000,000	현금회수액	₩7,000,000
		대손액	₩600,000
외상매출액	≪₩9,600,000≫	기말	₩400,000/10% = ₩4,000,000
	₩11,600,000		₩11,600,000

(2) 당기총매출액 = ₩9,000,000 × (1 + 20%) = ₩10,800,000

(3) 당기 중 현금매출액 = 총매출액 − 외상매출액 = ₩10,800,000 − ₩9,600,000 = ₩1,200,000 ▶ 정답 ③

Section 04 매출채권 제거

068
(1) 매출채권이 제거되지 않고 단기차입금이 증가한 것으로 보아 실질적인 위험과 효익이 이전되지 않은 담보차입거래로 볼 수 있다. 실질적인 위험과 효익의 이전이 확실하지 않은 경우 어음의 통제권이 양도자에게 남아있는 경우 담보차입거래로 처리한다.

(2) 어음의 액면이자율은 1개월 보유한 어음의 이자수익이 ₩5,000인 것으로 볼 때,

액면금액 × 액면이자율 × 1개월/12개월 = ₩1,000,000 × 액면이자율 × 1개월/12개월 = ₩5,000

∴ 액면이자율 = 6% ▶ 정답 ③

069
(1) 어음의 만기금액 : ₩10,000,000 + ₩10,000,000 × 10% × 6/12 = ₩10,500,000

(2) 할인액 : ₩10,500,000 × 12% × 4/12 = ₩420,000

(3) 현금수령액 : ₩10,500,000 − ₩420,000 = ₩10,080,000 ▶ 정답 ③

070
④ 제거조건이 충족되지 않으면 관련 금융자산을 계속 인식해야 하므로 매출채권을 상계할 수 없다. ▶ 정답 ④

071
(1) 양도자가 금융자산의 소유에 따른 위험과 보상의 대부분을 보유한 경우: 매출채권의 담보차입거래이므로 채권을 제거하지 않는다.

> ① 확정가격 재매입조건: 양도자가 매도 후에 미리 정한 가격 또는 매도가격에 양도자에게 금전을 대여하였더라면 그 대가로 받았을 이자수익을 더한 금액으로 양도자산을 재매입하는 거래의 경우
> ② 사용대차계약: 유가증권대차계약을 체결한 경우
> ③ 대손의 보증: 양도자가 양수자에게 발생가능성이 높은 대손의 보상을 보증하면서 단기 수취채권을 매도한 경우

(2) 양도자가 금융자산의 소유에 따른 위험과 보상의 대부분을 이전하는 경우: 매출채권의 양도거래이므로 채권을 제거한다.

> ① 조건 없는 매도: 금융자산을 아무런 조건 없이 매도한 경우
> ② 공정가치 재매입조건: 양도자가 매도한 금융자산을 재매입시점의 공정가치로 재매입할 수 있는 권리를 보유하는 경우

참고 유가증권 대차거래

유가증권 대차거래란 유가증권을 보유한 기관(대여자)이 시장 투자 전략의 일환으로 증권을 필요로 하는 기관(차입자)에게 일정 기간 후 상환을 조건으로 수수료를 받고 유가증권을 빌려주는 거래이다. ▶ 정답 ③

072
(1) 무이자부어음인 경우 : 매출채권처분손실 = ₩120,000 × 12% × 1/12 = ₩1,200

(2) 이자부어음의 경우

현금수령액 = (₩120,000 + ₩120,000 × 10% × 3/12) − ₩123,000 × 12% × 1/12 = ₩121,770

할인일의 어음가치 = ₩120,000 + ₩120,000 × 10% × 2/12 = ₩122,000

∴ 매출채권처분손실 = ₩122,000 − ₩121,770 = ₩230 ▶ 정답 ④

CHAPTER 05 금융자산

· 본문 p.43

Section 01 금융자산의 기초

073 ③ 금융자산의 매도가 일어나거나 미래에 일어날 것으로 예상되는 경우에도 사업모형은 계약상 현금흐름을 수취하기 위해 금융자산을 보유하는 것일 수 있다. 즉, 만기까지 보유할 필요는 없다. 　　정답 ③

074 ⑴ 금융상품은 현금(a), 매출채권(b), 매입채무(e), 대여금(f), 투자사채(g), 미수수익(i), 차입금(l)이다.
⑵ 금융상품은 거래당사자 일방에게 금융자산을 발생시키고 동시에 다른 거래상대방에게 금융부채나 지분상품(자본)을 발생시키는 모든 계약으로 정의한다. 즉, 현금이 유출되더라도 미지급법인세나 의제의무(제품보증충당부채)는 금융상품이 아니다. 또한 선수금, 선급금, 선급비용, 선수수익도 재화나 용역으로 결제하거나 결제되므로 금융상품이 될 수 없다. 　　정답 ④

075 ① 당기손익 – 공정가치로 측정되는 '지분상품에 대한 특정 투자'에 대해서는 후속적인 공정가치 변동은 최초 인식시점이라면 일정 조건에 해당하는 경우를 제외하고는 기타포괄손익으로 표시하도록 선택할 수 있다.
③ 금융자산 전체나 일부의 회수를 합리적으로 예상할 수 없는 경우에는 금융자산의 총장부금액을 직접 차감한다. 총장부금액에서 예상되는 손실충당금을 차감한 상각후원가로 장부에 표시한다.
④ 금융자산을 상각후원가 측정 범주에서 기타포괄손익 – 공정가치 측정 범주로 재분류하는 경우 재분류일의 공정가치로 측정하며, 재분류 전 상각후원가와 공정가치 차이에 따른 손익은 기타포괄손익으로 인식한다. 　　정답 ②

076 ③ 최초 인식 후 금융상품의 신용위험이 유의적으로 증가하지 아니한 경우에는 보고기간 말에 전체기간 기대신용손실이 아닌 12개월 기대신용손실에 해당하는 금액으로 손실충당금을 추정한다. 　　정답 ③

Section 02 지분상품

077

배당수익	₩5,000 이익(= ₩500 × 10주)
처분손익	₩5,000 손실 {= (₩10,000 − ₩9,000) × 5주}
평가손익	₩16,000 이익(= ₩13,200 × 5주 − ₩100,000 × 5/10)
당기순이익에 미치는 영향	₩16,000 증가

정답 ④

078 ⑴ 20X1년 말 총포괄손익의 증감 = 자산의 변화
　　　　　　　　　　　　　= ₩12,000 × 100주 − (₩10,000 × 100주 + ₩100,000) = ₩100,000 증가
⑵ ㈜민국 주식의 기말 장부금액 = 기말 공정가치 = ₩12,000 × 100주 = ₩1,200,000
⑶ 처분 시, 장부금액과 처분대가의 차이만큼 평가손익을 인식하고 기타포괄손익누계액으로 인식한다. 그러므로 처분에 대한 부대비용이 없다면 처분손익은 인식되지 않는다. 그러나 처분의 부대비용이 발생한 경우 부대비용은 당기의 비용으로 인식한다. 그러므로 부대비용 ₩100,000이 처분결과의 손실로 인식된다.
⑷ 처분으로 인해 총포괄손익에 미치는 영향은 자산의 변화 즉,
　　(₩15,000 × 100주 − ₩100,000) − ₩12,000 × 100주 = ₩200,000 증가이다. 　　정답 ③

079

거래일자	거래	주식수
20X1.12.31.	장부금액 100주 × ₩1,200 = ₩120,000	100주
20X2.3.1.	장부금액 변화 없음	120주
20X2.7.1.	처분손익 = 처분대가 − 장부금액 처분대가 − ₩120,000 × 60주/120주 = ₩10,000 손실 ∴ 처분대가 = ₩50,000	60주

정답 ①

080
(1) 취득원가 = 구입원가 + 취득수수료 = ₩1,000 + ₩20 = ₩1,020
(2) 20X1년 총포괄손익 = ₩900 − ₩1,020 = ₩120 감소
(3) 20X2년 총포괄손익 = ₩1,200 − ₩900 = ₩300 증가
 기타포괄손익누계액 = ₩1,200 − ₩1,020 = ₩180
(4) 20X3년 당기순이익 = 처분손익 = ₩0

정답 ④

081
(1) A사 주식은 단기매매 목적이므로 당기손익 금융자산으로 분류한다. D사의 주식도 비상장주식이기는 하지만 기타포괄손익으로 평가할 것을 선택하지 않았기 때문에 당기손익 금융자산으로 분류한다. 그러므로 당기손익 금융자산의 평가이익은
 • A주식: ₩170,000 − ₩150,000 = ₩20,000 평가이익
 • D주식: ₩190,000 − ₩200,000 = (₩10,000) 평가손실
 ∴ ₩10,000을 당기손익으로 인식한다.
(2) B사 주식은 평가손익을 기타포괄손익으로 평가할 것을 선택하였으므로 기타포괄손익 금융자산으로 분류한다.
 기타포괄손익 금융자산의 평가이익 = ₩210,000 − ₩200,000 = 평가이익 ₩10,000(기타포괄손익)
(3) C사 주식은 40%의 지분을 보유하고 있으므로 명백한 반증이 없는 한 지분법 회계처리를 적용한다. 그러므로 기말 공정가치로 평가하지 않는다.

정답 ②

082
(1) 당기손익 금융자산 처분손익 = 처분금액 − 장부금액 = ₩150,000 − ₩120,000 = ₩30,000
 기타포괄손익 금융자산 처분손익 = ₩0
 (공정가치의 평가 유무와 무관하게 처분손익은 ₩0이다.)
 ∴ 당기손익으로 인식할 처분손익 = ₩30,000
(2) 총포괄손익의 변화 = 20X1년 처분가액 − 20X1년 말 장부금액
 = (₩150,000 + ₩150,000 + ₩150,000) − (₩120,000 + ₩80,000 + ₩110,000) = ₩140,000

 정답 ②

083
(1) 당기손익 금융자산으로 분류한 경우
 ① 20X1년 당기손익 금융자산 평가이익
  = 공정가치 − 취득원가 = ₩2,200 × 10주 − ₩2,000 × 10주 = ₩2,000(당기손익으로 인식)
 ② 거래부대비용 ₩1,000은 20X1년 비용으로 인식
 ③ 20X2년 당기손익 금융자산의 처분손익 = 처분가액 − 장부가액 = ₩2,200 × 10주 − ₩2,200 × 10주 = ₩0
  ∴ 이익잉여금에 누적된 손익효과 = (₩1,000) + ₩2,000 = + ₩1,000
(2) 기타포괄손익 금융자산으로 분류한 경우
 ① 20X1년 기타포괄손익 금융자산 평가손익 = 공정가치 − 취득원가
  = ₩2,200 × 10주 − (₩2,000 × 10주 + ₩1,000) = ₩1,000(기타포괄손익)
 ② 20X2년 기타포괄손익 금융자산 처분손익 = ₩0
 20X2년 처분 시 20X1년 기말 공정가치와 처분대가가 일치하므로 추가 누적평가손익인식은 없음.

그러므로 처분 시 누적된 평가손익은 ₩1,000 (누적된 평가손익은 문제 조건에 따라 처분 시 이익잉여금에 대체함.)
∴ 최종 처분 후 이익잉여금에 미치는 효과(₩1,000)는 동일하다.

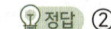 정답 ②

Section 03 채무상품

084 ⑴ 당기순이익에 미치는 영향
(20X1년 1월 1일부터 20X1년 12월 31일까지 자산의 모든 변화값이 당기손익에 영향을 줌)

재무상태표

	당기손익금융자산	₩470,000	
△₩40,000	△액면이자	₩50,000	
	당기손익금융자산	₩510,000	
	△₩40,000	+△₩50,000	= ₩90,000 증가

정답 ①

085 ⑴ 20X2년 초의 상각후원가: ₩450,000 + ₩450,000 × 10% − ₩30,000 = ₩465,000
⑵ 상각후원가 측정 금융자산으로 분류한 경우 20X2년의 총 당기손익 효과: ₩500,000 − ₩465,000 = ₩35,000
⑶ 기타포괄손익 − 공정가치 측정 금융자산으로 분류한 경우의 20X2년 당기손익 역시 ⑵와 동일한 ₩35,000이다.
(20X1년 말의 사채 공정가치 조건은 활용하지 않아도 답을 구할 수 있다.)

정답 ③

086 ⑴ ㈜서울의 기중 채무상품 변동액 = 기말 ₩970,000 − 기초 ₩945,000 = ₩25,000
⑵ ㈜서울의 20X1년도 총포괄손익 = 20X1년 채무상품 변동액 + 표시이자 현금 수령액(A)
₩135,000 = ₩25,000 + A
*"자본 = 자산 + 부채"이므로 기타 자본 요소의 변동액이 없다면, 기중 총포괄손익 증감액이 곧 기중 순자산 증감액과 동일하다. 채무상품과 관련된 자본 요소의 변동은 없으므로, 기중 ㈜서울의 채무상품 변동액과 현금수령액의 합계(순자산 변동액)이 곧 총포괄손익의 증감액(₩135,000) 크기와 같다.
⑶ 표시이자 현금 수령액(A) = ₩110,000
⑷ 표시이자율 = ₩110,000/₩1,000,000 = 11%

정답 ②

087 ⑴ 3년간 이자수익의 합 = ₩100,000 + ₩100,000 × 5% × 3년 − ₩87,500 = ₩27,500
⑵ 20X2년과 20X3년의 이자수익의 합 = ₩27,500 − ₩8,750 = ₩18,750

정답 ②

088 ⑴ 처분가액 = ₩98,000 − ₩1,500 = ₩96,500
⑵ 장부금액 = ₩96,000 + ₩3,000*
= ₩99,000
*미수이자 = 100좌 × ₩1,000 × 12% × 3/12 = ₩3,000
⑶ 금융자산처분손실 = ₩96,500 − ₩99,000 = (₩2,500)

정답 ④

089 ⑴ 당기손익 금융자산 : ₩97,000 − ₩100,000 × 10% × 3/12 − ₩2,000 = ₩92,500
⑵ 기타포괄손익 금융자산 : ₩97,000 − ₩100,000 × 10% × 3/12 = ₩94,500

정답 ③

090 ⑴ 20X1년 말 공정가치 = 20X1년 공정가액 ₩995,000 − ₩25,000(이자수익) = ₩970,000
⑵ 이자수익 = ₩1,000,000 × 10% × 3/12 = ₩25,000
⑶ 평가이익 = 공정가치 − 장부금액 = ₩970,000 − ₩960,000 = 평가이익 ₩10,000

정답 ②

091 (1) 당기손익 금융자산으로 분류되었을 경우
- 취득원가: ₩82,000
- 이자수익(액면이자율법) = ₩100,000 × 5% = ₩5,000

(2) 상각후원가 측정 금융자산으로 분류되었을 경우,
- 이자수익(유효이자율법) = ₩82,000 × 10% = ₩8,200

(3) 기타포괄손익 금융자산으로 분류되었을 경우,
- 20X0년 말 장부금액 = ₩82,000 + ₩82,000 × 10% − ₩100,000 × 5% = ₩85,200
- 20X1년 말 장부금액 = ₩85,200 + ₩3,200 × 1.1 = ₩88,720
- 처분손익 = 처분금액 − 장부금액 = ₩92,000 − ₩88,720 = ₩3,280 이익

정답 ③

CHAPTER 06 재고자산

· 본문 p.50

Section 01 재고자산의 취득원가 결정

092 ① 재무회계는 실제 원가를 통해 재고자산의 취득원가를 측정한다. 다만, 표준원가법으로 평가한 결과가 실제원가와 유사한 경우에 편의상 표준원가법을 사용할 수 있다.
정답 ①

093 ② 고정제조간접원가는 정상조업도에 기초하여 전환원가에 배부한다.
정답 ②

094 ③ 생물자산에서 수확한 농림어업자산으로 구성된 재고자산은 공정가치가 아니라 순공정가치로 측정한다.
정답 ③

095 ① 완성될 제품이 원가 이상으로 판매될 것으로 예상하는 경우에는 그 생산에 투입하기 위해 보유하는 원재료 및 기타소모품을 감액하지 아니하며, 원재료 가격이 하락하여 제품의 원가가 순실현가능가치를 초과할 것으로 예상된다면 해당 원재료를 순실현가능가치로 감액하여야 한다.
정답 ①

Section 02 기말재고자산의 평가

096 ③ 계속기록법은 수량을 측정하여 기록했을 경우 장부상의 재고자산만 측정이 되므로 실지재고조사를 통해 재고의 수량을 파악하지 않으면 재고자산의 감모손실을 인식할 수 없다. 또한 실지재고수량을 바탕으로 평가손실을 인식해야 하므로 계속기록법만으로 감모손실과 평가손실을 인식할 수는 없다.
정답 ③

097 ① 성격이나 용도 면에서 유사한 재고자산에는 동일한 단위원가 결정방법을 적용하여야 하며, 성격이나 용도 면에서 차이가 있는 재고자산에는 서로 다른 단위원가 결정방법을 적용할 수 있다. 그러나 재고자산의 지역별 위치나 과세방식이 다르다는 이유만으로 동일한 재고자산에 다른 단위원가 결정방법을 적용하는 것이 정당화될 수는 없다.
정답 ①

098 ④ 단가가 계속 오르고 있는 상황에서 재고자산의 금액을 크게 계상하는 평가방법의 순서는 '선입선출법 > 이동평균법(계속기록법하의 가중평균법) > 총평균법(실지재고조사법 하의 가중평균법)'이다.
다만, 선입선출법 하에서 계속기록법을 적용하는지 실지재고조사법을 적용하는지 감모가 없다면 재고자산은 동일하게 계산되고, 매출원가도 동일하다.
정답 ④

099

재고자산			
기초	₩50,000	매출원가	≪₩140,000≫
		기말재고	
		실지조사	₩40,000
당기매입	₩180,000 + ₩20,000	미착품반영	₩20,000 + ₩50,000
	₩250,000		₩250,000

∴ 매출원가 = ₩140,000

정답 ②

100 (1) 반품재고자산을 반영하지 않은 매출원가

재고자산			
기초	₩10,000	매출원가	≪₩80,000≫
매입	₩105,000	기말	₩20,000 + ₩15,000*
	₩115,000		₩115,000

*₩45,000 × (₩60,000 − ₩40,000)/₩60,000 = ₩15,000

(2) 반품재고자산은 반환제품회수권으로 인식되고 장부에서 재고자산은 제외된다.
다만, 반품가능성이 높은 부분은 매출원가에서 제외되어야 한다.
∴ ₩80,000 − ₩50,000 × 20% = ₩70,000

💡정답 ③

101 (1) 선입선출법하의 당기순이익 − 이동평균법하의 당기순이익 = ₩1,000,000 − ₩900,000 = ₩100,000
(2) 이동평균법하의 당기순이익이 ₩100,000 과소이므로 기말재고자산도 과소이다.
∴ 선입선출법하의 기말재고자산 ₩300,000 − ₩100,000 = ₩200,000 = 이동평균법하의 기말재고자산이다.

💡정답 ③

Section 03 재고자산 감모손실과 평가손실

102

재고자산			
기초재고	₩2,000	매출원가	≪₩6,720≫
당기매입	₩6,500	기타비용	₩20
		기말재고	₩1,760
	₩8,500		₩8,500

💡정답 ③

103 (1) 재고자산평가손실은 감모손실을 먼저 인식한 후 인식한다.
(2) 재고자산평가손실 = (150개 − 30개) × (₩300 − ₩200) = ₩12,000

💡정답 ③

104
- 장부재고액 : 220개 × @₩1,100 = ₩242,000 ⎫ 감모손실 ₩22,000
- 실지재고액 : ≪200개≫ × @₩1,100 = ₩220,000 ⎬
- 순실현가치 : 200개 × ≪@₩1,000≫ = ₩200,000 ⎭ 평가손실 ₩20,000

💡정답 ①

105 (1) 매출원가 = 기초재고 + 당기매입 − 기말재고(저가법 적용 후)
  = ₩270,000 + ₩3,000,000 − (₩100,000 − ₩30,000) = ₩3,200,000
(2) 매출총이익 = 매출액 − 매출원가 = ₩4,000,000 − ₩3,200,000 = ₩800,000

💡정답 ①

106 (1) 장부상수량 = 장부상 기말상품재고액 ₩200,000 / 단위당 원가 ₩1,000 = 200개
(2) 실사수량
  감모손실 = 감모수량 × 장부상단가 = 감모수량 × ₩1,000 = ₩20,000
  ∴ 감모수량 = 20개, 실사수량 = 200개 − 20개 = 180개
(3) 순매입액 = 매입채무의 증가 + 매입으로 인한 현금유출 = ₩100,000 + ₩300,000 = ₩400,000
  (매입할인은 위 산식을 통해 순매입액이 산출되므로 적용하지 않음)

(4)

재고자산			
기초상품 재고액	₩20,000	매출원가 (감모와 평가 반영)	₩258,000
순매입액	₩400,000	기말재고 (실사수량 × 순실현가능액)	₩162,000 (= 180개 × 순실현가능액)
	₩420,000		₩420,000

∴ 순실현가능액 = ₩900

💡 **정답** ④

Section 04 재고자산의 추정

107 (1) 매출액

매출채권			
기초	₩60,000	매출채권 현금회수액	₩50,000
매출액	≪₩30,000≫	기말	₩40,000
	₩90,000		₩90,000

(2) 매출원가 = 매출액 × 매출원가율 = 매출액 × (1 − 매출총이익률)
   = ₩30,000 × (1 − 30%) = ₩21,000

(3) 매입액

매입채무			
매입채무 현금지급액	₩40,000	기초	₩30,000
기말	₩20,000	매입액	≪₩30,000≫
	₩60,000		₩60,000

(4) 기말재고자산

재고자산			
기초	₩10,000	매출원가	₩21,000
매입	₩30,000	기말	≪₩19,000≫
	₩40,000		₩40,000

(5) 재고자산 추정손실금액 = 기말재고자산 × 80% = ₩19,000 × 80% = ₩15,200

💡 **정답** ③

108 매입과 관련된 현금의 유출(CF)이 주어져 있으므로 분개법으로 접근하는 것이 효율적이다.

(1) 매출원가

IS	매출원가	≪₩220,000≫		
BS			매입채무의 증가	₩3,000
			재고자산의 감소	₩13,000
CF			매입으로 인한 현금유출	₩204,000

(2) 20X1년 매출액 = 매출원가 + 매출총이익 = ₩220,000 + ₩22,000 = ₩242,000

> 참고

(1) 순매입액

매입채무

현금지급에 의한 매입채무 감소	₩204,000	기초매입채무	₩10,000
기말매입채무	₩13,000	순매입액	≪₩207,000≫
	₩217,000		₩217,000

(2) 매출원가

상품 재고자산

기초상품재고	₩28,000	매출원가	≪₩220,000≫
당기상품 순매입액	₩207,000	기말상품재고	₩15,000
판매가능재고	₩235,000	판매가능재고	₩235,000

(3) 20X1년의 매출액 = 매출원가 + 매출총이익 = ₩220,000 + ₩22,000 = ₩242,000

* 매입채무 T계정과 상품재고 T계정의 '순매입액' 항목의 ₩207,000 안에 매입환출 ₩900이 반영되어 있으므로, 순매입액을 구하고 나면 매입환출은 문제에서 별도로 필요가 없는 자료이다.

정답 ③

109
(1) 기말재고(매가) = ₩200 + ₩900 + ₩150 − ₩50 − ₩900 = ₩300
(2) 원가율 = ₩500/(₩900 + ₩150 − ₩50) = 50%
(3) 기말재고(원가) = ₩300 × 50% = ₩150
(4) 매출원가 = ₩50 + ₩500 − ₩150 = ₩400

정답 ④

110
(1) 매출원가 = 매출액 × 매출총이익률 = ₩150,000 × (1−20%) = ₩120,000
(2) 당기매입액 = 매출원가 + 기말재고 − 기초재고 = ₩120,000 + ₩60,000 − ₩40,000 = ₩140,000
(3)

매입채무

현금지급액	≪₩156,000≫	기초	₩100,000
기말	₩140,000 × 60% = ₩84,000	당기매입	₩140,000
	₩240,000		₩240,000

정답 ②

111

IS	매출총이익	≪₩196,000≫
BS	매출채권의 감소	+ ₩5,000
	재고자산의 증가	(₩5,000)
	매입채무의 증가	+ ₩6,000
	선수금의 감소	(₩2,000)
CF	매출관련 수입 − 매입관련 지출	₩650,000 − ₩450,000 = ₩200,000

정답 ③

112 (1) 매출액 = 기초총자산 × 총자산회전율
= ₩120,000 × 2회 = ₩240,000
(2) 매출원가 = 매출액 × 매출원가율
= ₩240,000 × (1 - 30%) = ₩168,000
(3) 순매입액 = 당기 재고자산 총매입액 - 매입할인
= ₩320,000 - ₩12,000 = ₩308,000
(4) 기말재고자산 = 기초재고자산 + 순매입액 - 매출원가
= ₩30,000 + ₩308,000 - ₩168,000 = ₩170,000

정답 ②

113 (1) 기말재고자산(매가) = 기초 + 당기매입 - 가격인하 + 가격인상 - 당기매출
= ₩200,000 + ₩1,700,000 - ₩200,000 + ₩100,000 - ₩1,200,000 = ₩600,000
(2) 원가율 = 원가에 의한 판매가능액 / 매가에 의한 판매가능액
= ₩1,440,000/(₩1,700,000 - ₩200,000 + ₩100,000) = 90%
(3) 원가에 의한 기말재고액 = ₩600,000 × 90% = ₩540,000

정답 ①

114 (1) 재고자산

재고자산(원가)			
기초	₩200,000	매출원가	
당기매입액	₩610,000		
매입운임	₩20,000		
매입할인	(₩30,000)	기말재고	
계	₩800,000	계	₩800,000

재고자산(매가)			
기초	₩210,000	매출	
당기매입액	₩980,000	종업원할인	₩50,000
순인상액	₩20,000		
순인하액	(₩10,000)	기말재고	
계	₩1,200,000	계	₩1,200,000

(2) 원가율(저가기준 선입선출)
= (₩610,000 + ₩20,000 - ₩30,000)/(₩980,000 + ₩20,000) = 60%
(3) 재고자산(매가) = ₩90,000/60% = ₩150,000
(4) 매출액 = ₩1,200,000 - 종업원할인 ₩50,000 - 기말재고 ₩150,000 = ₩1,000,000

정답 ①

CHAPTER 07 유형자산

· 본문 p.62

Section 01 유형자산의 취득 및 유형별 취득원가

115 ㄱ. 시험과정에서 생산된 재화의 순매각금액은 당기손익으로 인식한다.
ㄷ. 기업의 영업 전부 또는 일부를 재배치하거나 재편성하는 과정에서 발생하는 원가는 취득원가에 반영하지 않는다. 정답 ②

116 ② 생산용식물의 경우 유형자산으로 분류하고 감가상각을 수행한다. 생산용식물에서 자라고 있는 생산물은 생물자산이고, 이를 수확하는 경우 재고자산(수확물)으로 분류한다. 생산용식물 이외의 농림어업활동 목적의 생물자산은 순공정가치 측정대상인 생물자산으로 분류된다.
③ 비화폐성 자산 간의 교환 거래가 상업적 실질을 결여하지 않은 경우, 제공한 자산과 취득한 자산 모두의 공정가치를 신뢰성 있게 측정할 수 없다면 유형자산의 취득원가는 그 교환으로 취득한 자산이 아니라 '제공한 자산'의 장부금액으로 측정한다. 정답 ③

117 ④ 자가건설에 따른 내부이익은 자가건설원가에 포함하지 않는다. 정답 ④

118

구분	금액	비고
토지 구입대금	₩1,000,000	토지의 취득원가
사옥 신축 개시 이전까지 토지 임대를 통한 수익	–	당기수익
토지 취득세 및 등기수수료	₩70,000	토지의 취득원가
창고 철거비	₩10,000	토지의 취득원가
창고 철거 시 발생한 폐자재 처분 수입	(₩5,000)	토지의 취득원가에서 차감
본사 사옥 설계비	–	건물의 취득원가
본사 사옥 공사대금	–	건물의 취득원가
토지의 취득원가	≪₩1,075,000≫	

정답 ②

119
- 상황 (가): 기계 A를 제거하고 처분이익 ₩150,000을 인식함과 동시에 기계 A의 공정가치인 ₩1,200,000을 기계 B의 취득원가로 인식한다.
- 상황 (나): 기계 A를 제거함과 동시에 기계B의 공정가치인 ₩1,050,000을 기계 B의 취득원가로 인식한다. 이 경우 기존 자산의 장부금액과 새로운 자산의 공정가치가 우연히 같기 때문에 인식할 처분손익은 ₩0이다.
- 상황 (다), (라): 상업적 실질이 없는 경우라면 회사의 실질에는 변화가 없으므로 제공한 자산, 기계 A의 장부가액 ₩1,050,000을 기준으로 취득원가를 구하고 처분손익을 인식하지 않는다. 정답 ①

120 ③ 취득하는 유형자산의 공정가치를 신뢰성 있게 측정할 수 없을 때, 예외적으로 발행하는 주식의 공정가치를 주식의 발행가액으로 한다. 그러므로 발행하는 주식의 공정가치인 ₩1,500,000이 토지의 취득원가이고, 자본금 ₩500,000에 주식발행초과금은 ₩1,000,000을 인식해야 한다. 정답 ③

121 (1) 구축물의 취득원가 = 구축물 매입가격 + 복구비용의 현재가치
= ₩300,000 + ₩62,000 = ₩362,000
(2) 20X1년 감가상각비 = ₩362,000/5년 = ₩72,400
(3) 20X1년 복구충당부채의 이자비용 = ₩6,200
(4) 20X1년 당기손익에 미치는 영향 = ₩72,400 + ₩6,200 = ₩78,600
(5) 20X1년 말 복구충당부채의 장부금액 = ₩68,200
(6) 복구시점에 소요되는 원가가 복구예상원가 ₩100,000을 초과하면 발생시점에 비용으로 인식한다.   정답 ②

122 (1) 자산차감법의 경우 감가상각비 = (₩8,000,000 − ₩3,200,000) ÷ 8년 = ₩600,000
(2) 이연수익법의 경우 감가상각비 = ₩8,000,000 ÷ 8년 = ₩1,000,000   정답 ②

123 (1) 20X1년 감가상각비 = ₩1,000,000 × 4/10* × 6/12 = ₩200,000
*연수합계 = 4 + 3 + 2 + 1 = 10
(2) 20X1년 말 장부금액(감가상각 후) = 20X2년 초 장부금액 = ₩1,000,000 − ₩200,000 = ₩800,000
(3) 엘리베이터 교체 후 20X2년 초 장부금액 = ₩800,000 + ₩200,000 = ₩1,000,000
(4) 20X2년 말 감가상각비 = ₩1,000,000 × 4/10 = ₩400,000
(5) 20X2년 말 장부금액 = ₩1,000,000 − ₩400,000 = ₩600,000
(6) 20X3년 감가상각비 = ₩600,000/3년 = ₩200,000
수익적 지출 ₩50,000
∴ 당기비용 = ₩200,000 + ₩50,000 = ₩250,000   정답 ②

124 • 토지원가: 1,000주 × ₩2,000(공정가치) + ₩300,000(건물대금) + ₩500,000(건물 철거비) + ₩200,000(취득세와 등록세) − ₩40,000(폐자재 처분대가) = ₩2,960,000
• 건물원가: ₩500,000(건물공사 계약금) + ₩10,000(건물신축 법률비용) + ₩700,000(건물공사 중도금) + ₩60,000(건축담당직원 인건비) + ₩1,000,000(건물 공사 잔금) = ₩2,270,000   정답 ③

125 (1) 20X1년 초 건물 A의 취득원가 = ₩40,000 × 1/5 = ₩8,000
(2) 20X1년 말 건물 A의 장부금액 = ₩8,000 − ₩8,000/5년 = ₩6,400
(3) 20X2년 말 건물 B의 장부금액 = ₩20,000 − ₩20,000/10년 × 3/12 = ₩19,500
(4) 건물 A의 장부금액(20X2년 초) ₩6,400은 20X2년의 비용으로 인식하고, 철거비용 ₩1,500과 매각수익 ₩500의 순철거비용 ₩1,000도 당기의 비용으로 인식한다. 20X2년 건물 B의 취득 후 사용가능한 때(10월 1일)부터 감가상각을 인식한다.   정답 ①

126 (1) 20X1년 기계장치의 취득원가 = ₩2,000,000 + ₩3,000,000 × 0.7 = ₩4,100,000
(2) 20X1년 말 기계장치의 장부금액 = ₩4,100,000 − ₩4,100,000/4년 = ₩3,075,000   정답 ②

127 (1) 공채의 공정가치와 발행가액의 차이 = ₩100,000 − ₩85,000 = ₩15,000
(2) 차량운반구의 취득원가 = ₩1,000,000 + ₩15,000 = ₩1,015,000
(3) 감가상각비 = ₩1,015,000/10년 = ₩101,500
(4) 이자수익 = ₩85,000 × 10% = ₩8,500
(5) 공채의 장부금액 = ₩85,000 + ₩8,500 − ₩5,000 = ₩88,500   정답 ③

128 (1) 20X1년 감가상각후 장부금액 = (₩2,000,000 − ₩500,000) − (₩1,500,000/5년) = ₩1,200,000
(2) 20X2년 초 자본적 지출 후 장부금액 = ₩1,200,000 + ₩1,000,000 = ₩2,200,000
(3) 20X2년 감가상각비 = (₩2,200,000 − ₩100,000)/5년* = ₩420,000
*20X2년 초 잔존내용연수 4년 + 자본적 지출로 인한 연장 1년

정답 ④

129 (1) ㈜한국 기계장치의 공정가치 = 장부가치 + 처분손익
= (₩900,000 − ₩300,000) + ₩50,000 = ₩650,000
(2) ㈜민국 기계장치의 공정가치 = (₩1,000,000 − ₩600,000) + ₩100,000 = ₩500,000
(3) 교환(㈜한국 입장에서)

준것	=	받은것
₩650,000	=	₩500,000 + 현금

∴ 현금 = ₩150,000

정답 ③

Section 02 원가모형

130 (1) 20X1년 초 특수장비의 취득원가 = ₩25,000 + 취득세 ₩3,000 + 등록세 ₩2,000 = ₩30,000
(자동차보험료는 20X1년 당기비용으로 인식함)
(2) 20X1년 말 (= 20X2년 초) 장부금액 = ₩30,000 − ₩30,000/5년 = ₩24,000
(3) 20X2년 회수가능액 = max[사용가치 ₩13,000, 순공정가치 ₩15,000] = ₩15,000
(4) 20X2년 특수장비와 관련된 회계처리가 당기순이익에 미치는 영향
= △ 자산의 증감
= ₩15,000 − ₩24,000 = (₩9,000)

정답 ④

131 (1) 20X1년 1월 1일 기계장치의 취득원가 = 취득대가 ₩240,000 + 시운전비 ₩40,000 = ₩280,000
(시험과정에서 발생한 시제품의 매각대금 ₩20,000은 당기 손익으로 인식함)
(2) 20X1년 12월 31일 감가상각후 장부금액 = ₩280,000 − ₩280,000/4년 = ₩210,000
(기계장치의 재배치를 위한 운반비와 설치원가는 당기비용으로 인식함)
(3) 20X1년 말 회수가능액 = max[₩150,000, ₩120,000] = ₩150,000
(4) 20X1년 손상차손 = 감가상각후장부금액 − 회수가능액 = ₩210,000 − ₩150,000 = ₩60,000
(5) 20X2년 감가상각비 = ₩150,000/3년 = ₩50,000
(6) 20X2년 말 감가상각후 장부금액 = ₩150,000 − ₩50,000 = ₩100,000
(7) 20X2년 말 손상을 인식하지 않았다면 인식하였을 장부금액 = ₩210,000 − ₩210,000/3년 = ₩140,000
(8) 20X2년 말 회수가능액 = max[₩160,000, ₩170,000] = ₩170,000
(9) 20X2년 손상차손환입액 = min[₩140,000, ₩170,000] − ₩100,000 = ₩40,000

정답 ③

132 (1) 20X1년 회수가능액 = max [사용가치, 순공정가치] = max [₩3,000,000, ₩3,600,000] = ₩3,600,000
∴ 20X1년 말 장부금액 = ₩3,600,000
(2) 20X1년 감가상각 후 장부금액 = ₩5,000,000 − ₩5,000,000/10년 = ₩4,500,000
(3) 20X1년 손상차손 = 회수가능액 − 장부금액 = ₩3,600,000 − ₩4,500,000 = (₩900,000)
(4) 20X2년 감가상각비 = ₩3,600,000/9년 = ₩400,000
(5) 20X2년 회수가능액 = max [₩4,300,000, ₩3,900,000] = ₩4,300,000
(6) 20X2년 말 장부금액 = ₩3,600,000 − ₩400,000 = ₩3,200,000
(7) 20X2년 말 손상차손환입 = min[₩4,000,000*, ₩4,300,000] − ₩3,200,000 = ₩800,000
*손상을 인식하지 않았을 경우 인식하게 될 장부금액 = ₩5,000,000 − ₩5,000,000 × 1/5 = ₩4,000,000

정답 ④

133 ① 자산의 사용을 포함하는 활동에서 창출되는 수익은 일반적으로 자산의 경제적효익의 소비요소를 반영하기 때문에 수익·비용의 대응의 원칙에 충실하게 감가상각의 방법을 적용하는 것이 적절하다. 즉, 감가상각은 유형자산의 사용으로 인하여 수익이 창출되는 기간에 그에 대응하는 비용을 인식하기 위하여 자산의 취득원가를 내용연수에 걸쳐 합리적이고 체계적인 방법에 따라 비용으로 배분하는 과정이다.

정답 ①

134 ⑴ 20X1년 감가상각누계액이 ₩10,000인 것으로 보아 기계장치의 상각률은 ₩10,000/₩50,000 = 20%이다.
⑵ 20X2년 감가상각비는 ₩40,000 × 20% = ₩8,000이므로
기계장치의 장부금액은 ₩50,000 - ₩10,000 - ₩8,000 = ₩32,000이다.

정답 ②

135 ⑴ 처분 시의 기계장치 장부가액 : ₩450,000 + ₩50,000 = ₩500,000
⑵ 18개월 감가상각비, 기계장치의 취득원가를 a라 하면
$(a - 0.1a) \times 3/6 = 0.45a$
$(a - 0.1a) \times 2/6 \times 6/12 = 0.15a$
∴ 18개월간 감가상각누계액 = $0.45a + 0.15a = 0.6a$
$a - 0.6a = ₩500,000$
∴ 기계장치의 취득원가 = a = ₩1,250,000

정답 ③

136 ⑴ 20X2년 12월 31일 기계장치의 장부금액 = ₩1,000,000 - ₩1,000,000/4년 × 2년 = ₩500,000
⑵ 20X3년 1월 1일 기계장치의 장부금액 = ₩500,000 + ₩500,000 = ₩1,000,000
⑶ 20X4년 1월 1일 기계장치의 장부금액 = ₩1,000,000 - (₩1,000,000 - ₩100,000) × 4/10 = ₩640,000
⑷ 20X4년 기계장치 처분손익 = 수령한 현금 - 장부금액 = 수령한 현금 - ₩640,000 = (₩60,000)
∴ 수령한 현금 = ₩580,000

정답 ④

137

	순액(기계장치 + 감가상각누계액)		
기초장부금액	₩1,700,000 - ₩300,000	처분장부금액	₩500,000
		감가상각비	₩400,000
취득	≪₩1,300,000≫	기말장부금액	₩2,300,000 - ₩500,000
	₩2,700,000		₩2,700,000

별해

⑴ 처분손익 = 처분대가 - 장부금액 = ₩550,000 - ₩500,000 = ₩50,000
⑵ 증감분석법

IS	감가상각비	(₩400,000)
	처분이익	+ ₩50,000
BS	기계장치의 취득원가 증가	(₩600,000)
	감가상각누계액의 증가	+ ₩200,000
CF	순현금흐름	(₩750,000)

⑶
유입(처분)	+ ₩550,000
유출(취득)	≪(₩1,300,000)≫
순현금흐름	(₩750,000)

∴ 유출(취득)은 ₩1,300,000이다.

정답 ④

138 (1) 기계장치 취득원가

기계장치 취득원가			
기초	₩600,000	처분	₩150,000
취득	≪₩230,000≫	기말	₩680,000
	₩830,000		₩830,000

∴ 처분한 기계장치의 취득원가 ₩230,000

(2) 감가상각비

감가상각누계액			
처분	₩70,000	기초	₩320,000
기말	₩400,000	감가상각비	≪₩150,000≫
	₩470,000		₩470,000

∴ 감가상각비 ₩150,000

정답 ②

139
- 20X1년
  - 감가상각비 : (₩1,000,000 − ₩200,000) ÷ 10년 = (₩80,000)
  - 손상차손 : (₩1,000,000 − ₩80,000) − ₩830,000 = (₩90,000)
  - (₩170,000)

- 20X2년
  - 감가상각비 : (₩830,000 − ₩200,000) ÷ 9년 = (₩70,000)
  - 손상차손환입 : ₩840,000* − (₩830,000 − ₩70,000) = ₩80,000
  - ₩10,000

* 손상이 없었을 경우 장부금액 ₩1,000,000 − (₩1,000,000 − ₩200,000) × 2/10 = ₩840,000

정답 ④

Section 03 재평가모형

140 (1) 20X3년 재평가손실(당기비용) = ₩1,200,000 − ₩1,500,000 = (₩300,000)
(2) 20X4년 재평가이익(당기수익) = ₩1,500,000 − ₩1,200,000 = ₩300,000
　　20X4년 재평가잉여금(기타포괄손익) = ₩1,600,000 − ₩1,500,000 = ₩100,000
(3) 20X5년 유형자산처분손실 = 처분대가 − 장부금액
　　　　　　　　　　　　　　 = ₩1,100,000 − ₩1,600,000 = (₩500,000)
∴ 유형자산처분손실 ₩500,000 인식
(4) 20X3년 초부터 20X5년 말까지 이익잉여금에 미치는 효과 = ₩1,100,000 − ₩1,500,000 = (₩400,000)
이익잉여금으로 대체하기로 했으므로 유형자산 관련 모든 손익은 실현손익으로 인식되어 이익잉여금에 누적된다. 그러므로 ₩1,500,000에 취득하여 ₩1,100,000에 처분한 것으로 거래를 이해하면 쉽게 산출할 수 있다.

정답 ④

141 (1) 20X1년의 감가상각비: ₩500,000 ÷ 5년 = ₩100,000
(2) 20X1년 손상차손: 회수가능액 ₩320,000 − 장부금액 ₩400,000 = (−)₩80,000
(3) 20X2년의 감가상각비: ₩320,000 ÷ 4년 = ₩80,000
(4) 20X2년의 감가상각 후 장부금액(재평가 및 손상차손 환입 반영 전): ₩320,000 − ₩80,000 = ₩240,000
(5) 20X2년 손상차손 환입액: 전년도 손상차손액 ₩80,000

(6) 20X2년 기타포괄손익으로 인식할 재평가잉여금:
총 평가증액(₩340,000 - ₩240,000) - 당기손익(손상차손환입) ₩80,000 = ₩20,000
*재평가모형에서의 손상차손환입은 원가모형과 달리, 당기 이전에 인식한 손상차손을 한도로 함에 유의하여야 한다.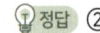

142 ㄷ. 무형자산으로 인식하기 위해서는 식별가능성, 자원에 대한 통제 및 미래 경제적 효익의 존재 모두를 만족해야 한다.
ㄹ. 무형자산을 창출하기 위한 내부 프로젝트를 연구단계와 개발단계로 구분할 수 없는 경우에는 그 프로젝트에서 발생한 지출은 모두 연구단계에서 발생한 것으로 본다.

143 (1) 20X1년 말 감가상각 후 장부가액 = ₩300,000 - ₩300,000 ÷ 5년 = ₩240,000
(2) 20X1년 재평가잉여금 = ₩280,000 - ₩240,000 = ₩40,000
(3) 20X1년 감가상각누계액제거법에 따른 회계처리

	평가 전		재평가 후
취득금액	₩300,000	(-)₩20,000	₩280,000
감가상각누계액	(₩60,000)	(+)₩60,000	
장부금액	₩240,000		₩280,000

재평가 (차) 감가상각누계액 ₩60,000 (대) 재평가잉여금(기타포괄손익) ₩40,000
비품 ₩20,000

(4) 20X2년 감가상각비 = ₩280,000 ÷ 4년 = ₩70,000
(5) 20X2년 감가상각인식으로 재평가잉여금을 이익잉여금으로 대체 = ₩40,000 ÷ 4년 = ₩10,000
(6) 이익잉여금 대체 후 재평가잉여금 잔액 = ₩30,000
(7) 20X2년 감가상각 후 장부가액 = ₩280,000 - ₩70,000 = ₩210,000
(8) 20X2년 재평가 = ₩210,000 - ₩160,000 = ₩50,000
(9) 20X2년 재평가잉여금 차감 후 재평가손실인식 = ₩50,000 - ₩30,000 = ₩20,000
∴ 당기비용으로 인식할 금액 = 감가상각비 ₩70,000 + 재평가손실 ₩20,000 = ₩90,000

Section 04 차입원가

144 ④ 특정차입금에서 발생한 차입원가를 자본화한 다음에 일반차입금에서 발생한 차입원가를 자본화한다.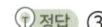

145 ④ 일반목적으로 차입한 자금의 경우에는 일시투자수익을 차감하지 않는다. 특정차입금의 경우만 일시적 운용에서 생긴 투자수익을 차감한 금액을 자본화가능 차입원가로 결정한다.

146 (1) 연평균지출액은 일반차입금의 자본화할 차입원가를 산출할 때 필요한 정보이다. 해당 문제는 특정차입금의 자본화할 차입원가를 산출하는 문제이므로 연평균지출액을 산출할 필요가 없다.
(2) 특정차입금의 자본화 할 차입원가 = ₩120,000 × 10% × 11/12 - ₩30,000 × 8% × 2/12 = ₩10,600

참고 일시투자수익
특정차입금의 일시투자수익이 있다면 자본화 할 차입원가에서 차감한다.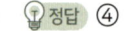

147 (1) 평균지출액 = ₩5,000,000 + ₩5,000,000 × 6/12 = ₩7,500,000
(2) 자본화할 차입원가 = ₩875,000
① 특정차입금 = ₩10,000,000 × 10% − ₩5,000,000 × 5% × 6/12 = ₩875,000
② 일반차입금 = {₩7,500,000 − (₩10,000,000 − ₩5,000,000 × 6/12)} × 11% = ₩0

정답 ②

148 (1) 연평균지출액의 계산 : ₩50,000 × 9/12 + ₩30,000 × 4/12 + ₩20,000 × 0/12 = ₩47,500
(2) 일반차입금 관련 자본화금융비용 = (₩47,500 − ₩30,000 × 9/12) × 10% = ₩2,500
한도액 (일반차입금 관련 당기발생금융비용 ₩10,000) 이내이므로 전액 자본화
(3) 일반차입금 관련 당기 비용처리액 : ₩10,000 − ₩2,500 = ₩7,500

정답 ②

CHAPTER 08 투자부동산

· 본문 p.78

Section 01 투자부동산의 의의

149 ④ 부동산 사용자에게 제공하는 용역이 유의적인 경우에는 자가사용부동산으로 분류하고 제공되는 용역은 수익인식기준에 따라 인식한다.   정답 ④

150

구분	투자부동산 항목	비고
금융리스로 제공한 토지	–	금융리스자산
처분예정인 자가사용 건물	–	매각예정자산
미래 자가사용 목적으로 개발 중인 토지	–	유형자산
직접 소유하고 운용리스로 제공하고 있는 건물	₩100	투자부동산
운용리스 제공목적으로 보유 중인 미사용 건물	₩150	투자부동산
장래 용도 미결정인 보유 중인 토지	₩100	투자부동산
계	₩350	

정답 ①

151 ② 종업원으로부터 시장요율로 임차료를 받고 있는 경우에도 종업원이 사용하는 부동산은 자가사용부동산이며 투자부동산으로 분류하지 않는다.   정답 ②

Section 02 인식과 측정   03 제거

152 ① 원가모형의 경우 감가상각비를 인식한다.
  감가상각비 = ₩1,000,000/5년 = ₩200,000
② 공정가치 모형의 경우 감가상각비를 인식하지 않는다.
③ 공정가치 모형의 경우 평가이익 = ₩1,200,000 − ₩1,000,000 = ₩200,000
④ 투자부동산의 경우 기타포괄손익에 미치는 영향은 없다.   정답 ②

153 (1) 유형자산이나 투자부동산이나 총포괄손익에 미치는 영향은 (₩450,000) = ₩350,000 − ₩800,000으로 같다.
(2) 당기손익에 미치는 영향
  • 유형자산 = ₩350,000 − ₩500,000 = (₩150,000)
  • 투자부동산 = (₩450,000)   정답 ③

Section 04 투자부동산 대체

154 ③ 재고자산을 공정가치로 평가하는 투자부동산으로 대체하는 경우 재고자산의 장부금액과 대체시점의 공정가치의 차액은 재고자산에서 발생한 손익이므로 재고자산의 매각과 동일하게 당기손익으로 인식한다.   정답 ③

155 (1) 20X1년 재고자산의 저가평가로 인해 평가손실 = ₩100,000 − ₩90,000 = ₩10,000
(2) 20X2년 1월 1일 재분류로 인한 당기손익효과 = ₩75,000 − ₩90,000 = ₩15,000 손실
(3) 20X2년 12월 31일 투자부동산 평가이익 = ₩85,000 − ₩75,000 = ₩10,000 이익
∴ 당기손익에 미치는 영향 = ₩15,000 손실 + ₩10,000 이익 = ₩5,000 손실

> 참고 회계처리

20X1.12.31. 저가평가	(차)	재고자산평가손실	₩10,000	(대)	재고자산	₩10,000
20X2.1.1. 투자부동산으로 대체	(차)	투자부동산 매출원가	₩75,000 ₩90,000	(대)	매출 재고자산	₩75,000 ₩90,000
20X2.12.31. 공정가치 평가	(차)	투자부동산	₩10,000	(대)	평가이익	₩10,000

정답 ①

156 (1) 20X1년 감가상각 후 장부금액 = ₩100,000 − ₩100,000 ÷ 5년 = ₩80,000
(2) 20X1년 재평가잉여금 = ₩90,000 − ₩80,000 = ₩10,000
(3) 20X2년 1월 1일 투자부동산으로 대체하기 위해 공정가치 평가(재평가)로 인한 재평가손실
= ₩75,000 − ₩90,000 + ₩10,000 = (₩5,000)
(4) 20X2년 12월 31일 공정가치 평가로 인한 평가이익 = ₩85,000 − ₩75,000 = ₩10,000
(5) 20X2년 12월 31일 당기손익에 미치는 효과 = ₩5,000 손실 + ₩10,000 이익 = ₩5,000 이익

> 참고 회계처리

20X1.12.31.	(차)	감가상각비	₩20,000	(대)	감가상각누계액	₩20,000
20X1.12.31. 재평가	(차)	건물	₩10,000	(대)	재평가잉여금	₩10,000
20X2.1.1. 투자부동산으로 대체	(차)	투자부동산 재평가잉여금 재평가손실	₩75,000 ₩10,000 ₩5,000	(대)	건물	₩90,000
20X2.12.31. 공정가치 평가	(차)	투자부동산	₩10,000	(대)	평가이익	₩10,000

정답 ②

09 무형자산

· 본문 p.82

 01 무형자산의 정의　02 무형자산의 취득원가　03 무형자산의 상각
04 무형자산의 손상　05 무형자산의 폐기와 처분　06 무형자산의 재평가

157 ① 내용연수가 비한정인 무형자산의 비한정 내용연수를 유한 내용연수로 변경하는 것은 회계 추정의 변경이다.
② 자산을 운용하는 직원의 교육훈련과 관련된 지출은 당기의 비용으로 인식하고 무형자산으로 인식하지 않는다.
③ 개별취득하는 무형자산은 미래 경제적 효익이 기업에 유입될 시기나 금액이 불확실하더라도 미래 경제적 효익이 기업에 유입될 가능성이 높다는 기준을 항상 충족하는 것으로 본다.　　정답 ④

158 ② 컴퓨터로 제어되는 기계장치가 특정 컴퓨터 소프트웨어가 없으면 가동이 불가능한 경우에는 그 소프트웨어를 관련된 하드웨어의 일부로 보아 유형자산으로 회계처리한다.　　정답 ②

159

구분	회계처리
ㄱ. 경영진이 미래효익을 기대하고 있는 고객관계 개선 관련 프로젝트에 ₩3,000 지출	당기비용으로 인식
ㄴ. ㈜민국의 장부에 자산으로 기록하지 않았던 품질 향상 제조기법을 배타적 통제가능성과 함께 획득하고 ₩2,000 지급	무형자산으로 인식
ㄷ. 기계를 ₩30,000에 구입하면서 기계제어 소프트웨어프로그램 구입을 위해 ₩3,000 추가 지급	기계구입대금과 소프트웨어구입대금을 모두 기계장치 취득원가로 인식
ㄹ. 신제품에 대한 광고비 ₩20,000 지급	당기비용으로 인식
ㅁ. ㈜대한의 식별가능한 순자산의 공정가치는 ₩4,000인데, ㈜한국은 ㈜대한의 주식 전부를 인수하기 위해 ₩7,000 지급	순자산의 공정가치보다 초과로 지급된 ₩3,000(= ₩7,000 − ₩4,000)은 영업권(무형자산)으로 인식
ㅂ. ㈜만세의 장부상 금액 ₩1,000인 디자인권을 ₩5,000에 구입	디자인권을 무형자산으로 인식

∴ 무형자산은 ㄴ, ㅁ, ㅂ　　정답 ④

160 무형자산의 재평가는 유형자산과 동일하다.
(1) 20X1년 감가상각 후 장부금액 = ₩100,000 − ₩100,000/5년 = ₩80,000
(2) 20X1년 재평가잉여금 = ₩88,000 − ₩80,000 = ₩8,000
(3) 20X2년 말 감가상각 후 장부금액 = ₩88,000 − ₩88,000/4년 = ₩66,000
(4) 재평가차액 = ₩66,000 − 공정가치 ₩52,800 = ₩13,200
(5) 재평가손실 = ₩13,200 − ₩8,000 = ₩5,200　　정답 ③

Section 07 내부적으로 창출한 무형자산

161

구분	분류	무형자산 인식금액
연구결과나 기타 지식을 평가 및 최종 선택하는 활동	연구비	–
생산이나 사용 전의 시제품과 모형을 제작하는 활동	개발비	₩150,000
새로운 기술과 관련된 금형을 설계하는 활동	개발비	₩210,000
개발된 제품의 대량 생산을 위해 필요한 기계장치의 취득	유형자산	–
개발 후 해당 자산을 운용하는 직원에 대한 교육 훈련비	교육훈련비(판매비와 관리비)	–
계		₩360,000

정답 ①

162 (1) 영업권 = 취득대가 − 순자산의 공정가치
    = ₩1,000 − 순자산의 공정가치 × 60% = ₩100
   ∴ 순자산의 공정가치 = ₩1,500
(2) 순자산의 공정가치 = 자산의 공정가치 − 부채의 공정가치
    = 자산의 공정가치 − ₩500 = ₩1,500
   ∴ 자산의 공정가치 = ₩2,000

정답 ④

163 (1) 개발비 = 개발활동 관련지출 ₩1,000,000
(2) 20X2년 말 감가상각후 장부금액 = ₩1,000,000 − ₩1,000,000/10년 × 3/12 = ₩975,000
(3) 20X3년 당기순이익에 미치는 영향 = 감가상각비 + 손상차손
    = 자산의 감소액
    = 20X2년 말 장부상의 금액 − 20X3년 말 회수가능액
    = ₩975,000 − ₩500,000 = ₩475,000 감소

정답 ②

164 (1) 순자산의 공정가치 = 자산의 공정가치(유형자산의 공정가치) − 부채의 공정가치 = ₩4,000 − ₩3,500 = ₩500

  참고 무형자산의 공정가치
(2) 무형자산의 공정가치를 신뢰성 있게 측정할 수 없다면, 순자산의 공정가치를 산출하는데 있어서 반영할 수 없다.
(3) 영업권 = 취득대가 − 순자산의 공정가치 = ₩2,000 − ₩500 = ₩1,500

정답 ③

165 (1) ㈜민국의 순자산의 공정가치 = 자산의 공정가치
   (장부금액 ₩400,000 + 유형자산의 공정가치 ₩50,000) − 부채의 공정가치 ₩220,000 = ₩230,000
(2) 영업권 = 취득대가 − 순자산의 공정가치 = ₩300 × 1,000주 − ₩230,000 = ₩70,000

  참고
합병 관련 자문 수수료, 중개수수료, 컨설팅비용 등의 취득 관련 원가는 해당기간의 비용으로 인식하고 영업권에 반영하지 않는다. 합병대가로 주식을 발행하는 과정에서 발생한 주식의 발행원가는 주식발행가액에서 차감한다. 또한 직원에 대한 교육훈련비는 별도의 비용으로 처리하고 영업권에 반영하지 않는다.

정답 ③

CHAPTER 10 금융부채 - 사채

· 본문 p.87

Section 01 금융부채의 분류와 인식과 측정

166 금융부채 = 매입채무(₩200,000) + 미지급금(₩100,000) + 사채(₩50,000) + 미지급배당금(₩150,000) = ₩500,000

정답 ③

Section 02 사채

167 ② 유효이자율법을 적용하는 경우 사채발행차금의 상각액이나 환입액은 모두 매년 증가한다. 정답 ②

168 사채발행비는 사채발행가액에서 직접 차감하고 동 금액만큼 사채할인발행차금이 증가한다. 정답 ①

169 (1) 사채의 발행가액 = ₩1,000,000 × 0.71 + ₩1,000,000 × 8% × 2.4 = ₩902,000
(2) 사채할인발행차금 = ₩1,000,000 − ₩902,000 = ₩98,000
(3) 사채의 이자비용 = 사채할인발행차금 + 3년간의 이자비용
= ₩98,000 + ₩1,000,000 × 8% × 3년 = ₩338,000 정답 ④

170 (1) 기초 사채의 장부가액(상각후원가) : ₩163,000 + ₩7,000 = ₩170,000
(2) 유효이자율: ₩25,500 ÷ ₩170,000 = 15% 정답 ②

171 ② 사채발행비가 존재하는 경우, 발행시점의 발행자의 유효이자율은 발행시점의 시장이자율보다 높다. 정답 ②

172 ① 사채발행비가 발생한 경우 유효이자율은 시장이자율보다 높아진다.
② 할증발행의 경우 이자비용은 매년 감소한다. 왜냐하면 사채의 장부금액에 유효이자율을 곱하여 이자비용을 산정하는데, 사채의 장부금액은 매년 감소하기 때문이다.
③ 사채의 장부금액은 매년 감소하여 최종 만기 시에는 액면금액과 일치하게 된다.
④ 사채 할증발행의 경우 사채의 이자비용은 표시이자지급분(현금이자지급분)에서 사채할증발행차금 상각분을 차감하여 산정한다. 사채할증발행차금은 매년 증가하므로 사채의 이자비용은 매년 감소하고, 현금이자지급액보다 작다. 정답 ③

173 (1) 20X1년 초 사채의 장부금액 = ₩190,000 − ₩5,000 = ₩185,000
(2) 20X1년 사채의 장부금액 = ₩185,000 + ₩20,000 − ₩200,000 × 8% = ₩189,000
(3) 20X2년 당기손익에 미치는 영향 =△ 자산·부채의 증감
= 20X2년 사채의 장부금액 − 전체 상환액
= ₩189,000 − ₩200,000 = (₩11,000) 정답 ③

174 (1) 2년간 인식한 이자비용 = 사채할인발행차금 상각액 + 현금이자
= ₩270,680 = 사채할인발행차금상각액 + ₩1,000,000 × 10% × 2년
∴ 사채할인발행차금상각액 = ₩70,680
(2) 20X2년 말 상각후원가 장부금액 = 발행가액 + 사채할인발행차금상각액
= ₩885,840 + ₩70,680 = ₩956,520
(3) 사채상환이익 = 상각후원가 – 상환가액 = ₩1,520 = ₩956,520 – 상환가액
∴ 상환가액 = ₩955,000

별해
자산과 부채와 자본의 증감을 일치시키면 다음과 같다.

재무상태표(20X1년 초와 20X3년 초의 비교)

자산		부채	
현금	(₩200,000)	사채	(₩885,840)
현금지급액	≪₩955,000≫	자본	
		이자비용	(₩270,680)
		상환이익	+ ₩1,520
계	₩1,155,000	계	₩1,155,000

일치

정답 ③

CHAPTER 11 충당부채와 종업원급여

· 본문 p.91

 01 충당부채와 우발부채, 우발자산

175

구분	충당부채 인식 여부
토지의 원상복구: 복구충당부채의 설정	₩500,000
예상되는 교육훈련비의 지출 : 과거사건의 결과 현재의무라고 볼 수 없음. 이러한 의무를 이행하는 것 외에는 다른 현실적인 대안이 없어야 하는데, 확정된 현재의무라고 볼 수 없음	인식하지 않음
예상되는 수리비용 : 과거사건의 결과 현재의무라고 볼 수 없음. 이러한 의무를 이행하는 것 외에는 다른 현실적인 대안이 없어야 하는데, 확정된 현재의무라고 볼 수 없음	인식하지 않음
충당부채 인식금액	₩500,000

💡 정답 ②

176 (1) 20X1년 인식하게 될 하자보수비 = 1,000개 × 30% × ₩200 = ₩60,000
(2) 20X1년 말 인식하게 될 제품보증충당부채 = ₩60,000 − ₩10,000 = ₩50,000

💡 정답 ③

177 ④ 과거에 우발부채로 처리하였더라도 이후 충당부채의 인식기준을 충족하였다면 재무상태표에 충당부채를 인식한다.

💡 정답 ④

178 ① 충당부채를 인식하기 위해서는 해당 의무를 이행하기 위하여 경제적 효익이 있는 자원을 유출할 가능성이 높아야 한다. 매우 높아야 한다는 개정 전 규정이다.

💡 정답 ①

179 ① 의무를 이행하기 위하여 경제적 효익이 있는 자원을 유출할 가능성이 높지 않게 된 경우라면 이미 인식한 충당부채를 환입할 수 있다.
② 어떤 의무를 제3자와 연대하여 부담하는 경우에 이행하여야 하는 전체 의무 중에서 제3자가 이행할 것으로 예상되는 부분은 제3자가 이행하지 않았을 경우 회사의 의무가 생길 수 있으므로 우발부채로 주석공시한다.
④ 충당부채를 결제하기 위하여 필요한 지출액의 일부나 전부를 제3자가 변제할 것으로 예상되는 경우에는 기업이 의무를 이행한다면 변제를 받을 것이 거의 확실하게 되는 때에만 변제금액을 별도의 자산으로 인식한다.

💡 정답 ③

180 ① 제3자와 연대하여 의무를 지는 경우, 해당 의무 중에 경제적 효익이 있는 자원을 유출할 가능성이 높은 부분에 대하여는 충당부채를 인식하고 전체 의무 중 제3자가 이행할 것으로 기대되는 부분을 우발부채로 처리한다.
② 미래의 예상영업손실은 현재의 의무가 아니므로 충당부채가 될 수 없다.
③ 충당부채는 법인세를 고려하지 않고 세전 금액으로 인식한다.
④ 충당부채는 최초 인식과 관련있는 지출에만 사용 가능하다.

💡 정답 ①

181 (1) 20X2년 말 충당부채 잔액 = ₩100 × 10% + ₩4,000 × 5% = ₩210

(2) 제품보증비

제품보증충당부채

당기 지출	₩300	기초	₩200
기말	₩210	제품보증비	≪₩310≫
	₩510		₩510

정답 ④

Section 02 종업원급여

182

구분	기초	당기손익		퇴직금지급	기여금 납부	기타포괄손익	기말
		이자비용 (수익)	당기 근무원가			재측정손익	
확정급여채무	₩10,000	+₩500	+₩900	-	-	(₩100)	₩11,300
(−)사외적립자산	₩9,600	+ 실제수익(= 이자수익 + 재측정수익) ₩500					₩10,100
순확정급여채무	₩400						₩1,200

정답 ③

183 ④ 할인율은 보고기간 말 현재 퇴직급여채무와 유사한 만기를 가진 우량회사채의 시장수익률을 참조하여 결정하며, 회사채에 대해 거래층이 두터운 시장이 없는 경우에는 국공채의 시장수익률을 사용한다.

정답 ④

184 (1) 당기손익에 미치는 영향
= 당기근무원가 ₩73,000 + 확정급여채무에 대한 이자비용 ₩700,000 × 5% − 사외적립자산에 대한 이자수익 ₩600,000 × 5% = ₩78,000 감소

(2) 기타포괄손익에 미치는 영향

기초 순확정급여채무 (= 기초 확정급여채무의 현재가치 − 기초 사외적립자산의 공정가치)	₩100,000
당기손익에 미치는 영향	₩78,000
사외적립자산에 대한 기여금 출연	(₩90,000)
기말 평가 전 순확정급여채무	₩88,000
기말 재무상태표에 표시된 순확정급여채무	₩100,000
기타포괄손익에 미치는 영향*	≪(₩12,000)≫

*평가 전 부채의 장부금액과 최종 평가 후 부채의 장부금액 차이가 증가했다면 기타포괄손익은 감소한 것임.

정답 ④

CHAPTER 12 자본

· 본문 p.96

 01 자본거래

185 (1) 누적적, 완전참가적 우선주
① 누적분 = ₩50,000 × 5% × 1(20X1년분) = ₩2,500
② 당해분 = ₩2,500
(2) 보통주 배당분 = ₩100,000 × 5% = ₩5,000
(3) 참가적 우선주와 보통주 배당분 = ₩13,000 − ₩2,500 − ₩2,500 − ₩5,000 = ₩3,000

구분	배당
우선주(₩50,000)	₩1,000
보통주(₩100,000)	₩2,000
합 계	₩3,000

∴ · 우선주 = ₩2,500 + ₩2,500 + ₩1,000 = ₩6,000
· 보통주 = ₩5,000 + ₩2,000 = ₩7,000

정답 ③

186 (1) 3월 1일 주식발행으로 인해 주식발행초과금 = (₩800 − ₩500) × 100주 = ₩30,000
(2) 5월 1일 주식발행으로 인한 주식할인발행차금 = (₩400 − ₩500) × 100주 = (₩10,000)
(3) 9월 1일 현물출자로 인한 주식발행초과금 = ₩80,000 − 50주 × ₩500 = ₩55,000
∴ 최종 주식발행초과금 = ₩30,000 − ₩10,000 + ₩55,000 − ₩20,000 = ₩55,000

정답 ②

187 기말자본금 = 기초자본금 + 자본금의 증가분
= ₩1,000 × 5,000주 + ₩1,000 × 500주 − ₩1,000 × 200주 = ₩5,300,000

정답 ③

188 ① 무상증자, 주식배당, 주식병합 그리고 주식분할 모두 총자본은 변화하지 않는다. 주식의 분할은 자본금이 변하지 않은 채로 주식의 수가 늘어나고 액면의 금액이 줄어드는 자본거래이다.

정답 ①

189 ㄱ. 자기주식을 취득하면 자본총액은 감소한다.
ㄴ. 유상증자 시 자본금은 증가하고 자본총액도 증가한다.
ㄷ. 무상증자 시 자본금은 증가하지만 자본총액은 변동하지 않는다.
ㄹ. 주식배당 시 이익잉여금이 줄어들고 자본금이 늘어나므로 자산총액의 변화가 없고, 자본총액도 변하지 않는다.
ㅁ. 주식분할로 발행주식수가 늘어나면 액면가액은 줄어든다.
ㅂ. 임의적립금은 주주총회의 의결을 통해 미처분이익잉여금으로 이입하여 배당가능이익에 산입할 수 있다.
∴ ㄷ, ㄹ, ㅂ

정답 ④

190 자본총계에 미치는 영향 분석

(1) 자기주식의 취득	100주 × ₩800	(₩80,000)
(2) 주식배당	자본에 영향 없음	-
(3) 현물출자	100주 × ₩1,000 − ₩1,000	₩99,000
(4) 자기주식 소각 및 재발행	20주 × ₩1,200	₩24,000
(5) 당기순이익		₩600,000
(6) 토지의 재평가손실	당기순이익에 이미 반영됨.	-
자본총계에 미치는 영향		₩643,000

💡 정답 ②

191 4월 30일 자기주식 재발행 시, 선입선출법의 방식으로 처분되므로 3월 1일 주당 ₩6,800에 취득한 자기주식을 재발행한 것으로 회계처리한다. 또한 4월 21일에 인식한 자기주식처분이익 ₩3,000{= (₩6,900 − ₩6,800) × 30주}을 먼저 상계해서 제거하고, 나머지를 자기주식처분손실로 인식한다.

💡 정답 ①

192 현금의 유·출입만 판단하면, (200주 × ₩200) + 50주 × ₩300 + 100주 × ₩150 + ₩10,000 = ₩0

💡 정답 ①

193 ① 관계기업투자주식으로 인해 자본총계에 미치는 영향 = 지분법손익 = ₩1,000,000 × 30% = ₩300,000
이때, 현금배당액은 관계기업투자주식의 장부금액이 ₩100,000 줄어들고 현금이 ₩100,000 유입되므로 자본총계 증감에 영향을 주지 않는다.
② 자기주식의 처분으로 인해 현금유입 → 자본총계 증가
③ 기타포괄손익 금융자산평가이익 인식 → 자본총계 증가
④ 유상감자 → 자본총계 감소

💡 정답 ④

Section 02 손익거래

194

20X1년 1월 1일 미처분이익잉여금	₩100,000
20X1년 3월 15일 현금배당 (100주 × ₩200)	(₩20,000)
이익준비금	(₩2,000)
20X1년 당기순이익	₩50,000
20X1년 12월 31일 미처분이익잉여금	《₩128,000》

💡 정답 ②

195

구분		잔액	비고
20X1년 말 미처분이익잉여금		₩100,000	당기순이익 ₩45,000이 포함되어 있음.
이입	감채기금적립금 이입	₩6,100	
처분가능이익잉여금		₩106,100	
처분	현금배당	A	
	이익준비금	A × 10%	
	사업확장적립금 적립	₩20,000	
미처분이익잉여금		₩86,100 − 1.1A	20X2년 당기순이익 반영 전 잔액
20X2년 당기순이익		₩47,000	
20X2년 미처분이익잉여금		₩121,000	

₩121,000 = ₩47,000 + ₩86,100 − 1.1A

∴ A = 현금배당 = ₩11,000

196

(차) 집합손익　　　　₩1,000,000　　(대) 미처분이익잉여금　₩1,000,000
(차) 미처분이익잉여금　₩480,000　　(대) 미지급배당금　　₩300,000
　　　　　　　　　　　　　　　　　　　　미교부주식배당금　₩50,000
　　　　　　　　　　　　　　　　　　　　이익준비금　　　　₩30,000
　　　　　　　　　　　　　　　　　　　　사업확장적립금　　₩100,000

∴ 처분 후 이익잉여금
　이익준비금　　　　　　₩30,000
　사업확장적립금　　　　₩100,000
　미처분이익잉여금　　　₩520,000
　이익잉여금 총계　　　　₩650,000

CHAPTER 13 수익인식과 건설계약

· 본문 p.102

 **Section** 01 수익인식 일반론   02 수익의 인식과정

197 ③ 계약 상대방이 어떤 활동이나 과정에 참여하기 위해 계약하였고, 그 계약 당사자들이 그 활동이나 과정에서 생기는 위험과 효익을 공유한다면, 그 계약상대방은 고객이 아니므로 수익을 인식하지 않는다. 정답 ③

198 ② 유의적인 금융요소는 고객이 약속한 대가의 지급시기가 명확한 경우에만 존재할 수 있다. 거래 당사자들 간에 합의한 지급시기 때문에 유의적인 금융효익이 고객이나 기업에 제공되는 경우에 화폐의 시간가치가 미치는 영향을 반영하여 약속된 대가를 조정한다. 대가의 금액과 시기가 미래사건의 발생 여부에 따라 달라지는 경우로는 기업이 고객에게 라이선스를 제공하고 판매기준 혹은 사용기준의 로열티를 수수하는 경우가 있는데, 이와 같은 경우 계약은 유의적인 금융요소를 포함하고 있지 않은 것으로 본다. 정답 ②

199 (1) 고객이 현금 외의 형태로 대가를 약속한 계약의 경우에 비현금대가의 공정가치를 수익으로 인식한다.
(2) 매출액 = ㈜민국 보유상품의 공정가치 + 현금 = ₩2,600 + ₩500 = ₩3,100

> **참고** **유형자산 교환거래와의 차이**
> 유형자산 교환거래에서 상업적 실질이 있는 경우, 취득한 유형자산의 취득원가는 '제공한 자산의 공정가치'를 기준으로 산정하였다. 그러나 수익을 인식할 때는 '취득한 자산의 공정가치'를 수익으로 인식하므로 차이가 생긴다. 정답 ②

200 ③ 고객에게서 받은 대가는 수익으로 인식하기 전까지 부채로 인식한다. 정답 ③

201 ③ 계약을 이행하기 위해 수행하지만 고객에게 재화나 용역을 이전하는 활동이 아닌 경우에는 수행의무에 포함하지 않는다. 정답 ③

202 ④ 거래가격을 산정하는 과정에서 변동대가를 추정할 때 계약에서 가능한 결과치가 두 가지뿐이라면 둘 중 발생가능성이 더 높은 금액을 변동대가의 적절한 추정치로 사용한다. 정답 ④

203

구분	수익인식	비고
A고객에게 판매대가	₩100,000	
환불 불가조건으로 A고객에게 보상한 금액	(₩5,000)	고객에게 지급한 대가로, A고객에게 보상하는 것은 고객에게서 제공받은 재화나 용역의 대가는 아니므로 거래가격인 수익에서 차감함
B고객으로부터 제품을 판매하고 받은 차량운반구와 현금	₩100,000 + ₩20,000 = ₩120,000	현금 외의 대가로 대가를 약속한 계약은 비현금 대가의 공정가치를 측정하여 거래가격을 산정함
20X1년에 인식할 수익	₩215,000	

정답 ③

204 20X1년 말에 변동된 개별가격 ₩900을 각 제품별로 배분한다. 다만, 거래가격의 후속변동은 계약 개시시점과 같은 기준으로 계약상 수행의무에 배분한다. 그러므로 계약을 개시한 후의 개별 판매가격의 변동을 반영하기 위해 거래가격을 다시 배분하지 않는다.

구분	제품 A	제품 B	제품 C	계
계약 개시시점의 개별판매가격	₩360	₩240	₩600	₩1,200
거래가격의 배분비율	30%	20%	50%	100%
거래가격의 배분	₩270	₩180	₩450	₩900

20X1년에 제품 A와 B만 인도하였으므로 인식할 수익은 ₩270 + ₩180 = ₩450 이다.

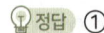 정답 ①

 **Section 03** 계약관련 자산·부채의 재무제표 표시

205 취소가 불가능한 확정계약이고 20X1년 12월 31일까지 ₩2,000을 미리 지급해야 하므로 현금으로 수령한 ₩500을 제외하고는 확정채권인 수취채권을 ₩1,500 인식한다. 다만, 상품은 20X2년에 인도하기로 하였으므로 수익이 아닌 계약부채로 인식해야 한다.

[회계처리]

(차) 현금   ₩500   (대) 계약부채   ₩2,000
    수취채권   ₩1,500

∴ 계약부채는 ₩2,000 이다.

정답 ③

206 (1) 거래가격의 배분(잔여이익접근법)

제품 A	₩8,000 (개별판매가격)
제품 B	≪₩2,000≫
계	₩10,000

(2) 계약자산 계약부채의 인식

구분	20X1년	20X2년	비고
계약자산	₩8,000 (12월 15일)		제품 A를 인도하였으므로 수익을 인식하지만, 제품 B를 인도하기 전에는 청구할 수 없으므로 제품 A의 수익인식에 해당하는 금액을 계약자산으로 인식함
계약부채	-	-	계약부채는 수행의무를 이행하지 않고 대가를 미리 받거나, 대가를 청구한 경우인데, 해당 문제에서는 제품 A와 B를 모두 인도한 후에만 청구할 수 있으므로 계약부채는 발생하지 않음
수취채권		₩10,000 (1월 10일)	20X2년 1월 10일 인도한 후 받을 권리가 확정적으로 생기므로 수취채권을 인식함

참고 회계처리

```
20X1.12.1.   없음 (단순계약은 회계상의 거래가 아님)
20X1.12.15.  (차) 계약자산    ₩8,000    (대) 수익        ₩8,000
20X2.1.10.   (차) 수취채권    ₩10,000   (대) 수익        ₩2,000
                                           계약자산     ₩8,000
20X2.1.15.   (차) 현금        ₩10,000   (대) 수취채권    ₩10,000
```

정답 ④

Section 04 형태별 수익인식

207 (1) 고객에게 지급한 대가가 고객으로부터 제공받은 구별되는 재화와 용역의 공정가치를 초과한다면, 그 초과액은 거래가격에서 차감한다. 그러므로 고객에게서 제공받은 경비용역의 공정가치 ₩3,000을 초과하는 ₩1,000(= ₩4,000 − ₩3,000)은 거래가격 ₩6,000에서 차감한다.
∴ 상품 판매와 관련하여 인식할 수익 = ₩6,000 − ₩1,000 = ₩5,000 **정답 ②**

208 (1) 매출액: ₩3,000,000(현금판매가)
(2) 매출원가: ₩1,500,000
(3) 매출총이익: ₩3,000,000 − ₩1,500,000 = ₩1,500,000 **정답 ①**

209 (1) ㈜민국이 인식할 수익(A) = ₩2,000 × 100단위 × 60% × 5% = ₩6,000
(2) ㈜한국이 인식할 매출원가(B) = (₩1,400 × 100단위 + ₩8,000) × 60% = ₩88,800 **정답 ②**

210 ② 반품가능성을 신뢰성 있게 측정할 수 있고, 반품률이 10%라면 반품가능성에 해당하는 제품 판매분의 매출원가 ₩80,000을 취소하고 재고자산으로 인식하는 것이 아니라 반환제품회수권(자산)으로 인식한다. **정답 ②**

Section 05 건설계약

211 (1) 20X1년 진행률 = ₩1,000,000/(₩1,000,000 + ₩3,000,000) = 25%
(2) 20X1년 계약이익 = (₩4,500,000 − ₩4,000,000) × 25% = ₩125,000
(3) 20X2년 누적진행률 = (₩1,000,000 + ₩1,250,000)/(₩2,250,000 + ₩1,500,000) = 60%
(4) 20X2년 누적이익 = (₩4,500,000 − ₩3,750,000) × 60% = ₩450,000
(5) 20X2년 계약이익 = ₩450,000 − 125,000 = ₩325,000 **정답 ②**

212 (1) 20X2년까지의 누적공사진행률이 70%, 20X2년도의 공사진행률 = ₩3,200,000/₩8,000,000 = 40%이므로 20X1년도 공사진행률은 30%
(2) 20X2년까지의 총공사이익 = ₩10,000,000 − ₩8,000,000 = ₩2,000,000
(3) 20X1년의 공사이익 = ₩2,000,000 × 30% = ₩600,000 **정답 ②**

213 (1) 20X1년 진행률 = ₩5,400,000/₩18,000,000 = 30%
(2) 20X2년 누적진행률 = ₩14,400,000/₩18,000,000 = 80%
(3) 20X2년 계약이익 = ₩20,000,000 × (80% − 30%) − (₩14,400,000 − ₩5,400,000) = ₩1,000,000
(4) 20X2년 미성공사잔액 = ₩20,000,000 × 80% = ₩16,000,000
(5) 진행청구액 = ₩5,000,000 + ₩11,800,000 = ₩16,800,000
(6) 계약부채 = 진행청구액 ₩16,800,000 − 미성공사 ₩16,000,000 = ₩800,000 **정답 ②**

214 (1) 20X1년의 누적 계약이익 = 누적 계약수익 ₩1,800,000 × 20% − 누적 계약원가 ₩1,300,000 × 20% = ₩100,000
(2) 20X2년의 누적 계약이익 = 전기 누적 계약이익 ₩100,000 + 당기 계약이익 ₩40,000 = ₩140,000
(3) 20X2년의 누적 진행률의 계산
① 20X2년 말 현재 예상되는 계약의 총이익 = ₩1,800,000 − ₩1,600,000 = ₩200,000
② 20X2년 현재 인식한 누적 계약이익 = ₩140,000
③ 20X2년의 진행률(② ÷ ①) = 70%
(4) 20X2년 당기 발생 계약원가: 당기 누적 발생원가 ₩1,600,000 × 70% − 전기 누적 발생원가 ₩260,000 = ₩860,000 **정답 ②**

CHAPTER 14 회계변경과 오류수정

· 본문 p.110

Section 01 회계변경

215 ④ 측정기준의 변경은 회계정책의 변경이다. 그러나 회계정책의 변경과 회계추정의 변경을 구분하는 것이 어려운 경우에는 이를 회계추정의 변경으로 본다. ▶ 정답 ④

216 ④ 측정기준의 변경은 회계정책의 변경이다. ▶ 정답 ④

217 ① 새로 구입한 출퇴근용 버스는 기존 보유 트럭과 구별되는 새로운 분류의 유형자산이므로 버스의 감가상각방법을 선택하는 것은 회계변경에 해당하지 않는다.
② 대손추정율 변경은 회계추정의 변경에 해당한다.
③ 원가흐름의 가정을 변경하는 것은 회계정책의 변경에 해당한다.
④ 감가상각 방법 및 내용연수의 수정은 회계추정의 변경에 해당한다. ▶ 정답 ④

218 재고자산 평가방법의 변경은 정책의 변경이다. 정책의 변경은 오류수정과 마찬가지로 소급 적용된다. 마치 오류를 수정하듯이 간이 오류수정표를 작성하여 접근하면 손익에 미치는 효과와 이익잉여금에 미치는 효과를 계산할 수 있다.

〈오류수정표〉

구분	20X0년	20X1년	20X1년 누계(이익잉여금)
재고자산 과소	이익 ₩100,000 과소	이익 ₩100,000 과대	
		이익 ₩150,000 과소	₩150,000 과소
당기순이익	이익 ₩100,000 과소	이익 ₩50,000 과소	

▶ 정답 ②

219 (1) 20X1년 감가상각비: (₩500,000 − ₩100,000)/5년 × 6/12 = ₩40,000
(2) 20X2년 감가상각비: (₩500,000 − ₩40,000) × 3/(3 + 2 + 1) = ₩230,000
(3) 20X2년 말 건물 장부가액: ₩500,000 − ₩40,000 − ₩230,000 = ₩230,000 ▶ 정답 ④

Section 02 오류수정

220

	20X1년	20X2년
회사계상비용	₩200,000	
올바른 비용	(₩45,000)*	(₩45,000)
오류수정	₩155,000	(₩45,000)

* (₩200,000 − ₩20,000) ÷ 4년 = ₩45,000

∴ 정확한 당기순이익은 ₩1,000,000 − ₩45,000 = ₩955,000 ▶ 정답 ①

221

(1) 오류수정표

	20X1년	20X2년
선급보험료	₩1,100,000*	(₩400,000)**

*₩1,200,000 × (36개월 - 3개월)/36개월 = ₩1,100,000
**₩1,200,000 × 12개월/36개월 = ₩400,000

(2) 분석
- 20X1년 장부는 마감되었고, 20X2년 장부는 마감되지 않았으므로 전기이월이익잉여금은 ₩1,100,000 증가한다.
- 당기비용은 ₩400,000이 발생한다.
- 20X2년 기준 기말 이익잉여금은 ₩700,000(= ₩1,100,000 − ₩400,000) 증가한다.
- 선급보험료(자산)계정이 20X2년 기말 기준으로 이익잉여금이 ₩700,000만큼 증가한다.

정답 ①

222

(1) 재고자산의 오류를 수정한 오류수정표

구분	20X1년	20X2년
재고자산 과대계상	(₩10,000)	+₩10,000
당기손익 수정	(₩10,000)	+₩10,000

(2) 20X1년 말 이익잉여금 = 20X1년 초 이익잉여금 + 20X1년 당기순이익 − 20X1년 오류수정손익
= ₩150,000 + ₩60,000 − ₩10,000 = ₩200,000

(3) 20X2년 말 이익잉여금
= 20X1년 말 이익잉여금 + 20X2년 당기순이익 − 20X2년 오류수정손익
= ₩200,000 + ₩130,000 + ₩10,000 = ₩340,000

정답 ②

223

수정 전 손익	₩100,000
선급보험료의 인식 ₩12,000 × 6/12 = ₩6,000	+₩6,000
미지급이자비용의 인식 ₩24,000 × 6/12 = ₩12,000	(₩12,000)
선수임대료의 인식 ₩36,000 × 6/12 = ₩18,000	(₩18,000)
미수수수료수익의 인식 ₩48,000 × 6/12 = ₩24,000	+₩24,000
위탁판매손익의 인식 　매출액 ₩20,000 × 5개 = ₩100,000 　매출원가 ₩15,000 × 5개 + ₩10,000 × 5개/10개 = (₩80,000) 　지급수수료비용 ₩2,000 × 5개 = (₩10,000)	₩10,000
오류수정 후 당기순이익	≪₩110,000≫

정답 ③

224 〈오류수정표〉

구분	20X1년	20X2년
수정 전 당기순이익	₩100,000	₩110,000
기말재고 과대계상	(₩2,000)	+₩2,000
선수임대료 과소계상	(₩8,000)	+₩8,000
기말재고 과소계상		+₩3,000
미지급보험료비용 인식		(₩1,500)
수정 후 당기순이익	₩90,000	≪₩121,500≫

정답 ②

현금흐름표

· 본문 p.115

 01 현금흐름표의 의의 및 활동의 구분

225 ③ 금융회사의 경우 이자수입과 배당의 수취는 영업활동 현금흐름으로 분류한다. 　　　정답 ③

226 (1) 재무활동 분석

기초자본	₩1,600
유상증자	₩250
당기순이익	₩500
현금배당	≪₩550≫
기말자본	₩1,800

∴ 현금배당으로 인한 현금유출 ₩550, 유상증자로 인한 현금유입 ₩250

(2) 현금흐름표

영업활동 순현금유입액	₩600
투자활동 순현금유출액	(₩450)
재무활동 순현금유출액 (배당으로 인한 유출 ₩550 − 유상증자로 인한 유입 ₩250)	(₩300)
순현금의 증감	(₩150)
기초 현금및현금성자산	₩500
기말 현금및현금성자산	₩350

　　　정답 ①

227

A. 종업원과 관련하여 직·간접으로 발생하는 현금유출	영업활동
B. 단기매매목적의 계약에서 발생하는 현금의 유·출입	영업활동
C. 제3자에 대한 선급금 및 대여금의 회수 또는 지급에 따른 현금의 유·출입(금융회사의 현금 선지급과 대출채권의 제외)	투자활동
D. 주식 등의 지분상품 발행에 따른 현금의 유입	재무활동
E. 어음의 발행 및 장·단기 차입에 따른 현금의 유입	재무활동
F. 유형자산의 취득 및 처분에 따른 현금의 유·출입	투자활동
G. 타기업 지분상품의 취득·처분에 따른 현금의 유·출입(현금성자산, 단기매매금융자산 제외)	투자활동
H. 재무·투자활동과 명백히 관련 없는 법인세 납부 및 환급에 따른 현금의 유·출입	영업활동
I. 리스이용자의 금융리스 부채 상환에 따른 현금의 유출	재무활동
J. 차입금 상환에 따른 현금의 유출	재무활동

　　　정답 ②

Section 02 현금흐름의 계산방법 _ 발생주의와 현금주의의 전환

228

구분	현금기준	발생기준
상품판매	₩48,000(= ₩80,000 × 60%)	₩80,000
외상대금 회수	₩100,000	–
상품 판매		(₩40,000)
상품 매입	(₩30,000)	
외상매입대금 상환	(₩20,000)	
계	₩98,000	₩40,000

정답 ③

229 (1) 발생기준

구분	금액	비고
12월 10일 ㈜민국에 판매	₩500,000	판매대가의 수취 형태를 불문하고 판매가액 ₩500,000 전액을 발생주의 수익으로 인식한다. 비현금대가로 거래대가를 수취한 경우 비현금대가의 공정가치를 수익으로 인식하므로 현금 수입액 ₩300,000과 비현금대가의 공정가치 ₩200,000을 합한 ₩500,000이 매출액이다.
12월 10일 판매한 상품의 매출원가	(₩300,000)	11월 말 재고 + 매입액 − 기말재고 = ₩500,000 + ₩150,000 − ₩350,000 = ₩300,000
종업원 성과급	(₩200,000)	종업원 성과급은 지급일과 무관하게 근로용역을 제공한 때, 즉, 회사에서 성과급을 지급해야할 의무가 생길 때 비용을 인식한다.
임대료 수익의 인식	₩10,000	₩60,000 ÷ 6개월 × 1개월 = ₩10,000 6개월간의 임대료 수익이고, 이를 12월 한달간 인식한다.
기계장치 감가상각비	(₩10,000)	₩1,200,000 ÷ 10년 × 1/12 = ₩10,000
당기순이익에 미치는 영향	₩0	

(2) 현금기준

구분	금액	비고
12월 10일 ㈜민국에 판매	₩300,000	현금주의에서의 수익은 현금으로 유입된 부분만 인정된다. 즉, 거래대가로 받은 ㈜민국의 제품은 현금주의 관점에서는 수익으로 인식하지 않는다.
12월 1일 상품의 구입	(₩100,000)	구입액 ₩150,000 중에서 당일 지급된 ₩100,000만 현금주의 관점에서 비용으로 인식한다.
종업원 성과급	–	종업원 성과급은 다음 달 말 지급이므로 현금이 유출되지 않아서 비용으로 인식하지 않는다.
임대료 수익의 유입	₩60,000	현금으로 유입된 ₩60,000을 전액 수익으로 인식한다.
기계장치 취득	–	취득관련 대금을 다음달 말에 지급하기로 하였으므로 당기에는 비용으로 인식하는 부분은 없다.
당기순이익에 미치는 영향	₩260,000	

정답 ①

Section 03 현금흐름표 작성

230 (1) 분개법

	구분	금액	구분	금액
IS			당기순이익	₩600,000
			감가상각비	₩30,000
			유형자산 처분손실	₩60,000
BS	매출채권(순액) 증가	₩90,000	재고자산의 감소	₩60,000
	매입채무의 감소	₩90,000		
CF	영업활동으로 인한 현금흐름	≪₩570,000≫		

참고 증감분석법

IS	당기순이익	₩600,000
	감가상각비	+ ₩30,000
	유형자산처분손실	+ ₩60,000
BS	매출채권의 증가	(₩90,000)
	재고자산의 감소	+ ₩60,000
	매입채무의 감소	(₩90,000)
CF	영업활동으로 인한 현금흐름	₩570,000

정답 ④

231 (1) 건물 매각으로 인한 처분손익 = 처분대가 – 장부금액
= ₩24,000 – (₩50,000 – ₩28,000) = ₩2,000 이익
(2) 사채 상환으로 인한 상환손익 = 장부금액 – 상환가액
= (₩100,000 – ₩5,000) – ₩98,000 = ₩3,000 손실
(3) 분개법

	구분	금액	구분	금액
IS	건물 처분이익	₩2,000	당기순이익	₩100,000
			사채상환손실	₩3,000
BS	매출채권의 증가	₩4,000	매입채무의 증가	₩8,000
	재고자산의 증가	₩15,000		
CF	영업활동으로 인한 현금흐름	≪₩90,000≫		

정답 ②

232

유상증자로 인한 현금의 유입	₩110,000
자기주식 처분으로 인한 현금의 유입	₩15,000
자기주식 취득으로 인한 현금의 유출	(₩30,000)
유상감자로 인한 현금의 유출	(₩50,000)
배당금의 지급(이익잉여금 기초 + 당기순이익 − 이익잉여금 기말 = ₩20,000 + ₩30,000 − ₩30,000 = ₩20,000)	(₩20,000)
재무활동으로 인한 현금흐름	₩25,000 유입

🔽 **별해**

해당 거래의 자본 총계의 증감은 당기순이익으로 인한 증감을 제외하고는 모두 자산의 변화, 즉 현금의 증감을 통해 이루어진다. 그러므로 자본총계가 ₩55,000 증가(= ₩185,000 − ₩130,000)이므로 이 중 당기손익으로 증가한 ₩30,000을 제외한 ₩25,000이 현금으로 인한 증가임을 알 수 있다.

그러므로 재무활동으로 인한 현금흐름의 증감은 ₩25,000 유입이다.

💡 **정답** ①

233 (1) 분개법

	구분	금액	구분	금액
IS			당기순이익	₩100,000
			감가상각비	₩20,000
BS	유형자산처분이익	₩7,000	사채상환손실	₩8,000
	매출채권의 증가	₩50,000	미지급급여의 증가	₩6,000
	매입채무의 감소	₩4,000	재고자산의 감소	₩80,000
CF	영업활동 순현금흐름	≪₩153,000≫		

🍊 **참고** 계정증감분석법

IS	당기순이익	₩100,000
	감가상각비	+ ₩20,000
	유형자산처분이익	(₩7,000)
	사채상환손실	+ ₩8,000
BS	매출채권의 증가	(₩50,000)
	미지급급여의 증가	+ ₩6,000
	매입채무의 감소	(₩4,000)
	재고자산의 감소	+ ₩80,000
CF	영업활동순현금흐름	₩153,000

💡 **정답** ②

234 (1) 분개법

구분		금액	구분	금액
IS			당기순이익	₩250,000
	사채상환이익	₩35,000	감가상각비	₩40,000
			기타포괄손익인식 금융자산 처분손실	₩20,000
BS	매출채권의 증가	₩20,000	미지급비용의 증가	₩15,000
	매입채무의 감소	₩10,000		
CF	영업활동 현금흐름	⟪₩260,000⟫		

참고 계정증감분석법

	구분	금액
IS	당기순이익	₩250,000
	감가상각비	+ ₩40,000
	사채상환이익	(₩35,000)
	기타포괄손익인식 금융자산처분손실	+ ₩20,000
BS	매출채권의 증가	(₩20,000)
	매입채무의 감소	(₩10,000)
	미지급비용의 증가	+ ₩15,000
CF	영업활동 현금흐름	₩260,000

정답 ①

235 (1) 분개법

구분		금액	구분	금액
IS			당기순이익	₩147,000
			감가상각비	₩40,000
			유형자산처분손실	₩20,000
BS	미지급법인세의 감소	₩5,000	미지급이자의 증가	₩5,000
	매출채권의 증가	₩15,000	재고자산의 감소	₩4,000
	매입채무의 감소	₩6,000		
CF	영업활동 순현금흐름	≪₩190,000≫		

> **참고** 계정증감분석법

IS	당기순이익	₩147,000
	감가상각비	+₩40,000
	유형자산처분손실	+₩20,000
BS	미지급법인세의 감소	(₩5,000)
	미지급이자의 증가	+₩5,000
	매출채권의 증가	(₩15,000)
	재고자산의 감소	+₩4,000
	매입채무의 감소	(₩6,000)
CF	영업활동 순현금흐름	₩190,000

정답 ③

236 (1) 설비자산의 처분이익 = 처분대가 − 장부금액
   = ₩260,000 − ₩250,000 = ₩10,000

(2) 감가상각비

감가상각누계액

처분된 설비자산의 상각누계액 (= ₩280,000 − ₩250,000)	₩30,000	기초		₩120,000
기말	₩110,000	감가상각비		≪₩20,000≫
	₩140,000			₩140,000

(3) 분개법

	구분	금액	구분	금액
IS	감가상각비	₩20,000	처분손익	₩10,000
BS	설비자산의 증가 감가상각누계액의 증가	₩20,000 ₩10,000		
CF			투자활동 순현금의 유출	₩40,000

정답 ④

237 (1) 분개법

	구분	금액	구분	금액
IS	이자비용	₩3,000		
BS	단기차입금의 감소	₩5,000	자본금의 증가	₩10,000
			주식발행초과금의 증가	₩10,000
			미지급이자의 증가	₩2,000
CF	재무활동으로 인한 현금흐름	₩14,000		

=

> **참고** 계정증감분석법

IS	이자비용	(₩3,000)
BS	미지급이자	+ ₩2,000
CF	이자의 지급으로 인한 현금유출	(₩1,000)
BS	자본금의 증가	₩10,000
	주식발행초과금의 증가	₩10,000
CF	유상증자로 인한 현금유입	₩20,000
	단기차입금로 인한 순현금흐름(차입금의 감소)	(₩5,000)
∴ 재무활동으로 인한 순현금흐름		₩14,000

정답 ③

CHAPTER 16 주당이익

· 본문 p.123

 01 주당순이익의 기초   02 기본주당순이익   03 희석주당순이익

238 (1) 가중평균유통보통주식수 = 12,000주 × 12/12 + 3,000주 × 10/12 − 3,000주 × 6/12 + 6,000주 × 4/12 = 15,000주
(2) 기본주당이익 = 보통주에 귀속되는 당기순이익/유통보통주식수 = ₩1,500,000/15,000주 = ₩100/주   정답 ①

239 가중평균유통보통주식수

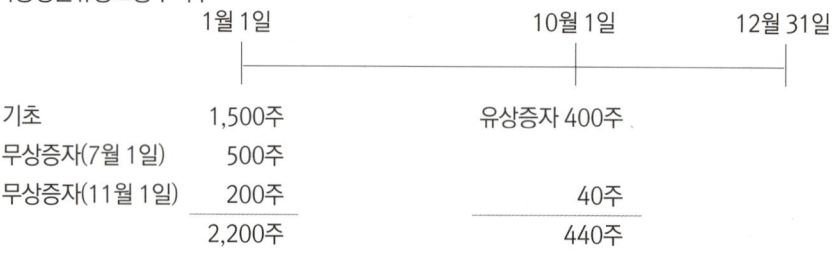

가중평균유통보통주식수 = 2,200주 × 12/12 + 440주 × 3/12 = 2,310주   정답 ③

240 (1) 가중평균유통보통주식수

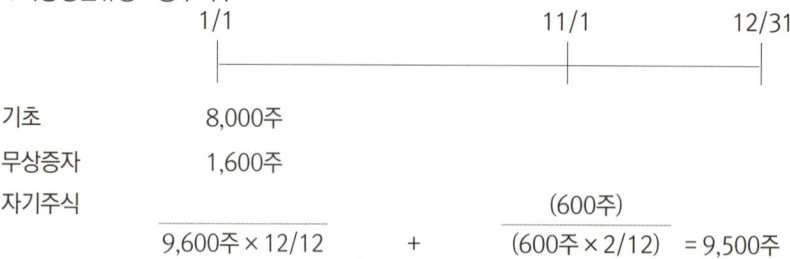

(2) 보통주 귀속 배당금 = 당기순이익 − 우선주배당금 = ₩10,000,000 − 1,450,000 = ₩8,550,000
(3) 주당순이익 = 보통주귀속배당금 ÷ 가중평균유통보통주식수 = ₩8,550,000 ÷ 9,500주 = ₩900/주   정답 ③

241 (1) 유상증자
  • 공정가치 이하의 유상증자분 중 원래 취득가능 주식수 = 1,000주 × ₩1,200/₩2,000 = 600주
  • 무상증자분 = 1,000주 − 600주 = 400주
  • 무상증자비율 = 400주/(1,000주 + 600주) = 25%
(2) 가중평균유통보통주식수

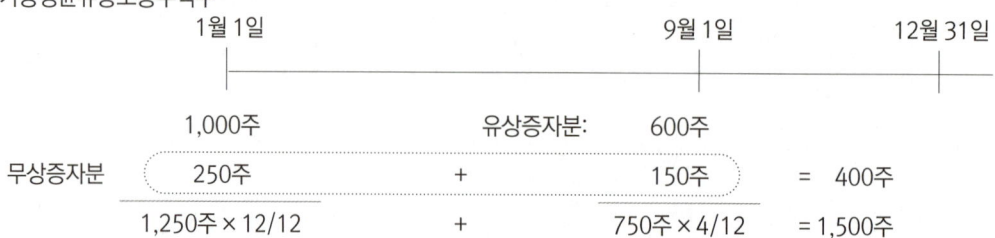

(3) 보통주당기순이익 = ₩280,000 − 200주 × ₩1,000 × 5% = ₩270,000
(4) 기본주당순이익 = ₩270,000/1,500주 = ₩180/주

정답 ③

242 (1) 우선주배당금 = 2,000주 × ₩500 = ₩1,000,000
(2) 가중평균유통보통주식수 = 10,000주 − 2,000주 × 6/12 = 9,000주
(3) 당기순이익을 A라고 하면, (A − ₩1,000,000) ÷ 9,000주 = ₩200/주
   ∴ 당기순이익(A) = ₩2,800,000

정답 ④

243 (1) 가중평균유통보통주식수

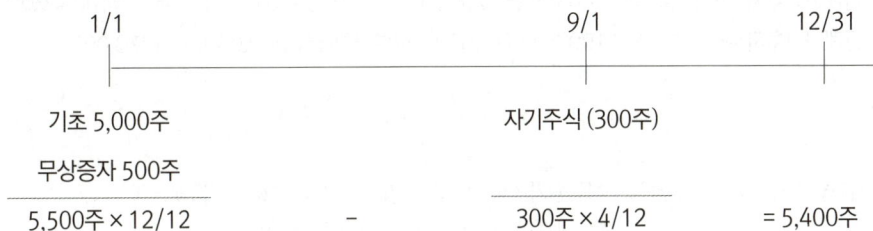

(2) 기본주당이익 = 보통주에게 귀속되는 당기순이익 /가중평균유통보통주식수 5,400주
   = ₩100
   ∴ 보통주에게 귀속되는 당기순이익 = ₩540,000
(3) 보통주에게 귀속되는 당기순이익
   = 당기순이익 ₩990,000 − 우선주식수 × 우선주 1주당 배당금 = ₩540,000
   ∴ 우선주 1주당 배당금 = ₩450,000/300주 = ₩1,500

정답 ③

244 (1) 가중평균유통보통주식수 = 200주 × 2 + 200주 × 6/12 − 100주 × 3/12 = 475주
(2) 주당순이익 = ₩475,000/475주 = ₩1,000/주
(3) 주가수익률 = P/EPS = ₩30,000/₩1,000 = 30

정답 ④

17 관계기업투자와 지분법

· 본문 p.126

 01 관계기업투자의 기초   02 지분법회계처리

245 (1) 관계기업투자주식 장부가액 : 100주 × ₩10,000 + ₩100,000 × 40% − 100주 × ₩100 = ₩1,030,000
(2) 관계기업투자주식 처분손익 : 100주 × ₩13,000 − 장부가액(₩1,030,000) = ₩270,000

정답 ②

246 관계기업투자주식의 장부금액 = 취득원가 + ㈜민국의 당기순이익 × 40% − 현금배당액
= ₩400,000 + ₩50,000 × 40% − 현금배당액
= ₩410,000
∴ 현금배당액 = ₩10,000

정답 ①

247 지분법이익 = ㈜민국의 당기순이익 × 지분율 = ₩200,000 × 500주/2,000주 = ₩50,000

정답 ①

248 장부가액 = ₩1,000,000 + (₩200,000 + ₩100,000) × 30% − (₩30,000 + ₩20,000) × 30%
− ₩200,000 × 30% × 2/5 = ₩1,051,000

정답 ③

249

㈜민국의 관계기업투자주식의 취득원가	₩10,000주 × 30% × ₩1,000 = ₩3,000,000
현금배당	₩200,000 × 30% = (₩60,000)
당기순이익	≪₩300,000≫
㈜민국의 관계기업투자주식의 기말 장부금액	₩3,240,000

∴ ㈜민국의 당기순이익 × 30% = ₩300,000
㈜민국의 당기순이익 = ₩1,000,000

정답 ③

CHAPTER 18 재무비율

· 본문 p.128

 **01 재무비율**

250 ③ 매출채권회전율이 감소했다면 매출채권의 현금화되는 속도가 느려졌다는 것을 의미한다.   정답 ③

251

구분	분석	미치는 영향
상품 ₩10,000을 외상으로 매입	재고자산과 매입채무 ₩10,000씩 증가	유동비율과 당좌비율 모두 감소
매출채권 ₩12,000을 현금으로 회수	당좌자산(현금) 증가와 당좌자산(매출채권)감소가 동시에 발생하므로 증감에 변화 없음	–
장기차입금 ₩15,000을 현금으로 상환	비유동부채(장기차입금)의 감소와 당좌자산(현금)의 감소	유동비율과 당좌비율 모두 감소
사용중인 건물을 담보로 은행에서 현금 ₩30,000을 장기차입	비유동부채(장기차입금)의 증가와 당좌자산(현금)의 증가	유동비율과 당좌비율 모두 증가

정답 ④

252 (차) 현금 ₩150,000   (대) 매출 ₩150,000
   매출원가 ₩100,000   재고자산 ₩100,000

그러므로 당좌자산은 증가(₩150,000), 유동자산도 증가(₩50,000)한다.
∴ 당좌비율(= 당좌자산/유동부채)은 증가, 유동비율(= 유동자산/유동부채)도 증가   정답 ①

253 ⑴ 재고자산회전율 = ₩8,000/₩2,000 = 4회전
   ⑵ 재고자산평균회전기간 = 360일/4회전 = 90일
   ⑶ 매출채권평균회전기간 = 180일 − 90일 = 90일
   ⑷ 매출채권회전율 = 360일/90일 = 4회전 = 매출액/평균매출채권 = 매출액/₩2,500
      ∴ 매출액 = ₩10,000   정답 ④

254 ROA(총자산이익률) = 매출액순이익률 × 총자산회전율 = 5% × 3 = 당기순이익/₩40,000
   ∴ 당기순이익 = ₩6,000   정답 ④

255 ⑴ 부채 = 유동부채 + 비유동부채 = ₩2,000 + ₩3,000 = ₩5,000
   ⑵ 부채비율 = 부채/자본 = ₩5,000/자본 = 200% ∴ 자본 = ₩2,500
   ⑶ 유동자산 = 유동부채 × 유동비율 = ₩2,000 × 250% = ₩5,000
   ⑷ 당좌자산 = 유동부채 × 당좌비율 = ₩2,000 × 100% = ₩2,000
   ⑸ 재고자산 = 유동자산 − 당좌자산 = ₩5,000 − ₩2,000 = ₩3,000
   ⑹ 매출원가 = 평균재고자산* × 재고자산회전율 = ₩3,000 × 5회 = ₩15,000
      * 재고자산의 기초와 기말이 동일하므로 기말재고자산이 곧 평균재고자산과 일치한다.   정답 ①

256 (1) 매출원가 = ₩6,000 + ₩18,000 − ₩4,000 = ₩20,000
(2) 평균재고자산 = (₩6,000 + ₩4,000)/2 = ₩5,000
(3) 재고자산회전율 = ₩20,000/₩5,000 = 4회
(4) 재고자산평균회전기간 = 360일/4회 = 90일 　　　정답 ②

257 (차) 상품　　　　　₩100,000　　　(대) 현금　　　　　₩50,000
　　　　　　　　　　　　　　　　　　　　　 매입채무　　 ₩50,000

재고자산이 ₩100,000 증가, 당좌자산이 ₩50,000 감소, 유동부채가 ₩50,000 증가하므로, 당좌비율은 감소한다.
[유동비율 = 유동자산/유동부채, 당좌비율 = 당좌자산/유동부채]
유동비율은 유동자산 ₩50,000 증가, 유동부채 ₩50,000 증가하므로 기존 비율이 100%보다 클 경우 동일한 금액이 더해지면 비율은 감소하므로 유동비율은 감소한다. 　　　정답 ④

258 ㄱ. 감모손실 → 재고자산의 감소 : 유동비율 감소
ㄴ. 장기차입금이 유동성장기차입금으로 대체 : 유동비율 감소
ㄷ. 매입채무를 현금으로 지급하면 유동자산이 줄어들고 유동부채도 줄어든다. 다만 원래의 유동비율이 1보다 클 때, 유동자산과 유동부채가 각각 같은 금액이 줄어들면 유동비율은 증가한다.
ㄹ. 매출채권을 담보로 한 차입거래의 결과 현금과 단기차입금의 증가 : 유동비율이 100% 이상이므로 같은 금액이 더해졌을 때 비율은 감소
ㅁ. 장기성 어음의 발행으로 비유동부채의 증가, 기계장치의 취득으로 비유동자산의 증가 : 유동비율 변화 없음 　　　정답 ③

259 (1) 부채비율이 60%이면 '부채비율 = 부채/자기자본'이므로 자기자본이 100일 경우 부채는 60이다.
　자기자본비율 = 자기자본/총자본 = 100/160
(2) 자기자본이익률 = 매출액순이익률 × 총자산회전율 × 자기자본비율의 역수
　　　　　　　　　= 20% × 1.5 × 160/100 = 48% 　　　정답 ①

260 (1) 유동비율: 유동자산/유동부채 = 유동자산 ÷ 유동부채 = 유동자산 ÷ ₩1,000,000 = 200%
　∴ 유동자산 = ₩2,000,000
(2) 당좌비율: 당좌자산/유동부채 = 당좌자산 ÷ 유동부채 = 당좌자산 ÷ ₩1,000,000 = 80%
　∴ 당좌자산 = ₩800,000
(3) 재고자산 = ₩2,000,000 − ₩800,000 = ₩1,200,000
(4) 재고자산회전율 = 매출액/평균재고자산(= 재고자산)
　　　　　　　　　= 매출액/₩1,200,000 = 2회
∴ 매출액 = ₩2,400,000 　　　정답 ②

261 (1) 매출채권회전율: 매출액/평균매출채권 = 매출액/[(₩4,000,000 + ₩6,000,000)/2] = 4
　∴ 매출액 = ₩20,000,000
(2) 매출액순이익률: 당기순이익/매출액 = 당기순이익/₩20,000,000 = 12%
　∴ 당기순이익 = ₩2,400,000
(3) 배당성향 : 총배당액/당기순이익 = 총배당액/₩2,400,000 = 10%
　∴ 총배당액 = ₩240,000 　　　정답 ④

262 (1) 매출원가 = 기초재고자산 + 재고자산매입액 − 기말재고자산 = ₩1,000 + ₩8,500 − ₩2,000 = ₩7,500
(2) 재고자산회전율 = 매출원가/ 평균재고자산 = ₩7,500/[(₩1,000 + ₩2,000)/2] = 5
(3) 20X1년 말 유동비율 = 기말 유동자산/기말 유동부채 = ₩3,000/₩1,500 = 2
(4) 20X1년 초 유동비율 = 기초 유동자산/ 기초 유동부채 = ₩3,500/₩1,000 = 3.5
(5) 20X1년 말 당좌비율 = (₩3,000 − ₩2,000)/₩1,500 = 0.67
(6) 20X1년 초 당좌비율 = (₩3,500 − ₩1,000)/₩1,000 = 2.5
(7) 20X1년 매출총이익률 = 매출총이익/ 매출액
           = (매출액 − 매출원가)/매출액 = (₩10,000 − ₩7,500)/₩10,000 = 25%   ③

제 2 편

원가관리회계

정답과 해설

01 원가관리회계의 기초

02 원가배분

03 개별원가

04 종합원가계산

05 활동기준원가계산

06 결합원가의 배분

07 변동원가계산

08 CVP 분석

09 표준원가

CHAPTER 01 원가관리회계의 기초

· 본문 p.136

263 ① 조업도의 증감에 따라 비례적으로 변화되는 원가는 변동비이다.
③ 조업도가 0(영)인 경우에도 일정액이 발생하고, 그 이후로도 조업도의 증감에 관계없이 일정하다.
④ 조업도와 관계없이 제품의 단위당 원가가 항상 일정한 것은 변동비이다.

💡정답 ②

264 (1) 기초재공품 = 기말재공품의 200% = ₩3,000 × 200% = ₩6,000
(2) 당기총제조원가

재공품 + 제품

기초 재공품	₩6,000	매출원가	₩20,000
기초 제품	₩5,000		
		기말 재공품	₩3,000
당기총제조원가	≪₩15,000≫	기말 제품	₩3,000
	₩26,000		₩26,000

(3) 당기총제조원가 = 직접재료원가 + 직접노무원가 + 제조간접원가
     = ₩6,000 + 직접노무원가 + 직접노무원가 × 50% = ₩15,000
∴ 직접노무원가 = ₩6,000
(4) 기본원가 = 직접재료원가 + 직접노무원가 = ₩6,000 + ₩6,000 = ₩12,000

💡정답 ③

265

재고자산(원재료, 재공품)

기초재고(원 + 재)	₩700,000	당기제품제조원가	₩7,000,000
원재료 매입	₩1,200,000	기말원재료	₩300,000
직접노무원가	₩2,000,000	기말재공품	≪₩400,000≫
제조간접원가	₩3,800,000		
	₩7,700,000		₩7,700,000

💡정답 ①

266 (1) 당기 직접재료 사용액 = 기초직접재료 + 당기매입액 − 기말직접재료
                         = ₩2,000 + ₩22,000 − ₩4,000 = ₩20,000
(2) 직접노무원가 = 기본원가 × 50%
     기본원가 = 직접재료원가 + 직접노무원가 = ₩20,000 + 직접노무원가
   ∴ 직접노무원가 = ₩20,000
(3) 제조간접원가 = 전환원가 × 80%
     전환원가 = 직접노무원가 + 제조간접원가 = ₩20,000 + 제조간접원가
   ∴ 제조간접원가 = ₩80,000

⑷ 당기제품제조원가

재공품			
기초	₩8,000	당기제품제조원가	≪₩118,000≫
당기 총제조원가	₩120,000		
직접재료원가	₩20,000		
직접노무원가	₩20,000		
제조간접원가	₩80,000	기말	₩10,000
	₩128,000		₩128,000

정답 ③

267 ⑴ 생산에 투입 재고단위

3분기 재고(단위)			
기초	32단위 (= 3분기 생산량 × 10%)	생산	320단위
생산에 투입	≪316단위≫	기말	28단위 (= 4분기 생산량 × 10%)
	348단위		348단위

⑵ 구입예산액
= 316단위 × 5kg × ₩10 = ₩15,800

정답 ③

02 원가배분

· 본문 p.139

268 ③ 상호배분법은 보조부문 상호 간의 용역수수관계가 중요할 때 적용하는 것이 타당하다. 　　　　정답 ③

269 A 제조부문에 배부될 수선부문 원가 = ₩100,000 × 30%/80% = ₩37,500 　　　　정답 ③

270 ⑴ 보조부문 수선부문배부 : ₩240,000 × 30% = ₩72,000
⑵ 절단부문에 배부되는 보조부문원가
　• 수선 → 절단 : (₩72,000 + ₩201,000) × 40%/70% = ₩156,000
　• 동력 → 절단 : ₩240,000 × 40% = ₩96,000
　∴ ₩156,000 + 96,000 = ₩252,000 　　　　정답 ④

271

구분	배부기준	합계	제조부문		보조부문	
			절단부문	조립부문	동력부문	사무부문
자기부문 발생액		₩614,000	₩150,000	₩184,000	₩120,000	₩160,000
보조부문비 배부						
사무부문	점유면적	₩160,000	₩80,000	₩48,000	₩32,000	
동력부문	전력사용량	₩152,000	₩91,200	₩60,800		
배부액 합계		₩280,000	≪₩171,200≫	₩108,800		
제조부문비 합계		₩614,000	₩321,200	₩292,800		

정답 ④

272 ⑴ 상호배분법에 따른 배분 후 A의 원가를 a, B의 원가를 b라고 하면,
　a = ₩40,000 + 800/1,600b
　b = ₩80,000 + 400/1,000a
　∴ a = ₩100,000, b = ₩120,000
⑵ Y = 200/1,000 × a + 400/1,600 × b = ₩50,000 　　　　정답 ②

273 ⑴ 변동원가의 배부(실제조업도 기준으로 배부)
　A: ₩120,000 × 300시간/800시간 = ₩45,000
　B: ₩120,000 × 500시간/800시간 = ₩75,000
⑵ 고정원가의 배부(최대조업도 기준으로 배부)
　A: ₩80,000 × 400시간/1,000시간 = ₩32,000
　B: ₩80,000 × 600시간/1,000시간 = ₩48,000
∴ 제조부문 A에 배부될 원가 = ₩45,000 + ₩32,000 = ₩77,000 　　　　정답 ②

CHAPTER 03 개별원가

· 본문 p.142

274 ④ 실제개별원가계산은 실제 발생한 제조간접원가를 **실제 조업도**를 기준으로 작업별로 배부한다. 제조간접원가 예정배부율을 이용하여 작업별로 배부하는 방법은 정상개별원가계산제도이다.

정답 ④

275 (1) 절단공정의 제조간접원가 예정배부액 = 직접노무원가 발생액 ₩30,000 × 120% = ₩36,000
(2) 조립공정의 제조간접원가 예정배부액 = 직접노무원가 발생액 ₩40,000 × 120% = ₩48,000
(3) 제품 A의 가공원가 배부액

절단공정	(₩30,000 + ₩36,000) × 1,000시간/(1,000시간 + 1,000시간) = ₩33,000
조립공정	(₩40,000 + ₩48,000) × 640시간/(640시간 + 160시간) = ₩70,400
계	₩103,400

(4) 제품 A의 당기제품제조원가 = 직접재료원가 ₩20,000 + 가공원가 ₩103,400
= ₩123,400

정답 ③

276 (1) 제조간접원가 배부액 = 실제 제조간접원가 + 과대배부액 = ₩3,800,000 + ₩200,000 = ₩4,000,000
(2) 제조간접원가 배부액 = 제조간접원가 배부율 × 직접노무시간 = 제조간접원가 배부율 × 20,000시간
= ₩4,000,000
∴ 제조간접원가 배부율 = ₩200/시간
(3) 제조간접원가 배부율 = 제조간접원가 예산/ 예상직접노무시간
= ₩5,000,000/ 예상 직접노무시간 = ₩200/ 시간
∴ 예상 직접노무시간 = 25,000시간

정답 ④

277 (1) 매출원가 = 매출액 ₩300,000 × 매출원가율(1 - 20%) = ₩240,000
(2) 직접재료원가 = 기초 직접재료원가 ₩20,000 + 직접재료 매입액 ₩90,000 - 기말 직접재료원가 ₩30,000
= ₩80,000
(3) 제조간접원가배부액

재공품 + 제품			
기초 재공품	₩25,000	매출원가	₩240,000
기초 제품	₩44,000		
직접재료원가	₩80,000		
직접노무원가	₩140,000	기말 재공품	₩38,000
제조간접원가	≪₩21,000≫	기말 제품	₩32,000
	₩310,000		₩310,000

(4) 직접노무시간 = 직접노무원가 ₩140,000/직접노무시간 당 직접노무원가 ₩1,400 = 100시간
(5) 제조간접원가 예정배부율 = ₩21,000/100시간 = ₩210/시간

정답 ②

278 (1) 배부차이 = ₩6,000/30% = ₩20,000 과대배부
(2) 제조간접원가 배부액 = 실제 발생한 제조간접원가 ₩180,000 + ₩20,000 = ₩200,000
(3) 실제 발생한 직접노무시간
   제조간접원가 예정배부액 = ₩200,000 = 직접노무시간당 ₩200 × 실제발생 직접노무시간
   ∴ 실제발생 직접노무시간 = 1,000시간

 정답 ①

279 (1) 직접재료원가 = 직접재료 기초잔액 ₩3,000 + 직접재료 매입액 ₩35,000 − 직접재료 기말잔액 ₩6,000 = ₩32,000
(2) 직접노무원가 = 기본원가 − 직접재료원가 = ₩52,000 − ₩32,000 = ₩20,000
(3) 제조간접원가 = 직접노무원가 × 40% = ₩20,000 × 40% = ₩8,000
(4) 배부차이 조정 전 매출원가

재공품 + 제품			
기초 재공품	₩8,000	매출원가	≪₩59,000≫
기초 제품	₩6,000		
직접재료원가	₩32,000		
직접노무원가	₩20,000	기말 재공품	₩7,000
제조간접원가	₩8,000	기말 제품	₩8,000
	₩74,000		₩74,000

(5) 배부차이
   제조간접원가 배부차이 = 조정후 매출원가 ₩60,000 − 조정전 매출원가 ₩59,000
                       = 과소배부 ₩1,000
(6) 실제 제조간접원가 = 제조간접원가 배부액 ₩8,000 + ₩1,000 = ₩9,000

 정답 ③

CHAPTER 04 종합원가계산

· 본문 p.145

280 물량의 흐름 파악하기

재공품				완성품환산량(가공원가)
기초재공품	60,000(70%)	완성품	198,000	198,000
		정상공손	12,000(100%)	12,000
당기착수량	240,000			
		기말재공품	90,000(40%)	36,000
	300,000		300,000	246,000

∴ 가공원가 완성품 환산량 = 246,000단위

정답 ④

281 물량의 흐름

		직접재료원가	전환원가
완성품	15,000단위	15,000단위	15,000단위
기말재공품	5,000단위	5,000단위	5,000단위 × 완성도 = 3,000단위
		20,000단위	18,000단위

∴ 기말재공품의 전환원가 완성도 = 3,000단위/5,000단위 = 60%

정답 ②

282 (1) 기말 재공품의 완성품환산량

구분	완성품환산량
직접재료원가	1,000단위 × 80% = 800 단위
가공원가	1,000단위 × 60% = 600 단위

(2) 4월 말 완성품환산량 단위당 가공원가

기말재공품의 원가 = 완성품환산량 단위당 직접재료원가 × 기말재공품의 직접재료원가의 완성품 환산량
  + 완성품환산량 단위당 가공원가 × 기말재공품의 가공원가의 완성품 환산량
= 800단위 × ₩10 + 완성품환산량 단위당 가공원가 × 600단위
= ₩20,000

∴ 완성품환산량 단위당 가공원가 = ₩20

정답 ②

283

(1) 물량의 흐름 파악하기

재공품				완성품환산량
기초재공품	500(50%)	완성품	3,900	
		기초재공품	500(50%)	250
당기착수량	4,000	당기착수분	3,400	3,400
		기말재공품	600(50%)	300
	4,500		4,500	3,950

(2) 실제로 발생한 전환원가 = 완성품환산량 단위당 원가 × 3,950단위 = ₩20 × 3,950단위 = ₩79,000

정답 ②

284

	물 량	가공비완성품환산량
기초재공품완성	500(100% - 40%)	300
당기착수완성	3,700	3,700
기말재공품	800(50%)	400
합 계	5,000	4,400
당기투입원가		?
완성품환산량 단위당원가		₩10

∴ 따라서 실제발생가공비 (당기투입가공비) : ₩10 × 4,400단위 = ₩44,000

정답 ①

285

		직접재료비	가공비
기초재공품완성분	500 (0%, 60%)	-	300
당기착수완성분	5,200 (100%, 100%)	5,200	5,200
기말재공품	200 (100%, 80%)	200	160
합계		5,400단위	5,660단위

정답 ③

286

평균법과 선입선출법은 기초재공품의 진행정도 만큼 차이가 발생한다. 원재료의 경우 공정시작시점에 전량 투입되므로 기초재공품의 원재료 진행은 100%일 것이다. 그러므로 기초재공품의 100%는 40,000(= 87,000 - 47,000)단위 차이가 발생한다.
전환원가는 둘의 차이가 10,000(= 35,000 - 25,000)단위이므로 전체 40,000단위 중 10,000단위의 차이는 진행률이 25%라고 볼 수 있다.

정답 ③

287

(1) 평균법

	직접재료원가	가공원가
완성품	800	800
기말재공품(60%)	500	300
합계	1,300개	1,100개

(2) 선입선출법

	직접재료원가	가공원가
기초재공품(50%)	-	100
완성품	600	600
기말재공품(60%)	500	300
합계	1,100개	1,000개

정답 ④

288 검사대상수량이 500개(기초) + 500개(당기착수&당기완성) + 200개(공손) + 300개(기말재공품) = 1,500개이므로, 10%에 해당하는 150개는 정상공손수량이고, 나머지 50개는 비정상공손수량이다. 정답 ④

289 비정상공손수량의 차이는 정상공손수량의 차이이다. 통과기준과 도달기준의 정상공손수량의 차이는 공손수량을 포함시켰는지의 여부이다.
(1) 공손수량 = 기초재공품 250개 + 당기착수량 1,250개 − 당기완성량 1,210개 − 기말재공품 50개
  = 240개
(2) 정상공손의 수량차이 = 비정상공손의 수량차이 = 공손수량 240개 × 정상공손허용률 10% = 24개 정답 ③

CHAPTER 05 활동기준원가계산

· 본문 p.150

290 ④ 원재료구매, 작업준비는 뱃치수준의 활동이고, 전수조사에 의한 품질검사는 제품단위수준의 활동으로 분류한다. 정답 ④

291 (1) 작업준비원가

조립원가	₩4,000 × 30시간/400시간 = ₩300
검사원가	₩2,500 × 40시간/500시간 = ₩200
포장원가	₩4,000 × 20단위/200단위 = ₩400
작업준비원가	≪₩150≫
계	₩1,050

(2) 작업준비횟수
₩150 = ₩1,800 × 작업준비횟수/120회
∴ 작업준비횟수 = 10회

정답 ③

292 (1) 작업 #203의 제조간접원가

활동의 구분	산정방법	금액
생산준비	₩200,000 × 60시간/600시간	₩20,000
재료처리횟수	₩300,000 × 50회/100회	₩150,000
기계작업	₩500,000 × 4,500시간/50,000시간	₩45,000
품질관리	₩400,000 × 500회/10,000회	₩20,000
계		₩235,000

(2) 작업 #203의 기초원가
제조원가 − 제조간접원가 = ₩435,000 − ₩235,000 = ₩200,000

정답 ②

CHAPTER 06 결합원가의 배분

· 본문 p.152

293 ③ 순실현가치법은 분리점에서 판매가치를 알 수 없을 경우에도 적용할 수 있다. 최종 판매가치와 추가가공원가 및 판매비 등의 정보가 있으면 가능하다.

정답 ③

294 (1) 분리점에서 발생한 결합원가는 의사결정과 무관한 비관련원가이다.
관련원가는 분리점에서의 판매가격과 추가가공 후 판매가격, 그리고 추가가공원가이다. 즉, 분리점에서 판매할 경우보다 추가가공 후 판매했을 경우 얻을 수 있는 수익의 차이가 추가가공원가보다 많다면 추가가공이 유리할 것이다.

제품	추가가공으로 늘어난 수익	추가가공원가	의사결정
A	(₩23 − ₩20) × 3,000단위 = ₩9,000	₩10,000	추가가공하지 않음
B	(₩40 − ₩30) × 2,000단위 = ₩20,000	₩15,000	추가가공함
C	(₩50 − ₩40) × 2,000단위 = ₩20,000	₩15,000	추가가공함

∴ 제품 B, C는 추가 가공함

정답 ④

295 (1) 분리점에서의 상대적인 판매가치

구분	상대적 판매가치	비율
A	40kg × ₩90 = ₩3,600	60%
B	60kg × ₩40 = ₩2,400	40%
계	₩6,000	100%

(2) 결합원가 배분

구분	상대적인 판매가치 비율	결합원가 배분
A	60%	₩5,000 × 60% = ₩3,000
B	40%	₩5,000 × 40% = ₩2,000
계	100%	₩5,000

정답 ②

296 (1) 순실현가치의 계산
　　• A : 800개 × @₩750 − ₩240,000 = ₩360,000
　　• B : 400개 × @₩1,500 − ₩360,000 = ₩240,000
　(2) 결합원가 총액을 T라고 하면,
　　T × ₩360,000/₩600,000 = ₩270,000
　　∴ 결합원가 총액(T) = ₩450,000

정답 ①

297

(1) 각 제품의 순실현가능가치

구분	전체 결합원가	결합원가의 배분	배분비율	순실현가능가치
제품 A	₩800,000	₩320,000	40%	4,000단위 × ₩250 = ₩1,000,000
제품 B		₩480,000	60%	Ⓐ

Ⓐ 제품 B의 순실현가능가치 = ₩1,000,000/40% × 60% = ₩1,500,000

(2) 제품 B의 순실현가능가치 = 6,000단위 × ₩350 − 추가가공원가 = ₩1,500,000
   ∴ 추가가공원가 = ₩600,000
   한 단위당 추가가공원가 = ₩600,000/6,000단위 = ₩100

 ④

298

(1) 제품 A의 매출액 = 300단위 × ₩30 = ₩9,000
(2) 제품 A의 매출원가 = ₩9,000 × (1 − 30%) = ₩6,300
(3) 제품 A에 배부되는 결합원가 = ₩6,300 − ₩2,100 = ₩4,200

 ③

CHAPTER 07 변동원가계산

· 본문 p.155

299 (1) 기말재고수량 = 생산량 3,000단위 – 판매량 2,500단위 = 500단위
(2) 영업이익의 차이 = 기말재고자산에 포함된 고정제조간접원가
　　　　　　　　　= 500단위 × 총고정제조간접원가/생산량 3,000단위
　　　　　　　　　= ₩60,000
∴ 총고정제조간접원가 = ₩360,000

정답 ④

300 (1) 기말재고자산의 차이 = 기말 재고자산이 가지고 있는 고정제조간접원가의 차이
(2) 기말재고자산의 수량 = 생산량 1,000단위 – 판매량 800단위 = 기말재고 200단위
(3) 제품 단위당 고정제조간접원가 = ₩40,000/ 1,000단위 = ₩40/단위
(4) 기말재고자산이 가지고 있는 고정제조간접원가 = 200단위 × ₩40/단위 = ₩8,000

정답 ①

301 초변동원가계산의 영업이익과 변동원가계산의 영업이익의 차이는
(+) 기말재고자산*의 변동가공원가 : 300단위 × (직접노무원가 ₩50 + 변동제조간접원가 ₩60)
(–) 기초재고자산의 변동가공원가 : 100단위 × ₩110
　　　　　　　　　　　　　　　　₩22,000

*기말재고자산 = 100단위 + 2,000단위 - 1,800단위 = 300단위

정답 ③

302 (1) 20X1년도 기말재고자산 수량 = 5,000개 – 4,000개 = 1,000개
(2) 20X1년도 재고자산의 단위당 고정제조간접원가 = ₩200,000/5,000개 = ₩40/개
(3) 20X2년도 기말재고자산 수량 = 1,000개 + 10,000개 – 10,000개 = 1,000개
(4) 20X2년도 재고자산의 단위당 고정제조간접원가 = ₩250,000/10,000개 = ₩25/개
(5) 이익차이

변동원가 영업이익	≪₩115,000≫
(+) 기말 재고자산이 보유하고 있는 고정제조간접원가	₩25/개 × 1,000개
(–) 기초 재고자산이 보유하고 있는 고정제조간접원가	₩40/개 × 1,000개
전부원가 영업이익	₩100,000

정답 ②

303 (1) 전부원가계산하의 순이익 – 변동원가계산하의 순이익
= (기말재고수량 – 기초재고수량) × 단위당 고정제조간접비
단위당 고정제조간접비 : ₩600,000 ÷ 3,000단위 = ₩200/단위
(2) 기말재고수량을 A라 하면
₩100,000 = (A – 0단위) × ₩200
기말재고수량(A) = 500단위
∴ 판매량 = 기초수량 + 당기생산량 – 기말수량
　　　　 = (0단위 + 3,000단위) – 500단위
　　　　 = 2,500단위

정답 ③

304 기초, 기말의 재공품이 없고 기초 제품이 없다는 의미는 당기에 제조한 모든 제품이 당기에 완성이 되었고, 완성된 제품이 팔리거나 기말재고로 남아있다는 의미이다.

(1) 기말재고자산에 포함된 고정제조간접원가 = 전부원가계산과 변동원가계산의 영업이익의 차이
= (₩150,000 − ₩80,000) = ₩70,000

(2) 총고정제조간접원가 = 고정원가 − 고정판매비와관리비
= ₩400,000 − ₩50,000 = ₩350,000

(3) 생산된 재고 중 기말재고자산의 비율 = ₩70,000/₩350,000 = 20%

(4) 전부원가계산에 의한 기말재고 = 매출원가/80% × 20% = ₩650,000/80% × 20% = ₩162,500

정답 ③

CHAPTER 08 CVP 분석

· 본문 p.158

305 손익분기점 매출수량은 (고정비/단위당 공헌이익)인데, 단위당 판매가격이 ₩5,000이고, 이 금액의 20%가 공헌이익이므로, 단위당 공헌이익은 ₩1,000이다.

따라서, 손익분기점 매출수량은 4,000개(₩4,000,000 ÷ ₩1,000)이다.

정답 ②

306 제품의 변동원가율이 60%이면 공헌이익률은 40%가 된다.

연간 매출액이 ₩300,000만큼 증가한다면 공헌이익은 ₩120,000 증가하고 광고비(고정비) ₩90,000을 제외하면 영업이익은 ₩30,000이 증가한다.

정답 ②

307 ⑴ 국내시장 판매분의 단위당 공헌이익 = ₩10,000 − 6,000 = ₩4,000
⑵ 해외시장 판매분의 단위당 공헌이익 = ₩9,000 − 6,000 = ₩3,000
⑶ 국내시장에서 300단위를 팔 경우 공헌이익 = ₩4,000 × 300단위 = ₩1,200,000
손익분기점이 되기 위해서는 국내시장에서 판매한 300단위로는 고정비가 ₩1,200,000까지밖에 커버되지 않으므로 추가 해외판매가 필요하다.
⑷ 해외시장에서의 판매단위를 'a'라고 하면,
a × ₩3,000 = ₩1,500,000 − ₩1,200,000 = ₩300,000
∴ a = 100단위
총 손익분기점 판매량은 국내시장 300단위와 해외시장 100단위를 합한 총 400단위임.

정답 ②

308 ⑴ 변동원가손익계산서

매출액	₩500,000
변동원가(변동원가율 60% × 매출액 ₩500,000)	(₩300,000)
공헌이익	₩200,000
고정원가	(₩160,000)
세전영업이익	₩40,000
세후영업이익{세전영업이익 × (1 − 법인세율 30%)}	₩28,000

⑵ 영업레버리지도 = 공헌이익/ 영업이익 = ₩200,000/₩40,000 = 5
⑶ 안전한계율 = 영업이익/ 공헌이익 = ₩40,000/₩200,000 = 20%
⑷ 손익분기점 매출액 × 공헌이익률 40% = 고정원가 ₩160,000
∴ 손익분기점 매출액 = ₩400,000

정답 ①

309 ⑴ 제품 A의 수량 = 매출액/ 단위당 판매가격 = ₩200,000/₩4,000 = 50개
⑵ 제품 B의 수량 = 100개 - 50개 = 50개
⑶ 매출배합이 일정하므로 제품A와 제품B의 배합을 통한 공헌이익은 ₩500,000 - ₩375,000 = ₩125,000 이므로, 고정비가 ₩150,000인 경우 손익분기점은,
  ₩125,000 × 묶음판매단위 = ₩150,000
  ∴ 묶음판매단위 = 1.2
⑷ 제품 B의 1묶음이 50개이므로 묶음판매단위가 1.2라면 제품 B의 판매량은 50개 × 1.2 = 60개이다. ②

CHAPTER 09 표준원가

· 본문 p.160

310

AQ × AP	AQ × SP	SQ × SP
₩1,593,000	AQ × ₩300 = ₩1,800,000	2,800단위 × 2kg × ₩300/kg = ₩1,680,000

수량차이 ₩120,000(불리)

∴ AQ = 6,000 kg

정답 ③

311

AQ × AP	AQ × SP	SQ × SP
3,000kg × @₩600 = ₩1,800,000	3,000kg × @₩500 = ₩1,500,000	1,400개 × 2kg × @₩500 = ₩1,400,000

가격차이 ₩300,000(불리)   수량차이 ₩100,000(불리)

정답 ②

312 AQ = 4,000시간

AQ × AP	AQ × SP	SQ × SP
AQ × ₩1,000 = ₩4,000,000	AQ × ₩900 4,000시간 × ₩900 = ₩3,600,000	2,100개 × 2시간 × ₩900 = 3,780,000

임률차이 ₩400,000(불리)   시간(능률)차이 ₩180,000(유리)

정답 ④

313

AQ × AP	AQ × SP	SQ × SP
20,000kg × @₩3.25 = ₩65,000	18,000kg(20,000kg) × @₩3 = ₩54,000(₩60,000)	(3,000단위 × 5kg) × @₩3 = ₩45,000

가격차이 ₩5,000(불리)   능률(수량)차이 ₩9,000(불리)

정답 ②

314

(1) 차이분석

AQ × AP	AQ × SP	SQ × SP
₩81,000	₩90,000	₩100,000

가격차이 ₩9,000(유리)　　능률차이 ₩10,000(유리)

(2) AQ × AP = AQ × ₩90 = ₩81,000
  ∴ AQ = 900kg
(3) AQ × SP = 900kg × SP = ₩90,000
  ∴ SP = ₩100
(4) SQ × SP = ₩100,000 = 실제 제품생산량 × 제품 단위당 직접재료 표준투입량(5kg) × ₩100
  ∴ 실제 제품생산량 = 200단위

정답 ②

315

(1) 변동제조간접비 표준배부율 = ₩100,000 ÷ 5,000시간 = @₩20

(2)

실제변동제조간접비	실제시간 × 표준배부율	표준시간 × 표준배부율
₩90,000	4,600시간 × @₩20 = ₩92,000	4,300시간 × @₩20 = ₩86,000

예산차이 ₩2,000(유리)　　능률차이 ₩6,000(불리)

정답 ③

316

실제	예산(= 기준조업도 × SP)	SQ × SP
₩12,000	₩10,000	₩14,000

예산차이 ₩2,000(불리)　　조업도차이 ₩4,000(유리)

(1) SQ × SP = 700단위 × 2시간 × SP = ₩14,000 ∴ SP = ₩10/시간
(2) 예산 = 기준조업도 × SP = 기준조업도 × ₩10/시간 = ₩10,000 ∴ 기준조업도 = 1,000시간

정답 ③

오정화
회계학

응용플러스

넥스트공무원에서 저자 직강

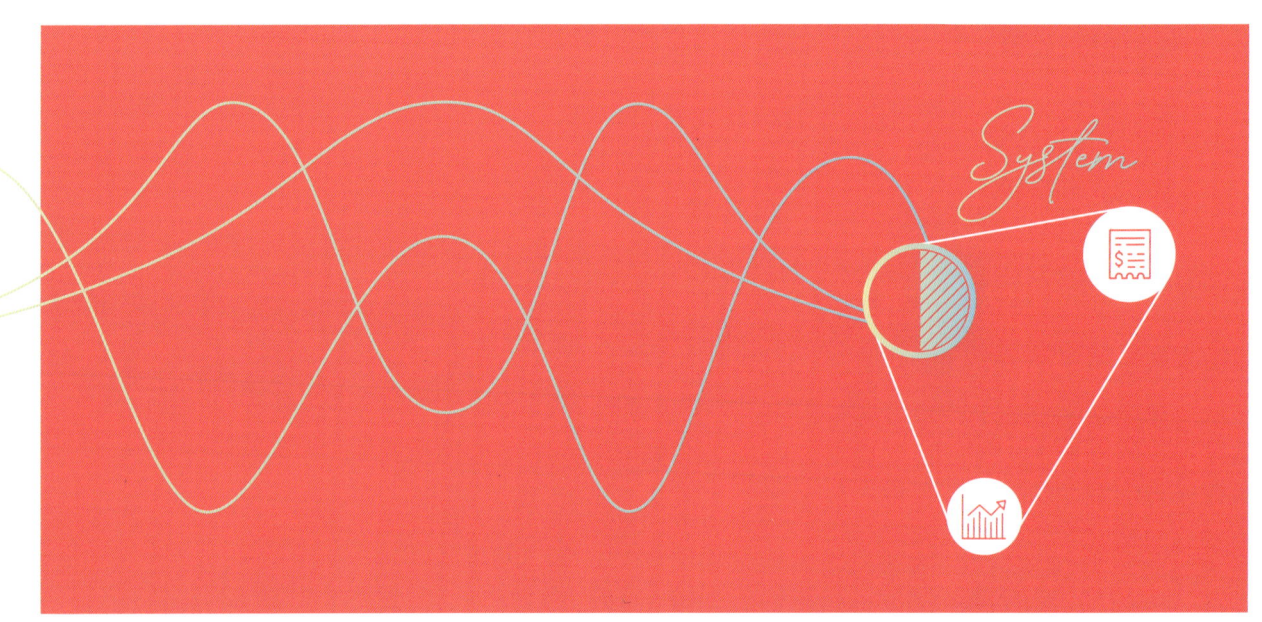